18년 차 전문 컨설턴트가
2100개 보고서에서 찾은 보고서 작성의 기술

보고
작성
실무 강의

홍장표 지음

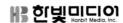
한빛미디어
Hanbit Media, Inc.

지은이 홍장표

공공기관 전략, 인사/조직, 성과관리 프로젝트와 강의를 주로 진행한 경영 컨설턴트다. 또한 정부부처 및 공공기관 경영평가 관련 보고서 작성 강의 및 자문을 꾸준히 해왔다. 기업교육에도 관심이 많아 직장인들을 대상으로 성균관대학교와 IBS컨설팅 그룹이 공동으로 진행한 경영 컨설턴트 양성 과정에서 경영전략 강의와 전략 보고서 작성 자문을 10년 넘게 진행했다. 현재 보고서 작성에 어려움을 느끼고 있는 직장인들을 돕고자 논리적으로 설득할 수 있는 보고서 작성 노하우 전달을 위해 노력하고 있다. 또한 가치관경영 및 전략경영 관련 집필과 교육 콘텐츠 개발에 전념하고 있다.

경영학 박사
현 씽크먼트 파트너 컨설턴트
현 웰포인터컨설팅 전문위원
전 한국능률협회컨설팅 전문위원
전 IBS컨설팅 컨설턴트

이메일 | redslide@naver.com
블로그 | https://blog.naver.com/redslide

18년 차 전문 컨설턴트가 2100개 보고서에서 찾은 보고서 작성의 기술
보고서 작성 실무 강의

초판 1쇄 발행 2021년 11월 08일
초판 2쇄 발행 2022년 04월 18일

지은이 홍장표 / **펴낸이** 김태헌
펴낸곳 한빛미디어(주) / **주소** 서울시 서대문구 연희로2길 62 한빛미디어(주) IT출판부
전화 02-325-5544 / **팩스** 02-336-7124
등록 1999년 6월 24일 제25100-2017-000058호 / **ISBN** 979-11-6224-489-0 13000

총괄 전정아 / **책임편집** 배윤미 / **기획** 박지수 / **교정** 박성숙
디자인 이아란 / **전산편집** 김보경
영업 김형진, 김진불, 조유미 / **마케팅** 박상용, 송경석, 한종진, 이행은, 고광일, 성화정 / **제작** 박성우, 김정우

이 책에 대한 의견이나 오탈자 및 잘못된 내용에 대한 수정 정보는 한빛미디어(주)의 홈페이지나 아래 이메일로 알려주십시오.
잘못된 책은 구입하신 서점에서 교환해 드립니다. 책값은 뒤표지에 표시되어 있습니다.
한빛미디어 홈페이지 www.hanbit.co.kr / **이메일** ask@hanbit.co.kr

지금 하지 않으면 할 수 없는 일이 있습니다.
책으로 펴내고 싶은 아이디어나 원고를 이메일(writer@hanbit.co.kr)로 보내주세요.
한빛미디어(주)는 여러분의 소중한 경험과 지식을 기다리고 있습니다.

머리글

부실함을 보완한 것이 아닌 부족함을 보강했습니다!

2년 전 출간한 도서의 머리글을 다시 쓰고 있습니다. 출판사에서 개정 제의를 받고 잠깐이지만 고민했습니다. '2년 전에 출간한 도서의 개정을 준비하는 것은 기존 책의 부실함의 반증은 아닐까?'라는 자기 검열이었습니다. 그러나 개정판의 출간을 결심하기까지 오랜 시간이 걸리지 않았습니다. '부실함을 보완하는 게 아니라 부족함을 보강하자!'라고 생각했기 때문입니다. 이번 개정은 기존의 보고서 작성과 관련된 다양한 '기술'을 더욱 보강하여 소개합니다.

답은 없지만 팁은 있습니다!

이번 개정판의 가장 큰 특징은 **PART 04. 보고서 기획의 기술**을 새롭게 추가했다는 점입니다. 보고서 기획은 문제 해결, 창의력, 구성력, 표현력이 종합적으로 발현되어야 합니다. 배울 수 있는 표준화된 틀이 없고, 단기간에 숙달하기 어렵습니다. 2년 전에 넣지 못한 것도 확신이 없었기 때문입니다. 그러나 제 책에 관심을 갖고 여러 제안을 보내준 독자 여러분의 의견과 강의 현장에서 느낀 점, 수강생 피드백을 토대로 확신했습니다. 이 책이 분명 도움이 되었고, 어떠한 부분이 필요하다는 확신 말입니다.

보고서 작성법에 관한 책을 기획할 때 가장 중요하게 생각했던 부분이 바로 '예시'입니다. '보고서 작성은 어렵다!'는 생각을 '보고서 작성도 해볼 만하군!'으로 바꿀 수 있는 가장 좋은 수단은 예시라고 생각합니다. 보고서 기획도 다양한 예시를 통해 쉽게 접근하고 이해할 수 있을 것이라는 확신을 했습니다. 보고서 기획을 쉽게 할 수 있는 '답'은 없습니다. 다만 이번 개정판을 통해 보고서 기획 관련 '팁'을 드릴 수 있게 되었습니다. 《보고서 작성 실무 강의》 개정판이 보고서 기획의 어려움이라는 바다에 빠진 독자 여러분들에게 구명조끼가 되길 바랍니다.

피해야 할 해로움이 아니라 극복해야 할 어려움입니다!

"보고서 작성을 잘하려면 어떻게 해야 할까요?"

이런 질문을 받으면 필자는 "죄송하지만 저도 잘 모르겠습니다."라고 대답할 수밖에 없습니다. 보고서를 잘 쓰는 마법 같은 방법이 있다면 보고서 때문에 고민하는 사람은 없어야 합니다. 그러나 포기하긴 이릅니다. 마법 같은 방법은 없지만 해결책은 있습니다. 원칙은 없지만 원리는 있기 때문입니다.

보고서 작성은 분명히 우리를 고민하게 만듭니다. 고민은 피하고 싶은 해로움으로 커지기도 합니다. 하지만 보고서 작성은 피해야 할 해로움이 아닙니다. 우리가 극복해야 할 어려움 중 하나일 뿐입니다. 이 책이 그 어려움을 극복하는 데 도움이 될 것입니다.

할 줄 아는 것과 잘하는 것은 큰 차이가 있습니다!

'할 줄 아는 것'과 '잘하는 것'에는 큰 차이가 있습니다. 요즘은 정보 접근성이 좋아져 누구나 관심만 있으면 하고자 하는 분야의 정보를 구해 무엇이든 도전할 수 있습니다. 하지만 '할 줄 아는 것'만으론 부족합니다. 특히 보고서와 같이 업무와 관계된 일이라면 '잘해야' 합니다. 그래야 경쟁력이 생깁니다. 한 분야에서 프로의 경지에 오르려면 엄청난 시간의 반복과 숙달이 필요합니다. 할 줄 아는 것을 넘어 잘하기 위해선 단순한 '참고서'는 물론, 올바른 방향으로 제대로 따라 배울 수 있는 '자습서' 역시 필요합니다.

이 책은 참고서와 자습서의 용도로 모두 활용할 수 있습니다. 옆에 두고 필요한 부분을 찾아서 보는 참고서 용도로 활용해도 되고, 프로가 되기 위해 좀 더 집중적인 연습이 필요하다면 자습서처럼 활용하길 바랍니다. 이 책에서 소개한 다양한 예시 보고서를 찾아서 탐독하고 내 보고서에 적용해봅니다. 보고서의 제목, 문장, 구성 등 작성 패턴과 원리를 파악한다면 어디에서도 배울 수 없는 나만의 경쟁력을 갖추게 될 것입니다.

사례에 결례가 되지 않도록!

훌륭한 보고서를 작성하는 '공식'은 없습니다. 하지만 훌륭한 보고서가 지닌 공통적인 '특성'은 있습니다. 이런 특성을 제대로 안다면 훌륭한 보고서를 작성할 가능성이 한층 커집니다.

이 책은 정부 부처에서 작성한 다양한 정책 보고서를 예시로 활용했습니다. 청와대나 각 부처의 장관에게 보고되는 정책 보고서는 수많은 고위 공직자들의 보고서 작성 기술이 농축되어 있어 그 자체로 훌륭한 참고 자료가 됩니다.

이번 개정판은 2010년 이후 공개된 정책 보고서 중 약 2,100종 이상을 탐독해 적합한 예시를 엄선했습니다. 예시로 제시한 보고서 중에는 지금 시점에서 정책 실효성 측면이 재평가되어 폐지되거나 수정되어 시행 중인 정책이 있습니다. 따라서 예시 보고서의 내용 중 시의성이나 정책적 실효성보다는 보고서의 형식적인 측면, 즉 보고서 작성 기술을 향상할 목적으로만 참고하길 바랍니다.

장표(章杓)가 장표(Document, Slide)를 만들다!

개정판을 포함해 어느덧 네 권의 책을 세상에 내놓았습니다. 그것도 보고서 작성법에 관한 책으로만 네 권입니다. 책의 머리글 마지막에는 항상 제 이름을 언급하게 됩니다. 필자의 이름을 풀이하면 '자루에 글을 담는다.', '글(지식)을 통해 세상을 이롭게 해라.'란 뜻이 됩니다. 공교롭게 '장표'는 문서(보고서)를 부르는 또 다른 이름이기도 합니다. 그래서 문서 작성을 운명이라고 생각하고 글을 쓰거나 보고서를 작성할 때마다 "이름을 걸고 작성한다!"는 자세로 임하게 됩니다. 항상 좋은 결과가 있었던 것은 아니지만 이런 자세는 지금까지 성장할 수 있었던 강력한 지침이 되었습니다.

끝으로 여기까지 오는 데 변함없는 지지와 성원을 보내준 사랑하는 어머님, 아내와 아들에게 무한한 감사를 표합니다.

장표라는 이름을 지어주신

존경하는 아버지 영전에 이 책을 바칩니다

2021년 11월

홍장표(洪章杓)

이 책은 다음과 같은 구성으로 이루어져 있습니다.
보고서 작성과 관련된 다양한 기술을 각각의 실제 보고서 사례를 통해 학습할 수 있습니다.

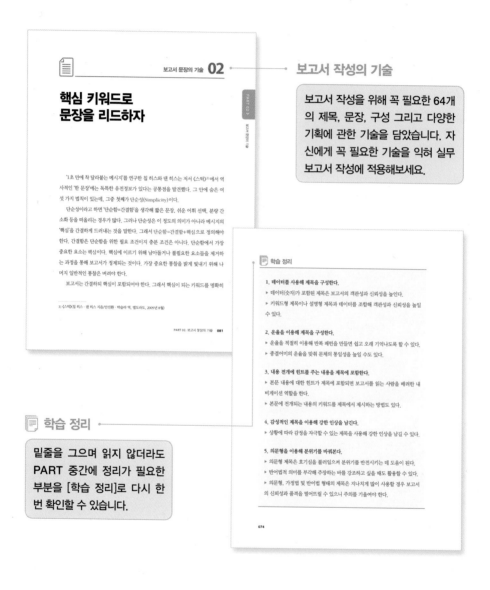

보고서 작성의 기술

보고서 작성을 위해 꼭 필요한 64개의 제목, 문장, 구성 그리고 다양한 기획에 관한 기술을 담았습니다. 자신에게 꼭 필요한 기술을 익혀 실무 보고서 작성에 적용해보세요.

학습 정리

밑줄을 그으며 읽지 않더라도 PART 중간에 정리가 필요한 부분을 [학습 정리]로 다시 한 번 확인할 수 있습니다.

도서의 전체 내용을 차례대로 읽어가며 보고서 작성 기술의 내용을 학습하거나, 보고서 작성의 개별 단계에서 각 PART 별로 필요한 내용을 참고하여 업무에 우선 활용합니다.
각 PART의 자세한 내용은 목차를 참고합니다.

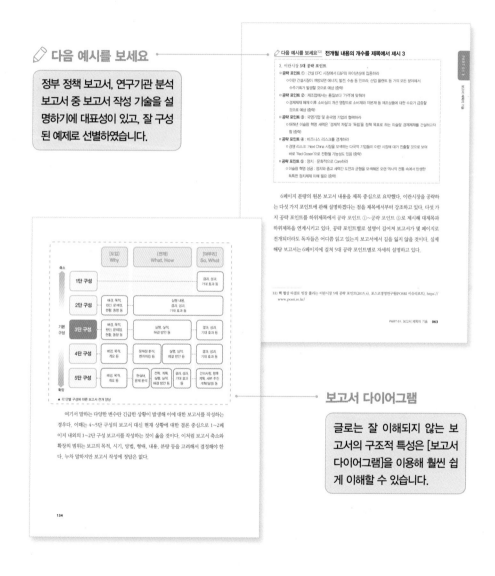

✏️ **다음 예시를 보세요**

정부 정책 보고서, 연구기관 분석 보고서 중 보고서 작성 기술을 설명하기에 대표성이 있고, 잘 구성된 예제로 선별하였습니다.

보고서 다이어그램

글로는 잘 이해되지 않는 보고서의 구조적 특성은 [보고서 다이어그램]을 이용해 훨씬 쉽게 이해할 수 있습니다.

▶▶▶ 목차

PART 05. 보고서 논리 강화의 기술

INTRO

보고서를 작성하는 법칙

보고서 작성에 관한 불편한 진실

10년 이상 직장 생활을 했는데도 보고서 작성에 어려움을 느끼는 사람을 많이 봤다. 직장 생활 10년 차가 넘으면 산전수전(山戰水戰) 다 겪고 노련미까지 생겼을 터인데 보고서 작성을 어려워한다. 필자가 보고서 작성과 관련된 여러 자문을 진행하면서 경험한 사례를 몇 가지 소개한다.

선입견 1. 보고서 작성 실력과 근무 기간은 비례한다?

OO 공사는 지난 1년간의 성과를 종합하는 실적 보고서를 작성해야 했다. 2개월 동안 약 30페이지 분량의 보고서를 작성하는 과업에 해당 업무 경험이 풍부한 14년 차 직원을 투입했다. 그런데 4주 차에 중간 보고를 받은 경영진은 과연 보고서를 마무리할 수 있을지 우려를 표명했다. 6주 차에 경영진에게 2차 중간 보고가 이루어졌고, 많은 시간과 노력을 기울였음에도 불구하고 결국 보고서 작성을 마무리하지 못한 채 작성자가 교체되었다. 보고서 작성 실력과 근무 기간이 꼭 비례하지 않는다.

선입견 2. 보고서 작성 실력과 업무 능력은 비례한다?

OO 기업의 전사 중장기 전략 수립 자문을 할 때였다. 기획실 주도로 TF가 꾸려졌다. TF는 기획실장을 중심으로 각 사업 부서에서 인정받은 최고의 업무 전문가들로 구성되었다. 먼저 사업 부서별 내부 역량 진단을 시행했고, 약 3주가 지난 시점에 결과를 발표하고 공유하는 자리를 마련했다. 인터뷰 및 설문조사 결과를 요약한 후 영업 실적 및 재무 분석을 시행했다. 사전에 역량 진단 항목과 보고서 작성 서식을 공유하며 매일 TF 회의를 통해 서로 진단 결과를 공유하는 시간도 가졌다. 그런데 역량 진단 결과를 발표하던 날 서로의 보고서를 보고 놀랄 수밖에 없었다. 보고서 수준이 담당자별로 천차만별이었기 때문이다. 이런 사례는 OO 기업에만 해당하는 일이 아니다. 다른 기업들의 상황도 크게 다르지 않았다. 업무 능력과 보고서 작성 능력이 꼭 비례하지 않는다.

선입견 3. 보고를 잘하는 사람이 보고서 작성도 잘한다?

OO 기업의 영업부장은 CEO가 주관하는 회의에서 단연 돋보인다. 영업부장의 보고는 군더더기를 찾아볼 수 없으며, 경영진의 질문에 언제나 완벽한 답변을 쏟아낸다. 마치 준비하고 있었던 것처럼 말이다. 명쾌한 원인 분석과 대책까지 막힘없이 보고한다. 차기 임원 승진 1순위임을 의심하는 직원이 없었고, 전 직원 설문조사에서 함께 일하고 싶은 상사 1위를 놓친 적이 없는 인물이다. 그러나 사석에서 조심스레 건넨 이야기를 잊을 수가 없다.

"저는 보고서 작성이라면 아주 치가 떨립니다. 신입 사원 때부터 보고하는 것은 누구에게도 꿀리지 않을 자신이 있는데, 보고서로 작성하라고 하면 흰 종이가 새카맣게 느껴졌거든요."

대리, 과장 때는 보고서 때문에 이직을 심각하게 고민했다고 했다. 보고를 잘한다고 보고서 작성도 잘하는 것은 아니다.

필자에게는 이제 이런 상황들이 이상하게 느껴지지 않는다. 현장에서 정말 많이 볼 수 있는 보고서 작성과 관련한 불편한 진실이다.

보고서 작성이
어려운 이유

　필자는 장교로 군 복무를 하며 작전보좌관, 교육장교, 정보과장직을 수행하면서 많은 보고서를 작성했다. 전시 상황을 대비하는 작전 계획, 대침투 상황을 대비하는 국지도발대비 계획, 전투 대비를 위한 부대 훈련 계획 등 수십 건의 계획을 수립했다. 그뿐 아니라 일일/주간/월간/분기/반기/연간 등 시기별로 작성해야 하는 업무 계획 보고서도 수백 건 작성했다. 또한 상급 부대 지휘관 방문 때는 부대현황 보고서를 작성했고, 각종 사건/사고 관련한 상황 보고서, 중간 보고서, 결과 보고서도 작성해야 했다.

　필자뿐만 아니라 많은 대한민국 장교가 보고서와 관련한 이와 같은 경험을 한다. 제대를 앞두고 마지막으로 모신 지휘관은 필자에게 "보고서 작성하는 일을 하면 잘할 거야!"라고 농담처럼 말했다.

　보고서 작성만큼은 자신 있어 제대 후 망설임 없이 컨설팅 회사의 문을 두드렸다. 그러나 입사 후 보고서 작성 실력이 형편없다는 것을 아는 데는 2개월이 채 걸리지 않았다. 컨설팅 보고서 작성은 완전히 새로운 영역이었다. 군 복무 시절에는 보고서 작성만큼은 누구보다도 잘할 자신이 있었는데, 사회생활을 시작하자마자 다시 군 복무를 하고 싶을 만큼 깊은 좌절감을 맛봤다.

사회생활을 하면서 부족한 지식을 채우려 대학원의 문도 두드렸다. 그런데 대학원 입학과 동시에 또 다른 도전과 시련이 시작되었다. 논문 작성은 맨손으로 높이를 가늠할 수 없는 거대한 성벽을 기어오르는 일과 같았다. 도무지 붙잡을 곳이 없었다.

군 복무와 대학원 생활을 거치면서 숱한 보고서를 탐독하고 작성했다. 심지어 현재는 컨설팅 회사에 근무하면서 보고서 작성을 업(業)으로 하고 있다. 보고서에 대한 막연한 두려움은 줄었지만, 보고서를 작성할 때마다 느끼는 어려움은 지금도 존재한다. 어려움을 익숙함으로 바꾸는 열쇠가 있다면 무엇일까?

일단 보고서 작성이 어려운 이유를 알아보자.

1. 독자의 니즈(Needs) 파악이 어렵다.

보고서는 내가 작성하지만 그 보고서를 읽는 사람은 내가 아니다. 따라서 보고서를 읽는 사람의 니즈에 맞아야 한다. 즉, 보고서를 읽는 사람의 가려운 곳을 긁어줘야 한다. 문제는 어디가 가려운지 알아채기 어렵다는 점이다.

2. 자료가 불완전하다.

보고서를 읽는 사람의 '니즈'를 정확히 파악했다고 가정하자. 그다음에는 니즈에 맞는 적확(的確)한 정보를 제공해줄 수 있어야 한다. 즉, 니즈(Needs)와 원츠(Wants)의 차이를 줄일 수 있는 정보가 적시에 제공되어야 한다. 이를 위해 보고서 작성자는 제한된 시간에 효과적으로 자료를 활용해야 한다. 문제는 시간과 자료가 충분치 않다는 점이다.

3. 보고서 작성 스킬이 부족하다.

　적확한 자료를 구했다 해도 이를 제대로 표현하는 것은 또 다른 역량이 필요한 일이다. 보고서 작성 스킬은 자료를 가공하고 편집해서 표현하는 능력을 말한다. 같은 내용이라도 가공과 편집 방법에 따라 가독성이 달라진다. 가독성은 내용을 이해하는 수준에 지대한 영향을 미친다. 오죽하면 "형식(Form)이 내용(Contents)을 지배한다."라는 말이 있겠는가.

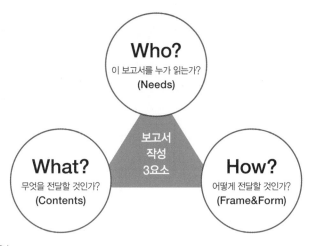

▲ 보고서 작성 3요소

　훌륭한 보고서 작성을 위해서는 이 세 요소가 모두 충족되어야 한다. 마치 삼각대와 같아서 어느 하나라도 부족하면 균형이 무너져 좋은 보고서가 될 수 없다.

　'위기'를 '기회'로 바꾸는 간단한 방법이 있다. 바로 '위기'를 '기회'로 활용하는 것이다. 보고서 작성이 어렵다고 해서 업무와 밀접한 이상 포기할 수는 없다. 보고서 작성이 어려운 세 가지 이유를 잘 알고 대처할 수 있다면 새로운 기회의 장이 열린다.

보고서를 읽는 사람의 니즈를 몰라서 어려운 것이 아니다.
니즈 파악을 위한 노력을 하지 않아서 어려운 것이다.

자료가 없어서 보고서 작성이 어려운 것이 아니다.
자료를 찾기 위한 노력을 하지 않아서 어려운 것이다.

제대로 가공하고 편집할 시간이 없어서 어려운 것이 아니다.
보고서 작성 스킬을 높이기 위한 노력을 하지 않아서 어려운 것이다.

고수의 비법

보고서를 작성할 때 하수는 '설명'하려고 한다. 그래서 문장이 길어진다. 문장이 길어지면 읽는 호흡이 길어지고, 집중하기 어렵다. 심지어 문장 자체가 이해되지 않는 비문이 많아 보고서를 해석하며 읽어야 하는 상황까지 이어진다. 중수는 '설득'하려 한다. 그러나 설득하려고 무리하게 달려들다 보니 보고서의 논리가 약하다. 논리가 약한 보고서는 신뢰하기 어렵다. 고수는 '납득'시킨다. 탄탄한 논리적 구성을 바탕으로 정제된 표현의 문장으로 작성해 보고서를 '읽게' 만드는 것이 아니라 '읽도록' 만든다.

그렇다면 보고서 작성에서 고수가 되기 위해서는 어떤 노력이 필요할까? 일찍이 송나라의 구양수 선생은 글을 잘 쓰기 위한 세 가지 방법을 제시했다.

다독(多讀) : '글(보고서)'을 많이 읽어보고
다작(多作) : '글(보고서)'을 많이 작성하고
다상량(多商量) : '글(보고서)'에 대해 많이 생각한다.

글을 잘 쓰기 위해서는 '3多'를 실행하면 된다. 여기서 글을 보고서로 바꿔도 똑같이 적용된다. 많은 보고서를 읽고, 많은 보고서를 작성해보고, 보고서에 대해 많이 생각해봐야 한다는 의미다. 다독과 다작이 중요하다는 것은 쉽게 이해할 수 있지만, '다상량'은 쉽게 이해하기 어렵다. 보고서 작성에서 '많은 생각'이라 함은 이 보고서를 읽는 사람이 누구인지, 무엇을 궁금해 할지를 항상 생각해야 한다는 의미로 이해하자. 앞서 제시한 보고서 작성에 필요한 3대 요소와 연결해서 바라보자.

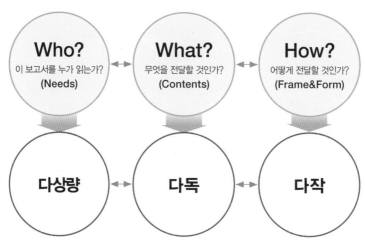

▲ 보고서 작성 3요소와 글을 잘 쓰는 3대 방법의 연관성

이것이 보고서 작성의 어려움을 극복하는 고수의 비법이다. 3多 역시 삼각대와 같아서 어느 하나가 부족하면 균형을 잃어 제대로 설 수 없다. 따라서 3多 요건의 균형적인 충족을 위해서 노력해야 한다.

이 책을 통해서 배울 수 있는 것은

보고서 작성 역량은 배우기 쉬운 영역과 배우기 어려운 영역이 있다. 이 책 한 권이면 된다. 한 권으로 배우는 보고서 작성법 등의 시선을 끄는 홍보 문구는 보고서 작성을 배우는 데 아무 소용이 없다. 보고서 작성법에 '답'은 없다. 그러나 '팁(Tip)'은 있다.

보고서 작성의 How 영역인 콘텐츠를 가공하고 편집해서 적확한 정보로 만들 수 있는 스킬은 비교적 단기간에 역량을 향상시킬 수 있다. 배울 수 있는 틀이 존재하기 때문이다.

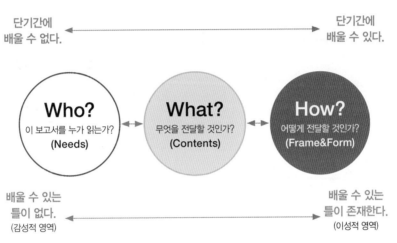

▲ 보고서 작성 3요소 학습 방법 분석

이 책은 보고서 작성의 스킬을 높이기 위해 총 다섯 개의 PART로 구성했다.

PART 01. 보고서 제목의 기술

PART 02. 보고서 문장의 기술

PART 03. 보고서 구성의 기술

PART 04. 보고서 기획의 기술

PART 05. 보고서 논리 강화의 기술

순서대로 읽으면 좋겠지만, 꼭 그럴 필요는 없다. 자신이 필요한 부분을 골라서 읽어도 좋다. PART별로 즉각 활용할 수 있는 총 64개의 보고서 작성 기술을 담았다.

블록을 끼워서 다양한 형태를 만들 수 있는 장난감에서 창안해 보고서 작성 기술을 블록화했다. 보고서 작성에 필요한 여러 가지 기술을 조합해서 사용하기 위함이다. 각각의 기술은 블록 형태라서 조합을 통해 얼마든지 확장해 사용할 수 있다.

보고서
제목의 기술

보고서용 제목의 기본 형태

보고서를 읽을 때 사람들이 가장 먼저 무엇을 볼지 생각해보자. 보통 전반적인 내용 파악을 위해 목차를 보거나, 제목 중심으로 전체 내용을 훑고 세부 내용을 읽는 경우가 많다. 여기에서 가독성 높은 보고서의 첫 번째 비밀이 등장한다. 보고서의 첫인상은 바로 제목[1]에서 결정된다는 것이다.

제목은 우리 몸을 지탱하는 뼈의 역할을 한다. 뼈가 튼튼해야 몸이 바로 설 수 있듯 제목이 좋아야 보고서가 바로 설 수 있다. 좋은 제목은 제목만 읽고도 보고서의 내용을 쉽고 빠르게 파악할 수 있다어야 한다.

제목이 중요하다는 것쯤은 누구나 안다. 그러나 제목의 의미를 정확히 이해하고 제대로 사용하려고 노력하는 사람은 많지 않다. 보고서를 작성하다 시간에 쫓겨 내용 채우기에 급급해 제목을 신경 쓰지 못하는 경우를 많이 봤다.

---

1) 여기서 '제목'이란 표지에 등장하는 보고서의 전체 제목을 말하는 것이 아니다. 보고서 본문을 보면 대표성을 띠는 위치에 따라서 대제목, 중제목, 소제목 등 다양한 계층의 제목을 의미한다.

그렇다면 어떤 것이 '좋은 제목'인지, 제목을 어떻게 작성해야 할지 알아보자. 먼저 좋은 제목, 훌륭한 제목의 실체가 무엇인지 파악하기 위해 제목의 정의부터 알아야 한다. 한자로 '제목'을 풀어보면 다음과 같다.

제(題 : 제목 제), 목(目 : 눈 목)

'제(題)'를 풀어보면 '옳은 시(是)'와 '머리 혈(頁)'로 나뉜다. 사람으로 치면 머리(頁)에 해당하는 가장 중요한 부분으로, 항상 바르고 정확(是)해야 한다는 의미다. 여기에는 눈(目)에 잘 보여야 한다는 의미를 담고 있다.

제목의 본질은 다음 두 가지로 요약할 수 있다.

첫째, 속성 측면에서 제목은 기록의 정체성을 알 수 있는 핵심 정보가 담겨야 한다. 기자들은 기사에서 가장 중요한 정보를 먼저 제시하라고 배운다. 즉, 제목과 첫 문장(단락)에 기사의 핵심이 담겨야 한다. 바쁜 독자들에게 조그만 글씨가 빼곡한 신문을 다 읽게 할 생각으로 기사를 작성해서는 안 된다는 것이다. 물론 다 읽을 독자도 없다. 시간과 인내심이 허락하지 않는다.

둘째, 형태 측면에서 제목은 외형적으로 잘 보여야 한다. 제목만 읽어봐도 어떤 내용인지 파악할 수 있다면 최고의 제목이라고 할 수 있다. 영어로 기사의 주요한 제목을 의미하는 단어는 Headline이다. 한자와 유사하게 'Head(머리)'와 'line(선)'으로 나눌 수 있다. 한자와 영어 단어를 통해서 본 '제목'의 본질은 일맥상통한다.

'핵심'이 담긴 제목을 뽑는 것은 쉽게 가르치고 빠르게 배울 수 있는 영역이 아니다. 그저 많은 연습을 통해서 익혀야 한다.

다행히 단기간에 눈에 잘 띄는 제목을 만들 수 있는 몇 가지 원칙이 존재한다. 제목의 형태 측면에서 눈에 잘 띄는 제목은 불과 1~2초 이내에 판가름 난다. 잘 지은 제목은 한 번만 읽어도 직관적이고 감각적으로 알 수 있다. 따라서 여기에서는 제목의 형태에 초점을 맞춰 설명하려 한다. 쉽고 빠르게 이해할 수 있는 인식의 틀[2]을 만들었다.

제목의 형태를 기준으로 단어 중심으로 이루어진 ① 키워드형 제목과 문장 형태로 이루어진 ② 설명형 제목으로 구분했다.

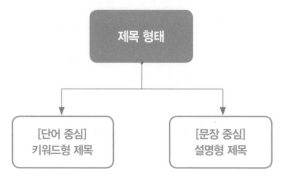

▲ 보고서용 제목의 형태 구분

이제 키워드형 제목과 설명형 제목의 내용과 특징을 구체적으로 알아보자.

📋 **학습 정리**

첫째, 제목의 속성 : 기록의 정체성을 알 수 있는 핵심(是, 頁, Head)이 담겨야 한다.

둘째, 제목의 형태 : 잘 보이게(目, Line) 해야 한다.

---

2) 무언가를 쉽고 빠르게 배우기 위해서는 '인식의 틀(프레임)'을 만드는 것이 좋다. '최대한 단순하게 나누고 묶는 것'을 반복해 가장 적합한 구분(區分) 기준을 만드는 것이 중요하다.

키워드형 제목

    본문 내용을 함축해서 설명하는 주제어(단어나 구)로 된 제목을 키워드형 제목이라 한다. 본문 내용을 구분하거나 요약하는 키워드를 사용해 간결하고 명확하다.

    예를 들어, 수백 페이지에 달하는 백서의 경우 목차 체계가 복잡할[3] 수밖에 없다. 또한 국가별, 도시별, 산업별, 업종별 등 병렬로 전개되는 구조의 경우에도 명확한 분류 기준에 맞추어 키워드형 제목을 사용하는 것이 좋다.

구분	내용
계층(수직) 전개	대목차 – 중목차 – 소목차 – 세부목차 등
병렬(수평) 전개	국가별, 산업별, 업종별, 순서별 등

▲ 키워드형 제목의 구분

    다양한 예시를 통해 키워드형 제목을 언제, 어떻게 사용하면 좋을지 알아보자.

---

3) 보통의 백서는 방대한 내용을 종합해서 정리하다 보니 대목차→중목차→소목차→세부목차 등 복잡한 수직 계층 구조를 갖추고 있다.

✏️ 다음 예시를 보세요[4] 키워드형 제목 1

제2편 도로 교통안전
　제1장 도로 교통사고 발생현황 (중략)
　제2장 도로 교통사고 현황
　　제1절 도로 교통사고 발생현황
　　　1. 사고 발생추세
　　　2. 사고율 변화 현황
　　　3. 지역별 사고 현황
　　　4. 사고율 국제비교
　　제2절 도로 교통사고 원인 및 특징 분석
　　　1. 원인별
　　　2. 유형별
　　　3. 도로별
　　　4. 차종별 (중략)

제4편 항공 교통안전
　제1장 항공 교통사고 발생현황 (중략)
　제2장 항공 교통사고 현황
　　제1절 철도 교통사고 발생현황
　　　1. 항공사고 현황
　　　2. 항공기 사고 현황
　　　3. 항공기 준사고 현황 (중략)

왼쪽 내용은 '교통안전연차보고서' 목차의 일부다. 도로, 철도, 항공, 해양 등 교통안전에 관한 분야별 내용을 총망라한 보고서로 500페이지가 넘는다.

분야별로 일반 현황, 사고 현황, 원인 분석, 안전관리 추진 실적 등 다양하고 방대한 내용을 수록하기 위해서는 목차 체계가 상당히 복잡할 수밖에 없다.

연감이나 백서처럼 분량이 많은 내용을 계층별로 체계적이고 명확하게 구분하기 위해서는 간결한 키워드형 제목을 사용하는 것이 적합하다. 다른 형태의 키워드형 제목도 알아보자.

✏️ 다음 예시를 보세요 키워드형 제목 2

제2장 대외 여건 전망
　1. 세계경제
　2. **주요국 경제**
　　(1) 미국 경제
　　(2) 일본 경제
　　(3) 유로 경제
　　(4) 중국 경제

제3장 국내 경제 전망
　1. 경제성장
　2. **부문별 전망**
　　(1) 민간소비
　　(2) 설비투자
　　(3) 건설투자
　　(4) 수출입

---

4) 2015 교통안전연차보고서(2015.8), 국토교통부, https://bit.ly/2KQarqB

'제2장'에서는 대외 여건을 전망했고, '제3장'에서는 국내 경제를 전망했다. '제2장-2.주요국 경제'의 하위 제목들은 국가별로 구분했고, '제3장-2. 부문별 전망'은 주요 경제 부문별로 구분했다.

✏ 다음 예시를 보세요[5] 키워드형 제목 3

> 제1장 정부세종청사 건립개요 (중략)
>
> 제4장 정부세종청사 건립 추진
> 1. 정부세종청사 건립현황
> **2. 정부세종청사 1단계 건립**
> **3. 정부세종청사 2단계 건립**
> **4. 정부세종청사 3단계 건립**
> 5. 정부세종청사 미술작품 설치

정부세종청사 건립백서 목차 중 일부다. '제4장 정부세종청사 건립 추진' 하위 제목을 보면 건립 추진 단계별 (1~3단계)로 제시하고 있다.

---

5) 정부세종청사 건립백서(2015.12), 행정자치부, https://bit.ly/2KROMhJ

설명형 제목

키워드형 제목이 구분 기준을 단어로 제시했다면, 설명형 제목은 문장 형태로 되어 있다. 본문 내용을 요약한 핵심 주제문 형태라고 생각하면 된다.

설명형 제목은 본문 내용을 함축한 주제문 형태로 되어 있어 제목만 읽어도 본문의 핵심 내용을 쉽게 파악할 수 있다는 장점이 있다. 수십, 수백 페이지나 되는 보고서를 1~2페이지로 요약해 작성할 때는 핵심 메시지 형태의 설명형 제목을 사용하는 것이 좋다. 또한 결과 보고서는 본문 내용을 읽어보지 않아도 핵심 성과를 바로 확인할 수 있도록 설명형 제목을 사용하는 경우가 많다.

이처럼 설명형 제목은 본문 내용을 요약해 핵심적인 사항을 직접 전달해야 하는 경우에 사용하는 것이 좋다.

✎ 다음 예시를 보세요[6] 설명형 제목 1

Ⅰ. 추진배경

□ **글로벌 기후변화 체제를 고려한 에너지 정책 패러다임 변화 필요**

  ○ 온실가스 감축 기조(Post-2020) 강화에 따른 규제 위주의 정책은 기업의 성장 잠재력 확충에 한계

    * 제20차 유엔기후변화 협약, 모든 국가는 '20년 이후의 감축 기여 방안을 제출.시행

  ○ 우리의 강점인 ICT와 수요관리를 융합한 에너지 효율화를 통해 업계의 역량 강화 (Capacity Building)에 중점을 둔 육성정책으로 전환

□ **이에, 정부는 선제적으로 에너지 新시장 창출을 위한 정책을 마련**

  ○ 「제2차 에너지기본계획('14.1)」을 수립하면서, 에너지 정책 방향을 기존의 공급 중심에서 수요관리 중심으로 전환

  ○ 기후변화 대응을 위한 「에너지 신산업 창출방안」 및 「핵심기술개발 전략」을 통해 장기적인 정책 목표 및 추진 방향 설정('14.7)

    * 에너지 신산업 창출방안('14.7, 6개 사업 발굴), 기후변화 대응 핵심기술개발 전략 ('14.7), 제로 에너지 빌딩 조기 활성화 방안('14.7), 친환경 에너지타운 종합계획 ('14.12) 등

□ **최근 저유가를 기회로 활용, 속도감 있는 에너지 신산업 정책 필요**

  ○ 최근 新 3低 시대(저유가, 저금리, 저환율) 도래에 따라 기업의 투자여력이 확보*되면서, 에너지 신산업 투자의 절호의 기회(Golden Time)

    * 유가 10% 하락 시 제조업 1.04%, 전산업 0.67% 생산비용 감소(KDI, '15.1)

  ○ 글로벌 여건 변화에 따른 불확실성으로 기업 투자가 다소 주춤, 적극적 민간 투자 촉진을 위해 정부의 과감한 정책 추진*이 긴요

보고서 도입부의 내용이다. Ⅰ. 추진배경은 키워드형 제목이지만 □수준의 제목을 보면 문장 형태로 되어 있다. 즉, □수준의 제목은 본문 내용을 함축하는 설명형 제목을 사용했기에 제목만 읽어봐도 왜 이 보고서를 작성했는지 빨리 파악할 수 있다.

---

6) 기후변화 대응을 위한 「에너지 신산업 활성화 및 핵심기술 개발전략」 이행 계획(2015.4), 미래창조과학부, https://bit.ly/2UqNZnt

✎ **다음 예시를 보세요[7)] 설명형 제목 2**

Ⅱ. 향후 전망과 평가

□ **내수회복세가 다소 주춤하나 3분기 전체로 경기개선세 지속**

　○ 하반기 들어 개소세 인하 종료, 파업 등의 영향으로 7~8월 소비·설비투자가 등락하며 2분기 대비 내수 중심 회복세 주춤

　　▪ 다만, 추경 등 재정보강(27조원)의 신속 집행, 건설투자 호조, 수출부진 완화 등으로 경기는 완만한 개선세 유지

　　* 9월까지 추경예산 집행관리대상사업 중 6.9조원(80.5%) 집행

　○ 고용은 제조업 부진이 지속되고 있으나, 서비스업 취업자 증가세 확대가 이를 보완하며 전반적으로는 완만한 회복세 시현

□ **4/4분기 성장경로상 대내·외 불확실성이 높은 수준**

　○ 당초 예상한 올해 성장·고용 흐름에서 크게 벗어나지 않고 있는 것으로 판단되나, 최근 대내외 하방리스크는 확대되는 상황

　　▪ 청탁금지법 시행(9.28일), 노후경유차 교체 시 개소세 감면(70%) 입법지연 등으로 소비조정 지속 가능성

　　▪ 일부 업계 파업, 한진해운 법정관리 등 구조조정 본격화, 휴대폰 리콜사태 등을 생산·수출에 부담

　　▪ 제조업 고용부진이 지속되는 가운데 자영업자 영업환경 악화 등에 따른 서비스업 고용 둔화 우려 (중략)

　　최근 경제동향과 대응방향의 보고서 중 일부다. □ 수준의 제목을 중심으로 보고서를 읽어보자. □ 내수회복세가 주춤한 상황에서 3분기에는 경기가 개선(회복)되고 있지만, □ 4분기는 여전히 불확실성이 존재한다는 내용이다. □ 수준의 제목만 읽어봐도 대략적인 향후 전망이 읽힌다. 설명형 제목의 장점을 충분히 활용했다.

---

7) 최근 경제동향과 대응방향(2016.10), 제15차 경제관계장관회의(기획재정부), https://goo.gl/vesm2N

✎ **다음 예시를 보세요**[8] **설명형 제목 3**

---

1. 논의 배경

□ **최근 핀테크(Fintech) 금융혁신이 빠르게 진행되면서, 전통적인 금융산업의 우위
나 경쟁력도 변화되고 있음**

  ○ 전 세계적인 저성장, 장기침체 국면에서 기존 금융산업의 성장속도가 둔화되고 있는 상
   황

  ○ 반면 비(非)금융사를 중심으로 정보통신기술(ICT: Information & Communication
   Technology) 기반을 바탕으로 새로운 금융산업 수익모델을 도입하는 핀테크
   (Finance+Technology) 산업은 빠르게 성장 (중략)

□ **중국은 불과 얼마 전까지만 해도 금융 시스템이 낙후되어 있다고 인식되고 있지
만, 지난 수년간 핀테크 금융산업이 매우 빠르게 성장하고 있음**

  ○ 중국의 핀테크 산업 규모는 2016년 거래 금액이 미국에 이어 세계 2번째를 기록할 것
   으로 전망될 만큼 급성장하고 있음

□ **반면 한국은 세계 최고 수준의 ICT 관련 기술 경쟁력에도 불구하고, 관련 제도와
규제의 문제점으로 핀테크 산업의 발전은 매우 제한적으로 진행되고 있음**

  ○ 최근 한국에서도 금융산업의 신성장 원동력 발굴을 위한 핀테크 금융산업 발전 필요성
   이 제기되고 있음

  ○ 중국 핀테크 금융산업 발전 과정에서 금융부문 규제완화가 혁신에 기여하였는지 분석
   하는 것은, 한국의 핀테크 금융산업 발전에 정책적 시사점을 제공

'1. 논의 배경'은 키워드형 제목이지만 그 하위인 □ 수준의 제목을 보면 앞선 예
시에 비해 장문이다. □ 핀테크라는 금융혁신으로 인해 금융산업이 빠르게 변하고 있
는 상황에서 □ 중국의 금융산업이 매우 빠르게 성장하고 있는 반면 □ 한국은 매우 제
한적으로 진행되고 있다는 내용이다. 가독성 측면에서 장문보다는 단문이 유리하다.
그러나 제목만으로 내용을 충분히 전달하고자 장문을 사용하는 예시도 적지 않게 볼
수 있다.

---

8) 중국 핀테크 산업 성장과 규제완화(2016.12), 한국경제연구원, http://www.keri.org/

Ⅰ. 추진배경

□ **우리나라 재정건전성은 최근 경기회복 지연 등으로 다소 약화되고 있으나 다른 주요 선진국에 비해 양호한 모습**

  * 국가채무 비율('16, GDP대비) : 우리나라(40.1%), OECD평균(115.4%)

□ **그러나, 저출산·고령화 등 급격한 인구변화와 잠재성장률 둔화 등으로 장기재정 여건은 어려울 것으로 전망**

  ○ (수입 측면) 잠재성장률 둔화로 재정수입 증가세가 약화 전망

  ○ (지출 측면) 국민연금 등 주요 복지제도가 성숙되고 의료비 등 고령화 관련 지출이 크게 증가 전망

□ **이러한 장기 재정위험에 체계적으로 대응하고 재정의 지속 가능성 점검을 위해서는 장기 시계의 종합적인 재정전망 필요**

  * 미국, EU 등 주요 선진국들도 인구 고령화에 대한 재정위험 진단을 위해 장기재정 전망 실시 중

□ **이번 2016~2060년 장기재정전망은 국가재정법령*에 근거하여 2014년 말부터 민관합동 「장기재정전망협의회**」 중심으로 추진**

  * 국가재정법 시행령 제2조 ③ : 기획재정부장관은 장기재정전망을 할 때에는 40회계 연도 이상을 대상으로 적어도 5년마다 실시해야 한다. (중략)

　　2060년 장기재정전망 보고서의 첫 페이지에 나오는 추진배경 중 일부다. □ 수준의 제목을 보면　□한국의 재정건전성은~양호→□그러나~장기재정 여건은 어려운~→□대응책 마련이 필요하여~→□장기재정전망협의회 중심으로 대책을 마련하겠다는 내용이 자연스럽게 전개되고 있다. 보고서 제목은 접속사[10)] 없이도 내용을 이해하는 데는 무리가 없다. 그러나 예시처럼 스토리텔링을 위해 적절히 활용하면 읽는 보고서가 아닌 '읽히는 보고서'가 된다.

---

9) 2060년 장기재정전망(2015.12), 기획재정부, https://bit.ly/2KKxD9E

10) 예시 보고서의 제목에서 그러나, 이러한, 이번 등 접속사를 삭제해도 내용을 이해하는 데는 문제없다.

✎ **다음 예시를 보세요[11) 설명형 제목 5**

Summary

☐ **1인 가구는 전 연령층에서 지속적으로 증가하고 있으며 40대 이하가 전체의 52.8%**

　○ 서울, 경기, 6대 광역시 및 세종시에 거주하는 1인 가구는 전체의 66.2%

　○ 1인 가구 중 연소득 1천 2백만원 이상 비중은 49.4%이며 연소득 4천 8백만원 이상 비중은 30대 17.6%, 40대 16.6%

☐ **혼자 살게 된 가장 큰 이유는 학교, 직장 때문이나 혼자 사는 편안함과 혼자 사는 것에 대한 동경, 가족으로부터의 독립도 많은 영향을 미침**

　○ 거주하고 있는 주택은 5~10평 원룸이 일반적이며, 반전세를 포함한 전월세에 주로 거주하며(82.8%), 전세 및 월세 보증금은 본인이 직접 마련(75.3%)

　○ 하루에 2번은 직접 요리하거나, 반조리 식품 구입, 배달 등을 통해서 집에서 혼자 식사하는 경향을 보이며, 1인 가구 절반 이상은 혼자 하는 식사, 쇼핑, 운동 등에 익숙

☐ **혼자 살면서 '자유로운 생활과 자유로운 의사결정'을 할 수 있다는 것을 가장 큰 장점으로 생각하는 반면, '심리적인 안정', '안전'에 대한 우려가 큼**

　○ 경제적으로 '주택구입자금' 및 '노후자금' 마련에 대한 걱정이 크며, 은퇴 및 노후를 준비하고 있거나 관심 있는 비중은 86.0%)

　○ '1인 가구는 지속적으로 증가할 것'이며 '본인 선택에 의한 자발적인 독립'이라고 인식하며 혼자사는 본인에 대해 '자유로운', '자립심이 강한', '여유로운' 등 긍정적 이미지 단어로 표현　(중략)

　　한국의 1인 가구에 대한 분석 보고서를 1페이지로 요약한 보고서다. 요약 보고서의 경우 굳이 구분형 제목을 사용해 내용을 나눌 필요 없이 설명형 제목을 사용해 보고서의 결론을 빠르게 파악할 수 있도록 하는 것이 좋다. 설명형 제목은 본문 내용을 요약해서 제시하기 때문에 핵심 메시지를 빠르게 파악할 수 있다. 설명형 제목으로 잘 정리된 보고서는 제목만 읽어봐도 보고서의 흐름이 머릿속에 그려진다.

　　설명형 제목은 단문 혹은 장문(복문)으로 이루어져 있다. 문장의 길이를 딱 잘라 말하기는 어렵지만, 간결할수록 좋다는 기본 원칙을 두고 중요 메시지가 담길 수 있도록 문장을 최대한 줄이는 것이 핵심이다.

11) 2017 한국 1인 가구 보고서(2017.2), KB금융지주 경영연구소, https://bit.ly/2KOIAXV

국민의 정부와 참여정부 8년 동안 대통령 연설문을 작성했던 강원국 작가가 정리한 노무현 대통령의 32가지 글쓰기 지침을 살펴보면 간결한 문장에 관한 사항이 무려 여덟 가지나 된다.[12]

> ▶ 짧고 간결하게 쓰게. 군더더기야말로 글쓰기의 최대 적이네.
>
> ▶ 수식어는 최대한 줄이게. 진정성을 해칠 수 있네.
>
> ▶ 문장은 자를 수 있으면 최대한 잘라서 단문으로 써주게. 탁탁 치고 가야 힘이 있네.
>
> ▶ 상징적이고 압축적인, 머리에 콕 박히는 말을 찾아보게.
>
> ▶ 중언부언하는 것은 절대 용납 못 하네.
>
> ▶ 반복은 좋지만 중복은 안 되네.
>
> ▶ 한 문장 안에서는 한 가지 사실만 언급해주게. 헷갈리네.
>
> ▶ 단 한 줄로 표현할 수 있는 주제가 생각나지 않으면, 그 글은 써서는 안 되는 글이네.

12) 《대통령의 글쓰기》(강원국 지음, 메디치미디어, 2014년 2월)

키워드+설명형 제목

앞서 제시한 키워드형 제목과 설명형 제목은 형태의 차이만큼이나 특징[13]이 명확하다.

구분	키워드형 제목	설명형 제목
형태	핵심 키워드(단어)	문장(단문 혹은 복문)
특징	명확한 구분 기준 제시, 간결	핵심 내용 파악 용이

▲ 키워드형 제목과 설명형 제목의 차이

키워드형 제목과 설명형 제목을 합쳐보는 것도 좋은 방법이다. 각각의 제목 형태가 가지는 장점을 살리면서 단점을 보완할 수 있는 부분을 접목하면 그럴싸한 제목이 만들어진다. 정부 부처의 보고서를 보면 이런 형태의 제목이 가장 많이 등장한다.

---

13) '장단점'이 아니라 '특징'이라고 표현한 점에 주목하자. 어느 것이 '좋다', '나쁘다'로 설명하는 것보다 어느 것이 '더욱 적합한가'라는 기준으로 판단한다.

이런 형태의 제목은 키워드의 역할에 따라 ① (구분형 키워드)+설명형 제목과 ② (요약형 키워드)+설명형 제목으로 나뉜다.

✏️ 다음 예시를 보세요[14] **키워드+설명형 제목 1**

Ⅰ. 중장기 재무관리계획 개요

▫ **(배경) 공공기관 부채가 급증하면서 공공기관의 재무건전성 관리가 주요 이슈로 부각**

　○ 이에 따라 '공공기관 운영에 관한 법률'이 개정('10.5월)되어 주요 공공기관들로 하여금 '중장기 재무관리계획'을 수립하게 함 (중략)

▫ **(경과) '공공기관 운영에 관한 법률'에 따라 39개 공공기관이 '12년에 처음으로 '중장기 재무관리계획'을 작성하여 국회에 제출**

　○ '15년까지 총 4차례에 걸쳐 중장기 재무관리계획을 제출, 금번에 「'16~'20년 중장기 재무관리계획」을 수립하여 국회에 제출

▫ **(내용) 기관별로 향후 5년간 부채 및 부채비율, 당기순이익 등 연도별 재무건전성 지표 및 경영목표·투자방향 등 제시**

　○ 공공기관별 부채관리를 위한 비핵심자산 매각과 사업조정, 경영 효율화 등 자구노력 계획 반영

▫ 수준의 제목을 보면 앞서 본 제목들과 달리 (키워드)+설명문 형태인 것을 알 수 있다. 각 제목만 읽어보면 다음과 같다.

첫째, 왜 중장기 재무관리계획을 수립하는지에 대한 ▫(배경)을, 둘째, 재무관리계획을 누가 어떻게 수립하는지에 대한 ▫(경과)를, 셋째, 세부적으로 어떤 내용이 담겨 있는지에 대한 ▫(내용)을 설명한다.

즉, 세부 내용을 구분하기 위한 키워드를 괄호에 넣어 설명형 제목을 조합한 (구분

---

14) 2016~2020년 공공기관 중장기 재무관리계획 주요 내용(2016.9), 기획재정부, https://bit.ly/2Gvy43u

형 키워드)+설명형 제목을 사용했다.

✏ 다음 예시를 보세요[15] 키워드+설명형 제목 2

Ⅱ. 우리나라 재정건전성 평가
- **(Moody's)** 주요국에 비해 우수한 한국의 국가채무비율은 국가신용등급 결정에 매우 긍정적 요인이라고 평가('15.4월)
  - * Moody's 국가신용등급 전망, "Aa3 안정적→Aa3 긍정적"으로 상향
- **(IMF)** 한국을 두 번째로 '재정여력이 높은 국가'로 분류('15.6월)
  - ○ 재정여력을 감안하여 인위적 채무감축보다는 경제성장을 통한 채무감축이 바람직하다고 진단
- **(IMD)** 국가경쟁력 평가 결과, 한국의 양호한 재정수지가 강점요인으로 분석('15.5월)
  - * GDP 대비 재정수지 항목이 전체 61개국 중 10위

우리나라 재정건전성 평가 결과에 대한 설명이다. 재정건전성 평가 기관[16]을 설명형 제목 앞에 괄호를 사용해 키워드로 제시하고 있다. 따라서 평가 기관별로 내용이 구분되어 있음을 알 수 있고, 각각의 기관에서 한국의 재정건전성을 어떻게 평가했는지 쉽게 파악할 수 있다.

(구분형 키워드)	평가 기관 구분
설명형 제목	평가 결과 설명

▲ 구분형 키워드+설명형 제목 분석

---

15) 2015~2019년 국가재정운영계획(2015.9), 기획재정부, https://bit.ly/2Dk9xMH

16) Moody's는 미국에 본사를 둔 세계 3대 신용평가회사 중 하나다. IMF는 국제통화기금의 약자로 세계무역 안정을 목적으로 설립된 국제금융기구를 말한다. IMD는 스위스 로잔에 위치한 세계적인 경영대학원을 말한다.(출처 : NAVER 지식백과, 무디스, https://bit.ly/3CbZhmp)

Ⅱ. 중소 · 중견기업 R&D 투자 문제점

▫ **(사업구성)** 그간 기업수요 등 이슈 · 상황에 따라 R&D 사업이 신설 · 조정되어 전체 사업체계의 일관성 및 세부사업 기획의 전략성 부족

    ○ 타 정책수단과 단절된 R&D 투자 등으로 성과 창출에 한계

▫ **(운영방식)** 운영체계 차별화 및 전략적 투자분야 선별 미흡

    ○ 기업 역량과 무관한 개별지원으로 예산의 효율적 활용에 한계 (중략)

▫ **(평가체계)** 획일화된 접수 · 평가체계, 평가위원의 전문성 부족 등으로 인한 기업들의 평가 신뢰 저하

    ○ 관리 편의, 조기 집행 등을 위해 연초에 과제 접수가 집중되어(연1~2회), R&D성과물의 적기 시장진출 곤란 (→ 기업이 필요할 때 자금 공급 필요) (중략)

▫ **(사후관리)** 최종목표 달성도 중심의 기계적 평가, 실패부담에 따른 온정적 평가로 인해 실질적 R&D 성과 검증에 한계

    ○ 성과 미응답, 사업화 실패 시 제재에도 불구, 일부 기업은 사업화 실패에 대한 책임감 결여 (중략)

중소 · 중견기업 R&D 투자 문제점에 대해서 분석한 내용이다. ▫ 수준의 (괄호)를 보면 ▫ (사업구성)→▫ (운영방식)→▫ (평가체계)→▫ (사후관리)의 투자 단계별로 구분했고, 단계별 문제점에 대해 설명하고 있다. 예를 들어, (평가체계) 측면에서는 획일화된 평가와 평가위원의 전문성 부족이 문제점이라는 것을 ▫ 수준의 제목만 읽어봐도 쉽게 알 수 있다.

(구분형 키워드)	R&D 투자 절차 구분
+ 설명형 제목	투자 절차별 문제점 설명

▲ 구분형 키워드+설명형 제목 분석

17) 중소 · 중견기업 R&D 정책 개편 방안(2016.3), 중소기업청, https://bit.ly/2VWFguI

✎ 다음 예시를 보세요[18] 키워드+설명형 제목 4

해외 혁신센터의 주요 성공요인을 분석한 보고서의 제목 중 일부이다. 내용을 잘 모르더라도 '해외 혁신센터의 성공요인이 무엇일까?' 생각하면서 읽어보자.

Ⅱ. 해외 혁신센터의 주요 성공요인

▫ **[글로벌 시장 공략]** 초기부터 글로벌 시장 공략을 염두에 둔 창업지원
  ○ 유럽에서는 스타트업 육성에 적극적인 활동을 추진 중인 스페인 통신사 Telefonica는 스타트업 육성을
     위한 혁신센터인 Wayra를 (중략)

▫ **[지역 경쟁력 활용]** 지역이 보유한 산학연 R&D 역량 및 인적자원 활용 극대화
  ○ 영국 런던의 Tech City 성공사례는 지역의 기업, 지자체, 대학교, 연구소의 자원 활용을 통한
     시너지 창출의 중요성을 보여주고 있다. (중략)

▫ **[몰입 환경 제공]** 실질적 성과도출을 위한 집중육성 프로그램 운영
  ○ 실리콘밸리의 액셀러레이터인 'Y Combinator'는 스타트업에게 창조적 몰입환경을 만드는 대표적인
     사례. Y Combinator는 2005년 여름 (중략)

▫ **[개방적 네트워크]** 공유와 협력을 통한 역동적인 창업문화 조성
  ○ 중국 베이징에 위치한 IT 기업단지인 중관춘(中關村)은 창업가들이 자유롭게 모여 아이디어와 정보를
     공유하고 협력할 수 있는 공간이 (중략)

▫ 수준의 제목을 보면 설명형 제목 앞에 각각의 성공요인 키워드가 대괄호 안에 들어 있다. 제목만 보고도 해외 혁신센터의 네 가지 성공요인을 빠르게 파악할 수 있다. 앞선 예시들과 달리 구분이 목적인 키워드가 아니라 내용을 요약해서 설명하는 요약형 키워드로 제시되어 있음을 알 수 있다. [요약형 키워드]+설명형 제목의 전형적인 형태다.

[요약형 키워드]	성공요인을 한 단어로 요약
+ 설명형 제목	성공요인 설명

▲ 요약형 키워드+설명형 제목 분석

---

18) 혁신센터 기반의 ICT창조경제 활성화 방안(2015.3), DIGIECO, http://www.digieco.co.kr

이처럼 [구분형 혹은 요약형 키워드]+설명형 제목은 더욱 쉽고 빠르게 내용을 파악할 수 있다는 장점이 있다.

✎ **다음 예시를 보세요[19]** **설명형 제목만 사용한 예시**

다음 예시를 비교해보면 좀 더 명확히 알 수 있다. LNG추진선박 연관 산업 육성을 통해 얻을 수 있는 기대효과를 설명한 내용이다.

Ⅳ. 기대효과
□ 국내 해운기업의 능동적 국제 규제 대응 지원
　ㅇ 국적선사의 LNG추진선 발주 지원, 국내 항만에서 LNG 벙커링 서비스 제공 등을 통해 IMO 규제 관련
　　우리 해운의 글로벌 경쟁력 확보
　　　* 선박크기, 유가, 운항속도, 운영지역 등에 따라 차이가 있으나 LNG추진선 도입 시 저유황유 대비 연료비 절감
　　　　등으로 10년 내 LNG추진선 투자비 회수 가능(KMI, '15)
□ LNG추진선 기술경쟁력 강화와 건조시장 선점
　ㅇ 국내 LNG추진선 건조 수요 확보와 R&D 지원을 통해 관련분야 기술경쟁력을 확보하여, LNG추진선
　　건조 및 기자재 시장 선점
　　　* '13~'25년 LNG 연료추진선 관련 신조 · 개조시장 약 150조원 예상(DNV 전망, '13 등)
□ LNG 벙커링 제공을 통한 항만경쟁력 강화
　ㅇ 국내 항만 입항 선박에 대한 LNG 벙커링 서비스 제공을 통해 연간 약 4.5억 달러의 새로운 항만서비스
　　시장 창출 기대
　　　* LNG 가격 376$톤('16.5 국내 면세), 연간 최대 119만톤 벙커링 기준(DNV 전망, '13)
□ 황산화물, 질소산화물, CO_2 등을 줄여 환경개선
　ㅇ LNG의 경우, 기존 선박연료 대비 황산화물 약 100%, 질소산화물 약 90%, 미세먼지 약 90%, 온실가스
　　약 20% 저감 가능

□ 수준의 제목을 보면 설명형 제목임을 알 수 있다. 똑같은 보고서를 (키워드)+설명형 제목을 사용해 수정한 보고서와 비교해보자.

....

19) LNG추진선박 연관 산업 육성 방안(2016.11), 제18차 경제관계장관회의(기획재정부), https://bit.ly/2UOURjx

Ⅳ. 기대효과

□ **(해운경쟁력 강화)** 국내 해운기업의 능동적 국제 규제 대응 지원

　o 국적선사의 LNG추진선 발주 지원, 국내 항만에서 LNG 벙커링 서비스 제공 등을 통해 IMO 규제 관련 우리 해운의 글로벌 경쟁력 확보

　　* 선박크기, 유가, 운항속도, 운영지역 등에 따라 차이가 있으나 LNG추진선 도입 시 저유황유 대비 연료비 절감 등으로 10년 내 LNG추진선 투자비 회수 가능(KMI, '15)

□ **(조선산업 고부가가치화)** LNG추진선 기술경쟁력 강화와 건조시장 선점

　o 국내 LNG추진선 건조 수요 확보와 R&D 지원을 통해 관련분야 기술경쟁력을 확보하여, LNG추진선 건조 및 기자재 시장 선점

　　* '13~'25년 LNG 연료추진선 관련 신조·개조시장 약 150조원 예상(DNV 전망, '13 등)

□ **(새로운 항만서비스 제공)** LNG 벙커링 제공을 통한 항만경쟁력 강화

　o 국내 항만 입항 선박에 대한 LNG 벙커링 서비스 제공을 통해 연간 약 4.5억 달러의 새로운 항만서비스 시장 창출 기대

　　* LNG 가격 376$톤('16.5 국내 면세), 연간 최대 119만톤 벙커링 기준(DNV 전망, '13)

□ **(대기환경 개선)** 황산화물, 질소산화물, CO_2 등을 줄여 환경개선

　o LNG의 경우, 기존 선박연료 대비 황산화물 약 100%, 질소산화물 약 90%, 미세먼지 약 90%, 온실가스 약 20% 저감 가능

　　(키워드)+설명형 제목이 보고서 내용을 파악하기에 훨씬 수월하다. 키워드가 보고서의 구분 혹은 내용 요약 역할을 하고 있어 내용 파악이 수월한 것이다. 또한 (키워드)+설명형 제목은 목차 수준을 한 단계 줄여주는 효과도 있다.

Ⅳ. 기대효과

□ **(해운경쟁력 강화)** 국내 해운기업의 능동적 국제 규제 대응 지원

　o 국적선사의 LNG추진선 발주 지원, 국내 항만에서 LNG 벙커링 서비스 제공 등을 통해 IMO 규제 관련 우리 해운의 글로벌 경쟁력 확보 (중략)

□ **(조선산업 고부가가치화)** LNG추진선 기술경쟁력 강화와 건조시장 선점

　o 국내 LNG추진선 건조 수요 확보와 R&D 지원을 통해 관련분야 기술경쟁력을 확보하여, LNG추진선 건조 및 기자재 시장 선점

(해운경쟁력 강화), (조선산업 고부가가치화)를 키워드로 활용해 제목에 포함시켰으나, 이를 별도의 제목으로 사용한다면 다음 예시처럼 하위 목차를 추가해야 한다.

Ⅳ. 기대효과

□ **해운경쟁력 강화**

  ○ 국내 해운기업의 능동적 국제 규제 대응 지원

    • 국적선사의 LNG추진선 발주 지원, 국내 항만에서 LNG 벙커링 서비스 제공 등을 통해 IMO 규제 관련 우리 해운의 글로벌 경쟁력 확보

□ **조선산업 고부가가치화**

  ○ LNG추진선 기술경쟁력 강화와 건조시장 선점

    • 국내 LNG추진선 건조 수요 확보와 R&D 지원을 통해 관련분야 기술경쟁력을 확보하여, LNG추진선 건조 및 기자재 시장 선점

2단(□ 수준→○ 수준)이면 될 제목 수준을 3단(□ 수준→○ 수준→ • 수준)으로 분화했다. 제목은 여러 계층으로 분화될수록 체계를 파악하기 어렵고 혼란스러워 가독성이 떨어진다. 꼭 필요한 경우가 아니라면 4단계 이상 수준을 세분화하는 것은 피하는 것이 좋다.

(키워드)+설명형 제목을 사용할 때 주의해야 할 점이 하나 있다. 키워드 제목 수준을 맞추는 것이 중요하다. '제목 수준'을 맞춘다는 의미를 다음 예시를 통해 파악해보자. 다음은 국민 생활안전 확보를 위해 관련 인프라와 시스템을 확충하겠다는 보고서다.

✎ 다음 예시를 보세요 (요약형) 키워드+설명형 제목을 사용한 예시

> ▫ **국민 생활안전 인프라 확충 및 안전관리시스템 구축[20]**
>
>   ○ **(응급의료 사각지대 해소)** 농어촌 병원과 대도시 응급의료센터 간 원격협진 네트워크, 24시간 영상협진
> 센터 구축 등으로 응급의료 접근성 제고
>
>   • 취약지 응급의료기관 지원(264억), 고도 취약지 응급의료 지원(17억), 원격협진 네트워크 구축(8.6억원),
> 영상협진센터 구축(8억원) 등
>
>   ○ **(중증외상 진료체계 구축)** 시설 · 장비 · 인력을 갖춘 외상전문 치료센터를 구축, 중증외상환자에게
> 24시간 최적 치료를 제공함으로써 사망위험 감소
>
>   • 권역외상센터 추가 설치(2개소, 1차년 80억원), 권역외상센터 운영지원(334억원, 16개소),
> 외상전문의 인력 양성(25억) 등
>
>   ○ **(생활안전 예방 및 사각지대 해소)** 생활안전 및 재해예방사업 지속 투자로 국민생활주변 안전 위해요소
> 점검 및 사각지대 해소 · 개선
>
>   • 어린이집 CCTV설치(346억), 지역교통안전환경개선(200억), 재해예방사업(재해위험지역정비, 소하천
> 정비, 우수저류시설설치 등 6,596억)
>
>   ○ **(긴급상황 대응시스템 구축)** 재난 및 안전사고 긴급상황과 국민신고에 대해 실시간으로 신속 대응할 수
> 있는 시스템 구축 확대
>
>   • 긴급신고전화 통합시스템(전자정부지원 273억), 해상교통관제시스템(314억), 중앙119구급상황센터(25
> 억) 설치

  ○ 수준의 괄호 키워드를 보면 응급의료 사각지대 해소~긴급상황 대응시스템 구축까지 제시되어 있다. '무엇을 할 것인지'에 대한 과제 형태의 요약형 키워드를 사용했다.

  다음 예시와 비교해보자. 내용에는 변화가 없고 (괄호 키워드)를 보면 앞의 예시와 다름을 알 수 있다.

---

20) 수혜대상별, 생애주기별 맞춤형 복지 등 민생안정을 위한 2016년도 예산안 주요 내용(2015.9), 보건복지부, https://bit.ly/2IHJPFz

□ 국민 생활안전 인프라 확충 및 안전관리시스템 구축

○ **(응급의료 분야)** 농어촌 병원과 대도시 응급의료센터 간 원격협진 네트워크, 24시간 영상협진센터 구축 등으로 응급의료 접근성 제고

• 취약지 응급의료기관 지원(264억), 고도 취약지 응급의료 지원(17억), 원격협진 네트워크 구축(8.6억원), 영상협진센터 구축(8억원) 등

○ **(중증외상 분야)** 시설·장비·인력을 갖춘 외상전문 치료센터를 구축, 중증외상환자에게 24시간 최적 치료를 제공함으로써 사망위험 감소

• 권역외상센터 추가 설치(2개소, 1차년 80억), 권역외상센터 운영지원(334억원, 16개소), 외상전문의 인력 양성(25억) 등

○ **(생활안전 분야)** 생활안전 및 재해예방사업 지속 투자로 국민생활주변 안전 위해요소 점검 및 사각지대 해소·개선

• 어린이집 CCTV설치(346억), 지역교통안전환경개선(200억), 재해예방사업(재해위험지역정비, 소하천 정비, 우수저류시설설치 등 6,596억)

○ **(긴급대응 분야)** 재난 및 안전사고 긴급상황과 국민신고에 대해 실시간으로 신속 대응할 수 있는 시스템 구축 확대

• 긴급신고전화 통합시스템(전자정부지원 273억), 해상교통관제시스템(314억), 중앙119구급상황센터(25억) 설치

○ 수준의 괄호 키워드를 보면 요약형 키워드와 달리 분야별로 제시하고 있다. 즉, 내용을 분류하는 구분형 키워드를 사용했다. 이처럼 제목 수준을 맞춘다는 것은 목차의 속성을 통일한다는 의미다.

다음 예시는 요약형 키워드와 구분형 키워드를 혼합해 정리한 것이다. 앞의 예시들과 비교해보자.

□ **국민 생활안전 인프라 확충 및 안전관리시스템 구축**

  ○ **(응급의료 사각지대 해소)** 농어촌 병원과 대도시 응급의료센터 간 원격협진 네트워크, 24시간 영상협진 센터 구축 등으로 응급의료 접근성 제고

    • 취약지 응급의료기관 지원(264억), 고도 취약지 응급의료 지원(17억), 원격협진 네트워크 구축(8.6억원), 영상협진센터 구축(8억원) 등

  ○ **(중증외상 분야)** 시설 · 장비 · 인력을 갖춘 외상전문 치료센터를 구축, 중증외상환자에게 24시간 최적 치료를 제공함으로써 사망위험 감소

    • 권역외상센터 추가 설치(2개소, 1차년 80억), 권역외상센터 운영지원(334억원, 16개소), 외상전문의 인력 양성(25억) 등

  ○ **(생활안전 분야)** 생활안전 및 재해예방사업 지속 투자로 국민생활주변 안전 위해요소 점검 및 사각지대 해소 · 개선

    • 어린이집 CCTV설치(346억), 지역교통안전환경개선(200억), 재해예방사업(재해위험지역정비, 소하천 정비, 우수저류시설설치 등 6,596억)

  ○ **(긴급상황 대응시스템 구축)** 재난 및 안전사고 긴급상황과 국민신고에 대해 실시간으로 신속 대응할 수 있는 시스템 구축 확대

    • 긴급신고전화 통합시스템(전자정부지원 273억), 해상교통관제시스템(314억), 중앙119구급상황센터(25 억) 설치

    (응급의료 사각지대 해소)와 (긴급상황 대응시스템 구축)은 과제 형태의 내용 요약형 키워드이고, (중증외상 분야)와 (생활안전 분야)는 구분형 키워드다. 키워드 제목의 속성을 기준으로 구분형 혹은 요약형으로 통일할 필요가 있다. 뒤섞여 있으면 보고서의 일관성 및 통일성이 떨어진다.

앞서 살펴본 바와 같이 제목의 형태적 속성을 기준으로 세 가지로 분류했다.

① 키워드형 제목(콘텐츠를 구분하는 역할)

② 설명형 제목(콘텐츠를 설명하는 역할)

③ 키워드+설명형 제목(콘텐츠를 구분 또는 요약하고 설명하는 역할)

세 가지 제목의 형태를 기본으로 상황에 맞게 좀 더 다양한 형태의 제목을 만들어 사용해보자. 예를 들어, 설명형 제목에 '데이터'가 포함된다면 좀 더 객관성이 높은 제목이 만들어진다. 또한 가정법을 활용한 '의문문'으로 만든다면 호기심을 불러일으킬 만한 제목이 된다.

기본 제목 형태	상황을 고려해서… 눈에 띄도록…
키워드형 제목	⇒ 운율을 맞추면…
설명형 제목	⇒ 데이터를 포함하거나, 의문문을 사용하면…
(키워드) + 설명형 제목	⇒ 키워드 운율을 맞추고, 설명형 제목에 데이터를 포함하면…

▲ 각 형태별 제목의 활용 방법

보고서 작성 목적, 보고 대상, 보고 시기 등을 고려해서 기본 형태의 제목을 변형해 다양한 제목을 만들 수 있다. 내 보고서를 읽는 고객[21]은 시간이 없다. 내가 만든 보고서를 꼼꼼하게 읽을 것이라는 기대를 접자. 제목만 보고도 내용을 파악할 수 있다면 훌륭한 보고서라 할 수 있다.

---

21) 여기서 고객은 직속 상사 및 임원이 될 수도 있고, 동료가 될 수도 있다. 심지어 회사 제품을 구매하는 고객(customer)이 될 수도 있다.

데이터는 신뢰를 높인다

본문의 핵심 내용을 대표하거나 상징하는 데이터(숫자)가 있다면 이를 제목에 드러내보자.

데이터(숫자)가 포함된 제목은 보고서의 객관성과 신뢰성을 높인다. 데이터는 실체를 명확하게 전달하기 때문이다. 데이터 중심 제목으로만 이루어진 극단적인 보고서[22]도 있다. 키워드형 제목이나 설명형 제목과 데이터를 조합해 객관성과 신뢰성이 높은 제목을 만들어보자.

기본 형태 제목	상황을 고려해서⋯ 눈에 띄도록⋯
키워드형 제목	
설명형 제목	+데이터(숫자) 포함
(키워드)+설명형 제목	

▲ 각 형태별 제목에 데이터를 포함할 경우 예시

---

22) 대표적으로 증권사에서 발간하는 산업 혹은 기업분석 보고서들이 그렇다.

✏️ 다음 예시를 보세요[23] **설명형 제목+데이터 포함**

> □ 국내 양돈 시장은 지난 10년간 연평균 3.2%씩 성장하여 2013년 약 5조원 규모에 이름
> - ○ 국내 양돈 시장 규모는 2004년 3조6,670억원에서 2013년 5조100억원으로 연평균 3.2%씩 성장한
>   것으로 나타났는데 2013년 기준 축산업 생산액 대비 돼지 부문이 차지하는 비중은 30.9%
> - ○ 그러나 지난 10년간 양돈업에 종사하는 가구수는 연평균 8.7%씩 감소하였고, 돼지 사육수는
>   연평균 1.0% 증가하는 데 그친 것으로 나타남 (중략)
> □ 2013년 국내 양돈업체의 합산 매출액은 6,850억원이며, 영업손익은 −510억원을 기록 중
> - ○ 국내 양돈업체 합산 매출액은 2009~13년 동안 연평균 8.2%씩 외형 성장을 지속하여 2013년에는
>   6,850억원을 달성하였으나 영업손익은 2012년부터 적자를 기록 중
> - ○ 최근 영업적자의 이유는 2012년 이후 배합사료 가격의 상승과 함께 2010년 발생한 구제역에 따른
>   살처분 규모가 2000년, 2002년 수준을 넘어서면서 축산 농가의 피해가 불가피했음 (중략)

국내 양돈산업의 현황을 분석한 보고서 중 일부다. 구체적인 데이터를 토대로 국내 양돈산업의 현황을 설명하고 있다. □ 수준의 제목만 봐도 현재 양돈산업에 대한 대략적인 추세가 읽힌다.

□ 국내 양돈시장은 외적 성장(연평균3.2%)하고 있으나, □ 영업손익이 적자(−510억원)여서 내부적으로는 부실한 상황이다.

데이터가 제목에 포함되어 있기에 내용 파악이 쉬우며, 구체적인 데이터를 제시하고 있기에 성장률과 영업손익 규모까지도 파악할 수 있다. 보고서를 읽는 고객들은 '영업손익(적자)이 발생하는 이유가 무엇일까?'라는 궁금증을 갖고 세부 내용을 들여다 볼 것이다.

23) 양돈업, 대형화/전문화 심화로 중소규모 농가의 퇴출 확대가 예상(2015.2), 하나금융연구소, https://bit.ly/2XsjDD0

✎ 다음 예시를 보세요 설명형 제목만 사용

앞선 예시와 다음 예시를 비교해보자. ❏ 수준의 제목에 포함되어 있던 데이터만 삭제했다.

❏ **국내 양돈 시장은 지난 10년간 지속 성장함**
- ○ 국내 양돈 시장 규모는 2004년 3조6,670억원에서 2013년 5조100억원으로 연평균 3.2%씩 성장한 것으로 나타났는데 2013년 기준 축산업 생산액 대비 돼지 부문이 차지하는 비중은 30.9%
- ○ 그러나 지난 10년간 양돈업에 종사하는 가구수는 연평균 8.7%씩 감소하였고, 돼지 사육수는 연평균 1.0% 증가하는 데 그친 것으로 나타남 (중략)

❏ **그러나 국내 양돈업체의 영업손익은 적자를 기록 중**
- ○ 국내 양돈업체 합산 매출액은 2009~13년 동안 연평균 8.2%씩 외형 성장을 지속하여 2013년에는 6,850억원을 달성하였으나 영업손익은 2012년부터 적자를 기록 중
- ○ 최근 영업적자의 이유는 2012년 이후 배합사료 가격의 상승과 함께 2010년 발생한 구제역에 따른 살처분 규모가 2000년, 2002년 수준을 넘어서면서 축산 농가의 피해가 불가피했음 (중략)

설명형 제목이라 대략적인 내용 파악에는 문제가 없다. 그러나 앞선 예시에 비해 구체성이 다소 떨어진다. 양돈산업이 10년 동안 얼마나 성장했는지, 양돈업체들의 적자폭이 얼마나 되는지는 세부 내용을 보고 파악해야 한다.

만약 30층에서 엘리베이터를 타고 1층까지 내려가는 CEO에게 국내 양돈산업의 현황에 대해 요약 보고해야 한다면 어떤 제목을 사용할 것인지는 분명하다. 본문에서 데이터(숫자)를 찾게 할 것인가, 아니면 제목에서 바로 데이터를 확인할 수 있게 배려할 것인가?

내 보고서를 읽는 고객이 시간을 아낄 수 있도록 고민하고 또 고민하자. 고객을 불편하게 만드는 보고서는 훌륭한 보고서가 아니다.

운율을
생각하자

음악에서 후렴구의 반복되는 리듬과 가사를 훅(Hook)이라고 한다. 힙합, 댄스, 록 음악 등 대중가요 전반에 자주 사용되는 방식으로, 문학에서는 비슷하게 운율(韻律)이 존재한다.

운율(韻律)에서 운(韻)은 같거나 비슷한 소리가 되풀이되는 것을, 율(律)은 음의 높낮이, 길고 짧음, 강약, 글자 수의 규칙성 등을 말한다. 훅과 운율을 적절히 이용하면 반복적인 패턴을 만들어 쉽고 오래 기억나도록 할 수 있는데, 신문 헤드라인에서 종종 비슷한 방식의 제목을 볼 수 있다.

> '견고한' 아이폰, '무서운' 중국폰, '흔들리는' 한국폰[24]

'현 상황+제조사 혹은 제조국'으로 키워드 속성과 운율을 맞춰 경쟁이 치열한 스마

---

24) 헤럴드경제 기사(2015.7.31), https://bit.ly/2L5u5PJ

트폰 시장을 절묘하게 표현하고 있다. 이처럼 키워드에 운율까지 고려하면 기억에 오래 남을 수밖에 없다. 짧지만 강한 충격을 줄 수 있는 제목이라면 훌륭한 제목이라 부를 만하다. 한 가지만 주의[25]해서 사용하자.

> "반복은 괜찮지만, 중복은 안 된다."
> 특별한 수사적 효과를 도모하려는 반복은 괜찮지만, 중복은 글을 지루하고 늘어지게 한다.

✏ 다음 예시를 보세요[26] 키워드 운율 맞춤 1

1. 의사결정 함정을 피하는 방법
  □ **[피해야 할 것]** 정해진 스토리와 사전적 의견 조율
    ○ 리더가 결론의 방향을 앞서 이야기하면 왜곡된 증거와 전망이 채택
      • 리더는 객관적 검증에 앞선 의견 제시를 지양, 의사결정에 앞서 의견을 말하기보다는 조직원의 다양한 의견을 듣고, 상호 검증하는 데 주력
      • 조직원은 상사의 의중을 고려한 논리 만들기가 아닌 서로 다른 관점의 근거를 복수로 제시하여 상호 비교와 토론이 가능하도록 준비
  □ **[변해야 할 것]** 논쟁을 회피하는 문화
    ○ '가만히 있으면 중간은 간다'→'침묵은 무관심'으로 인식변화 필요
      • 리더는 계속적인 질문을 통해 논쟁을 유도하고 다른 목소리가 나올 수 있도록 눈치를 보지 않고 말할 수 있는 분위기와 문화 조성
      • 조직원은 눈치보기와 보신주의에서 탈피, 질문과 적극적인 의견개진을 통해 사안의 문제점과 잠재적 이슈를 끊임없이 제기

----

25) 《대통령의 글쓰기》(강원국 지음, 메디치미디어, 2014년 2월)

26) 의사결정의 함정, 피할 수 있을까?(2015.12), 포스코경영연구원(POSRI 이슈리포트), https://www.posri.re.kr/

□ **[지켜야 할 것]** 상호 존중의 문화, 그러나 다름에 대한 인정

   ○ 진정한 상호 존중은 다른 목소리를 내거나 문제점을 지적하지 않는 것이 아닌, 다름을 인정하고 타인의 의견을 경청하고 존중하는 자세

      • 리더는 동의를 존중의 의미로 받아들이기보다, '서로 다름'을 이해하는 것이 진정한 상호존중임을 인식하고 이를 격려

      • 조직원은 다른 사람의 지적이나 이견을 '뒷다리 잡기'나 '반대'가 아닌, 잘되기 위한 제언으로 인식하여, 열린 마음으로 경청

조직에서 의사결정의 실패 원인을 분석하고 실패를 막는 방안을 제시한 보고서 중 일부다. 의사결정 실패를 막기 위해 조직문화를 개선할 필요가 있는데 이를 위한 세 가지 방안의 키워드를 '~할 것'으로 운율을 맞추어 제시했다.

✎ **다음 예시를 보세요**[27] **키워드 운율 맞춤 2**

━ 향후 과제 ━

□ **[시장으로]** 민간 투자 활성화를 위한 정부 마중물 정책 필요

   ○ 주요 사업별로 △도전적 목표 설정 △구체적인 계획을 수립하여, 향후 3년 동안의 정책 이행력 확보 및 가시적 성과 창출

      * 기존에는 '17년 목표만 설정되어 있으며, 연차별 구체적인 목표 및 정책이 부재

   ○ 기업의 초기 투자 리스크를 완화할 수 있도록 △핵심 규제 개선, △금융 지원 강화 등 정부의 선제적 대응이 필요

□ **[미래로]** 핵심기술 및 신사업 발굴로 미래 성장동력 확보

   ○ 기술시장의 성숙도에 따라 전략적인 기술개발 정책을 통해 핵심기술을 선제적으로 확보하고 국내 에너지 신산업 경쟁력 강화

   ○ 유가변동, 에너지-ICT 융합 가속화 등 빠르게 변화하는 에너지 신산업 환경을 고려한 지속적인 신사업 모델 개발이 필요

---

27) 기후 변화 대응을 위한 '에너지 신산업 활성화 및 핵심기술 개발전략' 이행계획(2015.4), 미래창조과학부, https://bit.ly/2UqNZnt

□ **[세계로]** 국내 에너지 신산업 인프라를 토대로 글로벌 경쟁력 확보
　○ 에너지 신산업 중소 · 중견기업 대상으로, 해외 현장에서의 애로사항을 해소하기 위해 현장 밀착형 지원
　　인프라 구축
　○ ASEAN, GCC 등 유망 국가와의 국제 협력 강화 등을 통해 국내 에너지 신산업 모델의 해외 시장을
　　선점, 수출 산업화 시도

　　기후 변화 대응 관련 보고서 중 일부다. 앞으로 추진해야 할 과제(방향)에 대해서

말하고 있다. 일반적으로 추진 전략, 추진 계획, 추진 과제를 다루는 보고서는 이해하

기 어려워 거부감마저 드는 경우가 있다. 그러나 추진 방향에 대해서 '~(으)로'라는 운

율까지 고려한 상징적인 어휘를 사용해 가독성을 높이려는 노력이 보인다.

✎ 다음 예시를 보세요[28] **문체 맞춤**

□ **일하는 방식의 네 가지 성공비결**
　○ **[성공비결 ①]** 현장에서 통찰력을 찾아라!
　　• 임직원과의 만남을 통해 이슈를 파악하고, 문제의 원인과 해결 전략을 찾기 위한 '진실이 순간
　　　(Moment of Truth)'을 가짐
　　• 리더는 여러 부서 직원들과 고객의 의견을 존중하는 과정에서 더 많은 신뢰감을 형성할 수도 있음
　○ **[성공비결 ②]** 문제해결 전략을 명확히 정의하고 지시하라!
　　• 문제 상황에 대해 미리 생각하고, 대응 전략을 마련해 두어야 함
　　• 턴어라운드 과정에서 리더가 대내외적으로 명확하고 간명한 변화 방향을 제시할 수 있어야 함
　○ **[성공비결 ③]** One Spirit, 조직구성원의 단결과 협력을 끌어내라!
　　• 강한 실행력은 협력 네트워크를 만들어 내는 단결된 조직력에서 비롯
　　• JAL은 하나의 혁신문화를 만들기 위해 리더와 직원의 의식교육에 몰입
　○ **[성공비결 ④]** 단기 생존과 함께, 장기적 관점을 유지하라!
　　• 단기적 이익과 장기적 성장기반 구축이 균형 있게 추진될 필요
　　• 단기 이익을 달성하되, 장기적 성장에 대해 투자자 설득 노력을 지속

---

28) 턴어라운드 리더, 일하는 방식의 네 가지 성공 비결(2016.3), 포스코경영연구원, https://www.posri.re.kr/

키워드형 제목에서만 운율 맞추기가 가능한 것은 아니다. 또한 꼭 글자 수를 맞추거나 동어를 반복하는 것만이 '운율'을 맞추는 방법은 아니다.

이번 예시는 일하는 방식의 성공 비결을 네 개로 정리했다. 각 제목의 종결어미를 보면 '~라!'의 명령문 형태를 띠고 있다. 성공하기 위해서는 '~을 해야 한다'는 강한 의미를 전달하기 위해 종결어미를 명령문 형태로 통일했다. 이처럼 설명형 제목에서도 명령문(~해라!), 감탄문(~했는가!), 청유문(~하자!) 등 종결어미의 운율을 맞춰 문체의 통일성을 높이는 것도 하나의 방법이다.

✏️ **다음 예시를 보세요**[29] **표현 방법 맞춤**

1. 글로벌 동향

가. 선사간 M&A 가속화→새로운 글로벌 Alliance 출범

  ▫ 원양항로 95% 이상 운송을 담당해온 4대 글로벌 얼라이언스 선사간 M&A를 통해 '17. 4월부터 3강 체제로 재편 예정

  ○ 선대 운영 합리화를 통한 원가 절감을 위해 대형 선사간 M&A 추진 (중략)

나. 선사별 원가경쟁 첨예화→선박 규모화 및 터미널 확대

  ▫ 원가절감을 위한 초대형선 투입 등 선사간 치열한 치킨게임 전개

  ○ 원양항로는 1.33만TEU급 이상 초대형 컨테이너선 확대 추세*

    * 1.33만TEU급 운항선박 : ('14) 85척→('15) 128척→('16) 162척

    • 최근, 파나마 운하 확장 개통으로('16.6) 미주항로 주력선대 규모가 기존 5천TEU급→1.3만TEU급으로 확대 (중략)

다. 국제적 환경구제 가속화→고효율 · 친환경 선박 수요 급증

  ▫ (선박평형수) 국제협약인 선박평형수관리 협약('17.9.8 발표)에 따라, 전 세계 약 5만여 척에 평형수 처리설비 설치가 의무화 (중략)

---

29) 해운산업 경쟁력 강화 방안(2016.10), 제6차 산업경쟁력 강화 관계장관회의(기획재정부), https://bit.ly/2DNkXsK

□ (온실 · 배출가스) 선박에 대한 온실가스 감축 및 배출가스 규제 논의가 본격화되고, 유럽 등 일부지
역은 규제기준을 강화 (중략)

라. 신흥시장 경제 성장→새로운 해운시장 부상

□ 아프리카 · 중동은 풍부한 자원을 기반으로 한 안정적 물동량 창출. 특히 이란은 최근 경제제재 해제
등으로 새로운 시장으로 부상 (중략)

글로벌 해운 산업의 동향을 정리한 '가~라' 수준의 제목을 보면 ~이슈로 인해→~
한 상황이다라고 표현 방법을 통일했다. 넓은 의미에서 이 또한 운율을 맞춘 예시라
할 수 있다.

내용 전개에 대한
힌트를 주는 제목

언제부턴가 내비게이션이 운전자의 필수품이 되었다. 내비게이션은 경로 안내는 물론 모르는 길을 미리 알려주거나 소요 시간을 알려준다는 점에서 불안감을 해소시켜주는 역할을 한다.

보고서에도 앞으로 전개될 내용을 안내하는 내비게이션 장치가 있다면 보고서를 읽기 전 독자의 불안을 해소하는 역할을 할 것이다. 물론 목차가 그런 역할을 해야 한다. 하지만 목차는 한 번에 기억하기 어렵고, 보고서 중간에 배치할 수 없다는 단점이 있다.

이처럼 내용을 전개할 때 적소에 내비게이션 역할을 하는 구조를 사용하면 좋다. 특히 분량이 많은 경우 사용하면 더욱 좋다.

내비게이션 구조는 제목에서 앞으로 전개될 내용을 안내하고 이와 연결해서 전개하는 구조를 말한다. 전개될 본문 내용에 대한 힌트가 제목에 포함되어 있다면 보고서를 읽는 사람을 배려한 훌륭한 보고서가 될 것이다.

✎ 다음 예시를 보세요[30] 전개될 내용의 개수를 제목에서 제시 1

> □ 스타트업이 성공을 지속적으로 이어가기 위한 **4가지 조건**
>> ○ [전문적 역할 규정] 일당 백, 또는 모두가 협력이라는 방식이 작동하기 점점 어려워지면서 조직 운영
>> 방식에 의사결정과 외부 HR전문가 집단의 도움 필요
>> ○ [새로운 관리체계] 작은 조직의 평등주의가 한계에 부닥치고, 확실한 중간 보고 체계와 인사관행의
>> 결여가 오히려 문제로 대두되면서 적절한 관리를 위한 전문가 아웃소싱 필요
>> ○ [체계적인 기획/예측] 즉흥성이 중요했던 소규모 스타트업과 달리 커진 조직에서는 체계적 계획과
>> 목표의 관리를 통해 즉흥성이 지속적 창의성으로 이어질 수 있는 시스템 필요
>> ○ [기업문화 유지] 초창기의 열정적 문화가 창업자의 전설적 이야기로만 회자되지 않도록 인사평가나
>> 리더십, 소통 제도 등을 통해 벤처 정신이 유지되도록 할 필요가 있음

이 보고서는 스타트업이 지속적으로 성공을 이어가기 위해서 어떤 조건이 필요할지 '네 가지 조건'을 제시하고 있다. 보고서 작성자는 전달하려는 사항을 네 가지로 요약했고, 이를 제목에서부터 알려주고 있다. 이런 제목은 보고서를 읽는 사람이 내용을 쉽게 파악하게 만든다.

물론 한 번에 세부적인 사항까지 파악하긴 어렵겠지만, 적어도 조직 내에서 스타트업을 키우고 지속 성장시키기 위해서는 네 가지 조건이 있음을 인식하게 만든다. 따라서 보고서를 읽는 사람은 앞으로 전개될 네 가지 사항에 주의를 집중하게 된다. 또한 보고서 작성자도 관련 내용을 요약해 설명하기 쉽다. 이런 보고서를 발표한다면 "조직 내 스타트업이 성장을 지속적으로 이어가도록 하는 데는 네 가지 방법이 있습니다."라고 시작해서 네 가지 사항을 제목 중심으로 요약해서 설명하면 된다.

---

30) 거대 기업 안에 스타트업을 키우려면(2016.5), LG경제연구원. http://www.lgeri.com

✎ **다음 예시를 보세요**[31] **전개될 내용의 개수를 제목에서 제시 2**

□ 일본 정부는 아프리카 자원개발 촉진을 위한 **4가지 원칙**을 수립하여 자원 부국 정부와 적극적 협력 추진

  ○ 자원개발 위한 투자촉진 및 인프라 정비

    • 일본 정부는 민간기업들의 아프리카 자원개발을 적극 지원하기 위해 '리스크 머니' 제공 (중략)

  ○ 아프리카 자원개발 기반 강화 및 관련 인재 육성

    • 일본의 선진 자원관련 기술을 바탕으로 인재육성과 기술협력 확대 (중략)

  ○ 환경·안보 측면에서 지속 가능한 자원개발을 위한 노력

    • 환경 보전·광산 안전 관련 제도 정비에 아프리카 국가들과 협력 (중략)

  ○ 지역 사회와의 상생을 위한 노력

    • 일본 기업의 광산 주변지역 사회복지 향상을 위한 활동(학교, 병원 건설 등)에 적극 지원 (중략)

일본 정부가 아프리카 자원개발 촉진을 위한 네 가지 원칙을 갖고 있음을 알 수 있는 구조로, 각각의 원칙별로 세부적인 사항이 전개된다. 이를 조금만 바꾸면 훨씬 눈에 띄는 보고서가 된다. 예를 들어 아래 예시처럼 제목에 [원칙 ①]~[원칙 ④]를 표시하면 가독성이 더욱 높아진다.

□ 일본 정부는 아프리카 자원개발 촉진을 위한 **4가지 원칙**을 수립하여 자원 부국 정부와 적극적 협력 추진

  ○ **[원칙 ①] 자원개발 위한 투자촉진 및 인프라 정비**

    • 일본 정부는 민간기업들의 아프리카 자원개발을 적극 지원하기 위해 '리스크 머니' 제공 (중략)

  ○ **[원칙 ②] 아프리카 자원개발 기반 강화 및 관련 인재 육성**

    • 일본의 선진 자원관련 기술을 바탕으로 인재육성과 기술협력 확대 (중략)

  ○ **[원칙 ③] 환경·안보 측면에서 지속 가능한 자원 개발을 위한 노력**

    • 환경 보전·광산 안전 관련 제도 정비에 아프리카 국가들과 협력 (중략)

  ○ **[원칙 ④] 지역 사회와의 상생을 위한 노력**

    • 일본 기업의 광산 주변지역 사회복지 향상을 위한 활동(학교, 병원 건설 등)에 적극 지원 (중략)

---

31) 일본에서 배우는 아프리카 자원개발(2015.8), 포스코경영연구원(POSRI 이슈리포트), https://www.posri.re.kr

✎ 다음 예시를 보세요[32) **전개될 내용의 개수를 제목에서 제시 3**

---

3. 이란시장 5대 공략 포인트

- **공략 포인트 ①** : 건설 EPC 시장에서 E&P와 파이낸싱에 집중하라
  - ○ 이란 건설시장이 개방되면 에너지, 발전, 수송 등 인프라, 산업 플랜트 등 거의 모든 분야에서 수주기회가 발생할 것으로 예상 (중략)
- **공략 포인트 ②** : 제조업에서는 품질보다 '가격'에 맞춰야
  - ○ 경제제재 해제 이후 소비심리 개선 영향으로 소비재와 자본재 등 제조상품에 대한 수요가 급증할 것으로 예상 (중략)
- **공략 포인트 ③** : 국영기업 및 준국영 기업과 협력하라
  - ○ 1979년 이슬람 혁명 세력은 '경제적 자립'과 '독립'을 정책 목표로 하는 이슬람 경제체제를 건설하고자 함 (중략)
- **공략 포인트 ④** : 비즈니스 리스크를 경계하라
  - ○ 경쟁 리스크 : Next China 시장을 모색하는 다국적 기업들이 이란 시장에 대거 진출할 것으로 보여 바로 'Red Ocean'으로 전환될 가능성도 있음 (중략)
- **공략 포인트 ⑤** : 정치 · 문화적으로 Care하라
  - ○ 이슬람 혁명 성공 : 정치와 종교 세력간 도전과 균형을 모색해온 오랜 역사적 전통 속에서 탄생한 독특한 정치체제 이해 필요 (중략)

6페이지 분량의 원본 보고서 내용을 제목 중심으로 요약했다. 이란시장을 공략하는 다섯 가지 포인트에 관해 설명하겠다는 점을 제목에서부터 강조하고 있다. 다섯 가지 공략 포인트를 하위제목에서 공략 포인트 ①~공략 포인트 ⑤로 제시해 대제목과 하위제목을 연계시키고 있다. 공략 포인트별로 설명이 길어져 보고서가 몇 페이지로 전개되더라도 독자들은 어디쯤 읽고 있는지 보고서에서 길을 잃지 않을 것이다. 실제 해당 보고서는 6페이지에 걸쳐 5대 공략 포인트별로 자세히 설명하고 있다.

---

32) 핵 협상 타결로 빗장 풀리는 이란시장 5대 공략 포인트(2015.4), 포스코경영연구원(POSRI 이슈리포트), https://www.posri.re.kr/

▫ 중국 공유경제의 급성장은 ① 정부의 전략적 육성, ② 모바일 결제의 상용화, ③ 대형 IT기업의 적극적인 투자 등에 기인[33]

   ○ **(정부의 전략적 육성)** 리커창 총리는 '16.3월 〈정부업무공장보고〉에서 공유경제 발전을 주요 정책기조로 제시한 후, 공유경제 육성관련 문건을 지속적으로 발표 (중략)

   ○ **(모바일 결제의 상용화)** 중국 공유경제 서비스의 대부분은 간편 결제 기능과 결합된 대여 서비스로, 모바일 결제 서비스가 사용화되면서 사용자 급증 (중략)

   ○ **(대형 IT기업의 투자)** 알리바바, 텐센트 등은 자사 모바일 결제 서비스의 사용자 확대 목적으로 오프라인으로 공유경제 서비스를 제공하는 기업들과의 업무제휴에 적극적 (중략)

▫ **[중점투자 분야]** ①신성장 서비스, ②서비스 고도화, ③서비스 기반 기술 등 3대 분야에 집중투자[34]

   ○ **(신성장 서비스)** 성장성이 높고 우리가 경쟁력을 보유한 ICT융합분야를 활용한 신성장 분야에 5년간 1.5조원 투자

    → 새로운 서비스 창출을 통한 서비스산업의 고부가가치화 (중략)

   ○ **(서비스 고도화)** 제조업과 서비스업의 융합, 새로운 비즈니스 모델 개발 등을 위해 5년간 1.3조원 투자

    → 제조 + 서비스 결합형 비즈니스 모델 창출로 산업경쟁력 제고 (중략)

   ○ **(서비스 기반기술)** 서비스지원 플랫폼 및 DB 구축 분야에 5년간 0.3조원 투자

    → 혁신기법 및 기반 구축 등을 통해 서비스 R&D 활성화 (중략)

    본문에 전개되는 내용의 키워드를 제목에서 제시하고 있다. 예를 들어, 두 번째 예시를 보면 '중점투자 분야'를 선정해 자원을 집중하겠다는 의미가 담겨 있다. 3대 집중투자 분야는 ① 신성장 서비스 분야, ② 서비스 고도화 분야, ③ 서비스 기반 기술 분야임을 제목을 통해서 알 수 있다.

---

33) 중국 공유경제의 급성장 배경과 시사점(2017.9), KDB산업은행(주간KDB리포트), https://rd.kdb.co.kr

34) 경제활력 제고와 일자리 창출을 위한 서비스경제 발전전략(2016.7), 기획재정부, https://bit.ly/2Iv2Yeu

✎ 다음 예시를 보세요[35)] 핵심 키워드 항목을 별도로 제시

Ⅱ. 국내은행의 수익구조 현황 및 문제점

 2. 수익악화 원인

> ① 이자이익 부진 ② 수수료이익 정체 ③ 고비용 구조 지속

▢ **(이자이익 부진)** 저금리 기조가 지속되면서 순이자마진 축소[※] 등으로 이자이익 확대가 사실상 어려워진

 데 주로 기인

  ※ 순이자마진(%) : ('11)2.30→('12)2.10→('13)1.87→('14)1.79→('15.上)1.60

  ○ 대출은 변동금리 비중이 높고 예수금 조달은 고정금리 비중이 높아 (중략)

▢ **(수수료이익 정체)** 수수료이익은 유가증권관련 이익 등 다른 비이자이익에 비하여 안정적이나 '11년 이후

 소폭 감소되는 추세[※]

  ※ 수수료이익(조원) : ('11)4.9→('12)4.7→('13)4.5→('14)4.6→('15.上)2.5

  ○ 수수료기반도 방카슈랑스 판매 등 대리사무취급수수료에 치중되어 (중략)

▢ **(고비용 구조 지속)** 인건비 비용구조이므로 판매관리비가 경직적이어서 수익성 개선의 장애요인으로

 작용

  ○ 국내은행의 이익 대비 판매관리비 비중은 미국 상업은행에 비해 낮은 수준이나, 인건비 비중은 미국

   수준을 크게 상회 (중략)

이 보고서는 국내 은행의 수익구조에 대한 현황과 문제점을 분석한 내용이다. '2. 수익악화 원인'의 3대 키워드 ① 이자이익 부진, ② 수수료이익 정체, ③ 고비용 구조 지속을 글상자로 먼저 제시한다. 이어서 세 개의 키워드별로 각각의 세부 내용을 전개하는 구조다. 본문이 전개되기 전에 '목차'를 제시한 것과 같다.

보고서 원문을 보면 세 가지 수익악화 원인에 대해서 자세히 기술하고 있다. 세 가지 수익악화 원인에 대한 개별 설명이 많다 보니 보고서를 읽는 사람은 자칫 숲을 못보고 나무만 보게 될 수도 있다. 그런데 수익악화의 세 가지 원인을 키워드로 먼저 제

---

35) 은행의 자율성/책임성 제고방안(2015.8), 금융위원회, http://goo.gl/jPNdDx

시하고 각각의 내용을 전개하면 보고서를 읽는 사람의 머릿속에 보고서 구조가 그려질 것이다. '첫 번째 악화 요인인 ① 이자이익 부진 내용 뒤에는 ② 수수료이익 정체와 ③ 고비용 구조 지속에 대한 내용이 차례로 나오겠구나' 생각하며 보고서를 읽게 된다.

다음 예시처럼 3대 핵심 키워드 앞에 [원인 ①]~[원인 ③]을 포함하는 것도 가독성을 높이는 좋은 방법이다.

Ⅱ. 국내은행의 수익구조 현황 및 문제점
 2. 수익악화 **3대 원인**

> [원인 ①] 이자이익 부진, [원인 ②] 수수료이익 정체, [원인 ③] 고비용 구조 지속

▫ **[원인 ① : 이자이익 부진]** 저금리 기조가 지속되면서 순이자마진 축소* 등으로 이자이익 확대가 사실상 어려워진 데 주로 기인

  ※ 순이자마진(%) : ('11)2.30→('12)2.10→('13)1.87→('14)1.79→('15.上)1.60

  ○ 대출은 변동금리 비중이 높고 예수금 조달은 고정금리 비중이 높아 (중략)

▫ **[원인 ② : 수수료이익 정체]** 수수료이익은 유가증권관련 이익 등 다른 비이자이익에 비하여 안정적이나 '11년 이후 소폭 감소되는 추세*

  ※ 수수료이익(조원) : ('11)4.9→('12)4.7→('13)4.5→('14)4.6→('15.上)2.5

  ○ 수수료기반도 방카슈랑스 판매 등 대리사무취급수수료에 치중되어 (중략)

▫ **[원인 ③ : 고비용 구조 지속]** 인건비 비용구조이므로 판매관리비가 경직적이어서 수익성 개선의 장애요인으로 작용

  ○ 국내은행의 이익 대비 판매관리비 비중은 미국 상업은행에 비해 낮은 수준이나, 인건비 비중은 미국 수준을 크게 상회 (중략)

때로는 감성이
이성을 지배한다

제목이 주는 느낌을 기준으로 유형을 나누면 이성적 제목과 감성적 제목으로도 나눌 수 있다. 사실을 바탕으로 한 논리적 흐름이 중요한 '보고서'는 기본적으로 이성적 느낌의 제목을 사용하는 것이 원칙이다. 그러나 상황에 따라 감성을 자극할 수 있는 제목을 사용해 강한 인상을 남기는 방법도 가능하다.

✎ 다음 예시를 보세요[36] 감성적 느낌의 제목 1

Ⅱ. 추석 민생대책
  1. 코리아 그랜드세일 붐 확산으로 활기찬 명절
  2. 불공정행위 근절로 상생하는 명절
  3. 서민 · 중소기업 지원 확대로 서민경제에 온기가 도는 명절
  4. 취약계층 지원 · 나눔활동 강화로 더불어 행복한 명절
  5. 특별교통 · 안전대책 시행으로 편안하고 안전한 명절

---

36) '따뜻하고 활기찬 명절'을 위한 추석 민생대책, 기획재정부(2015.9), https://bit.ly/2VVnfx3

추석 명절을 앞두고 정부에서는 관계부처 합동으로 추석 민생대책을 내놓았다. 해당 보고서가 작성된 시기는 추석을 앞두고 메르스, 가뭄 등의 여파로 경기가 극도로 침체된 상황이었다. 민족의 대명절인 추석을 맞이하는 국민들이 잠시나마 걱정을 덜고 행복한 명절을 보낼 수 있도록 관련 대책을 마련한 보고서다. 어려운 상황에서 국민들을 위해 마련한 정책 보고서인 만큼 감성적인 어휘가 포함된 제목을 사용해 친근한 느낌을 주고 있다.

✎ 다음 예시를 보세요[37] **감성적 느낌의 제목 2**

Ⅰ. 일반현황
Ⅱ. 2014년 주요 성과 및 한계
Ⅲ. 2015년 정책 여건
Ⅳ. 2015년 주요 정책과제 추진계획
 1. 경제에 활력을 불어넣겠습니다.
 2. 서민 · 중산층에 대한 주거지원을 강화하겠습니다.
 3. 국민생활을 안전하고 편리하게 만들겠습니다.
 4. 우리 국토의 내일을 준비하겠습니다.
 5. 국토교통 행정을 혁신하겠습니다.
Ⅴ. 기대 효과

Ⅰ. 일반현황~Ⅴ. 기대 효과 제목 수준에서는 키워드형 제목을 사용했다. 해당 보고서의 핵심 내용은 Ⅳ. 2015년 주요 정책과제 추진계획임을 목차만 보고도 알 수 있다. Ⅳ 수준의 하위 제목을 보면 설명형으로 되어 있다. 종결어미가 '~습니다'로 된 제목에서 강력한 의지를 담은 느낌이 난다. 해당 부처의 연간 추진계획을 담은 보고서이기에 적극적이고 강력한 추진 의지를 표현하고자 한 것으로 생각된다. 물론 일반적

37) 2015 국토교통부 주요 정책과제 추진계획, 국토교통부(2015.1), https://bit.ly/2DmqOFe

인 보고서에서 흔히 볼 수 있는 제목의 형태는 아니다. 신문의 헤드라인에서 많이 볼 수 있는 제목이지만 상황에 따라서 적절히 사용하면 충분히 좋은 제목이 될 수 있다.

의문형으로
분위기를 바꿔보자

보고서 제목이 의문형이라면 어떤 느낌일까? 앞서 설명한 감성적 느낌의 제목과 같이 의문형 제목은 실제 보고서에는 자주 등장하지 않는다. 그렇기에 의문형 제목은 적재적소에 사용하면 의외의 효과를 거둘 수 있다.

중요하지만 평소 너무 익숙해서 주의 깊게 생각하지 않는 내용을 전달할 때, 잘 안다고 생각하지만 정작 잘못 알려진 내용을 바로잡고 싶을 때 등의 상황에서 의문형 제목은 호기심을 불러일으켜 분위기를 반전시키는 데 도움이 된다. 또한 반어법적 의미를 부각해 주장하는 바를 강조하고 싶을 때도 활용할 수 있다.[38]

다만 의문형, 가정법 및 반어법 형태의 제목은 지나치게 많이 사용할 경우 보고서의 신뢰성과 품격을 떨어뜨릴 수 있으니 주의를 기울여야 한다.

---

[38] 의문형과 더불어 '가정법' 형태의 제목도 이와 비슷한 효과를 거둘 수 있다.

✎ 다음 예시를 보세요[39)] 의문형 제목 1

1. Start-up Culture란?
▫ Start-up Culture는 실리콘밸리 신생 벤처기업의 기업문화를 가리키며, 늘 빠르게 변해야 하고 유연해야 한다는 점이 핵심
  ○ 구글, 애플, 페이스북 등 대표적인 성공기업의 문화는 고유한 특징을 갖고 있음 (중략)

2. 대기업의 도입 가능성은?
▫ 성공 가능성에 대해서는 긍정 의견과 부정 의견이 공존하는 편
  ○ '창업 당시 초심으로 돌아가 기업가 정신을 부활시킬 것'이라는 긍정 의견과 'ICT와 같은 특정 업종에서 가능하며 대기업 内 Start-up도 결국은 대기업일 뿐'이라는 부정 의견이 공존 (중략)

3. 어떤 선택이 필요한가?
▫ Start-up Culture 조성을 통해 근본적인 체질을 변화시킬 것인가 아니면 과거 다른 혁신 Initiative처럼 유행으로 넘겨버릴 것인가에 대한 선택에 직면
  ○ 대기업의 Start-up Culture는 임직원의 자율성을 깨우고 창업 당시의 기업가 정신을 부활시키는 것으로 조직 활력을 높이기 위한 다각적인 노력 필요 (중략)

이 예시의 제목은 모두 의문형이다. 어떤 의미로 사용한 것인지 살펴보자. 세 개의 제목 모두 분위기를 바꿔 호기심을 불러일으키게 만들 목적으로 의문형 제목을 사용하고 있다.

1. Start-up Culture는 스타트업 컬처를 정확히 모르는 사람을 위해 정의를 내리고 있다. 2. 대기업의 도입 가능성은 한국의 대기업에서도 이런 Start-up Culture를 도입해야 하는지에 긍정적/부정적 측면에 대해서 설명하고 있다. 3. 어떤 선택이 필요한가는 이를 통해 한국 대기업에 어떤 선택이 필요한지에 대해 설명하고 있다. 이 과정에서 보고서를 읽는 사람들의 호기심을 자극하기 위해 의문형 제목을 사용한 것이다.

---

39) Start-up Culture 대기업에 과연 필수적인가?, 포스코경영연구원(2016.10), https://www.posri.re.kr

✎ **다음 예시를 보세요**[40] **의문형 제목 2**

2. 한국의 제조업, 비전은 있는가?

▫ 뉴욕대 Paul Romer 교수, "한국은 기술 프론티어를 뛰어넘지 못하고, 저성장 단계에 도달" ('14.11.17
매경 인터뷰 中)

  ○ 선진국 문턱에 들어선 한국은 이미 추격자(Fast Follower)의 단계를 넘어섰고, 선도자(First Mover)로
  올라서려면 획기적인 변화를 모색해야 (중략)

  ○ 소득 수준, 경제 규모의 성장과 동시에 혁신할 능력을 키워야 선진국이자 선도국으로 올라설 수 있음
  (중략)

의문문이나 가정법을 활용한 제목은 분위기를 환기시킨다. 또한 반어적 효과를 잘
활용하면 강한 긍정을 끌어낼 수 있다. 예시에서 보듯이 '한국의 제조업, 비전은 있는
가?'란 제목에는 '이대로는 비전이 없다'는 뜻이 숨겨져 있다. 즉, '바뀌지 않으면 비
전은 없다!'라는 강한 메시지를 전달한다. '한국의 제조업, 이 상태로는 비전이 없다'
라는 평서문의 제목 대신 의문문을 사용해 보다 짧고 강한 메시지를 전달하고 있다.

✎ **다음 예시를 보세요**[41] **의문형 제목 3**

이머징 시장에 대한 오해와 편견

1. 이머징 시장 중산층 잠재력은 매우 크다?
2. 한 국가의 사람들은 동질적인 편이다?
3. 정부의 투자 계획은 어느 정도는 믿을 수 있다?
4. 제품을 현지화해야 한다?
5. 저가 제품으로 승부해야 성공한다?
6. 우수한 현지 인재들을 쉽게 고용할 수 있다?

---

40) 한국 제조업 First Mover 전략 – 제2부 : 미래 제조환경 변화의 핵심이슈(2015.9), 포스코경영연구원(POSRI 이슈
리포트). https://www.posri.re.kr
41) 이머징 시장에 대한 오해와 편견, LG경제연구원(2016.5). http://www.lgeri.com

'이머징 시장에 대한 오해와 편견'에 관한 보고서의 여섯 개 제목 모두 의문형으로 되어 있다. 오해와 편견이라는 제목에서 느껴지겠지만, 일반적으로 잘못 알려진 사항에 대해서 정확한 정보를 제공하기 위해 의문형 제목을 사용해 호기심을 불러일으키고 있다. 결국 '1. 이머징 시장 중산층 잠재력은 매우 크다?'라는 반어법 형태의 질문을 통해 생각보다 크지 않다는 점[42]을 강조하고 싶은 것이다.

✎ 다음 예시를 보세요[43] **의문형 제목 4**

집단 창의와 협업, 우리는 왜 픽사(Pixar)처럼 안 될까?
▫ 픽사의 브레인트러스트
▫ **픽사의 집단 창의와 협업, 무엇이 다른가?**
  ○ 문제 해결 중심의 생산적 회의
  ○ 포지션 파워가 작동하지 않는 집단 창의 현장
  ○ 의견 충돌을 감수할 수 있는 상호 신뢰 문화
  ○ 혁신의 장을 만들어내는 리더십
  ○ 복잡한 협업 과정에서도 책임자는 분명
▫ 제도 모방이 아니라 집단 창의와 협업의 본질을 이해하는 것부터 시작해야…

애플의 CEO였던 스티브 잡스가 창업한 픽사의 집단 창의와 협업 조직문화를 소개한 보고서다. '우리는 왜 픽사(Pixar)처럼 안 될까?'라는 의문형 제목을 사용했다. 이 제목에는 '픽사처럼 못 하는 이유를 알아보시오'와 '픽사는 이렇게 하고 있으니 참고하시오'란 의미가 숨어 있다. 하위제목 중 '픽사의 집단 창의와 협업, 무엇이 다른가?' 역시 의문형 제목을 사용하고 있다. 제목에서 분위기 환기 차원의 질문을 던지고 그 답을 알려주고 있다.

42) 해당 보고서에서는 글로벌 기업들이 참여한 인도의 쇼핑몰 건설 프로젝트에서 중산층이 10년간 4억 명까지 성장할 것이라는 예측을 통해서 진행되었지만, 실제로 10년이 지난 현재 약 1천만 명 남짓이었다고 설명하고 있다.
43) 집단 창의와 협업, 우리는 왜 픽사처럼 안 될까?(2015.9), LG경제연구원, http://www.lgeri.com/

1. 데이터를 사용해 제목을 구성한다.

▶ 데이터(숫자)가 포함된 제목은 보고서의 객관성과 신뢰성을 높인다.

▶ 키워드형 제목이나 설명형 제목과 데이터를 조합해 객관성과 신뢰성을 높일 수 있다.

2. 운율을 이용해 제목을 구성한다.

▶ 운율을 적절히 이용해 반복 패턴을 만들면 쉽고 오래 기억나도록 할 수 있다.

▶ 종결어미의 운율을 맞춰 문체의 통일성을 높일 수도 있다.

3. 내용 전개에 힌트를 주는 내용을 제목에 포함한다.

▶ 본문 내용에 대한 힌트가 제목에 포함되면 보고서를 읽는 사람을 배려한 내비게이션 역할을 한다.

▶ 본문에 전개되는 내용의 키워드를 제목에서 제시하는 방법도 있다.

4. 감성적인 제목을 이용해 강한 인상을 남긴다.

▶ 상황에 따라 감정을 자극할 수 있는 제목을 사용해 강한 인상을 남길 수 있다.

5. 의문형을 이용해 분위기를 바꿔본다.

▶ 의문형 제목은 호기심을 불러일으켜 분위기를 반전시키는 데 도움이 된다.

▶ 반어법적 의미를 부각해 주장하는 바를 강조하고 싶을 때도 활용할 수 있다.

▶ 의문형, 가정법 및 반어법 형태의 제목은 지나치게 많이 사용할 경우 보고서의 신뢰성과 품격을 떨어뜨릴 수 있으니 주의를 기울여야 한다.

보고서
문장의 기술

보고서용 문장이
따로 존재하는가?

보고서 고객은 '누구'인가?

보고서를 본격적으로 작성하기 전에 이 보고서를 읽을 사람이 누구인지를 항상 생각해야 한다. '고객'의 니즈에 맞게 작성해야 하기 때문이다. 내가 작성한 보고서를 한 줄 한 줄 꼼꼼히 이해하면서 읽을 것이라고 기대하면 안 된다. 보고서를 읽는 대부분의 고객은 시간이 없고 친절하지도 않다. 이런 고객에게 정보를 전달해 내용을 이해시키고 더 나아가 설득할 수 있는 보고서를 작성하기 위해서는 어떻게 해야 할까?

모든 보고서가 그렇지만 결국 글로 설득해야 한다. 글은 문장과 문장의 연결로 만들어진다. 그렇기에 좋은 문장은 좋은 글의 필수 조건이다. 시간도 없고, 친절하지도 않은 고객들에게 추상적이고 이해되지 않는 문장이 나열된 보고서를 내밀면 당장 쓰레기통으로 직행한다.

보고서에는 보고서에 적합한 문장을 사용해야 한다. 읽는 보고서를 넘어 읽히는 보고서용 문장을 쓸 줄 알아야 한다.

그렇다면 보고서용 글과 문장이 어떤 것인지 알아보기 위해 먼저 '문체(文體)'의 의미에 대해 알아보자.

> **문체란?**
>
> 필자의 사상이나 개성이 글의 어구 등에 표현된 전체적인 특색 또는 글의 체제
>
> 출처 : 네이버 두산백과, 문체, https://bit.ly/3lWbCoP

시인이나 소설가는 자기만의 문체가 있고 이를 중요하게 생각한다. 문체는 작가의 독창성, 희소성, 창의성 등을 판단하는 기준이 된다. 작가의 개성이 글을 통해서 표출되는 것이 문체다.

그런데 보고서에서는 작가, 즉 보고서 작성자의 개성은 중요치 않다. 오히려 개성이 드러나면 안 된다. 보고 목적에 철저히 초점을 맞추고 객관성과 논리성으로 무장해야 한다. 객관성과 논리성을 표현하기 좋은 보고서용 문체가 있다. 바로 개조식(個條式)이다.

> **개조식이란?**
>
> 글을 쓸 때 글 앞에 번호를 붙여가며 짧게 끊어 중요한 요점이나 단어를 나열하는 방식
>
> 출처 : 네이버 국어사전, 개조식, https://bit.ly/3AXPq2a

즉, 중요한 키워드 중심의 단문으로 요약해서 정리하는 방식이 보고서용 문체로 적합하다. 개조식 보고서 작성은 긴 문장을 잘라 단문으로 만드는 것에서 시작한다.

단문이
진리다

쉽게 읽히는 보고서는 문장 길이부터 다르다. 보고서용 문장은 간결한 단문(短文)이 정답이다. 단문은 문장을 읽어 내려가는 속도감이 빠르다. 때문에 잘 다듬은 단문은 내용을 쉽고 빠르게 파악할 수 있다. 또한 문장에 힘이 생겨 설득력이 높아진다. 필자는 이 책을 집필하는 과정에서 국내외 글쓰기 관련 서적 30여 권을 집중적으로 참고했다. 단 한 권도 빠지지 않고 좋은 글의 필요 조건으로 '단문'을 꼽았다. 특히 보고서 형식의 문서는 문장이 길어서 좋을 이유가 하나도 없다.

필자는 컨설턴트 입문 시 장문의 글을 여러 문단으로 나누는 연습을 많이 했다. 문단 나누기는 글의 구조를 쉽게 파악할 수 있을 뿐만 아니라, 문장을 짧게 만드는 훌륭한 방법 중 하나다.

✏️ 다음 예시를 보세요[1] 장문을 단문으로 나누기

> 2016년에는 기관장 성과연봉 지급률을 상향 조정(20→25%)하였고, 성과가 탁월한 기관장의 근무기간 연장 기준을 우수등급 3회 이상, 3년 범위에서 최소 1년 이상 연장으로 구체화 하였으며, 중앙행정기관의 장에게 사전승인을 받아야 하는 기본운영규정의 개정사항을, 인건비 총액의 변동을 수반하는 개정으로서 하부 기구를 설치하거나 공무원의 종류별·직급별 정원을 조정하는 경우로 구체화하였으며, 전문경력관 직위에 직위군별 정원의 50% 범위까지 일반임기제공무원 임용이 가능하도록 확대하였고, 평가우수기관에 대한 행정·재정적 지원근거를 마련하여, 기관의 자율성을 보다 강화하였다.

여러 개의 주어와 서술어가 등장하는 복문으로 문단 전체가 한 문장이다.[2] 읽는 것 자체가 어렵다. 읽기 어려우니 내용 파악도 어렵다. 하나의 문장에는 하나의 의미만 담으면 된다. 문맥을 고려해서 문단을 나눠보자.

> ① 기관장 성과연봉 지급률을 상향 조정(20→25%)하였고,
> ② 성과가 탁월한 기관장의 근무기간 연장기준을 우수등급 3회 이상, 3년 범위에서 최소 1년 이상 연장으로 구체화하였으며,
> ③ 중앙행정기관의 장에게 사전승인을 받아야 하는 기본운영규정의 개정사항을, 인건비 총액의 변동을 수반하는 개정으로서 하부기구를 설치하거나 공무원의 종류별·직급별 정원을 조정하는 경우로 구체화하였으며,
> ④ 전문경력관 직위에 직위군별 정원의 50% 범위까지 일반임기제공무원 임용이 가능하도록 확대하였고,
> ⑤ 평가우수기관에 대한 행정·재정적 지원근거를 마련하여, 기관의 자율성을 보다 강화하였다.

이렇게만 나눠도 가독성이 올라간다. 가독성이 올라가니 내용 파악도 훨씬 쉽다. 잘 정리된 단문을 읽으면 속도감이 생긴다. 또한 탁탁 치고 나가기 때문에 글에서 힘이 느껴진다. 그 덕에 끝까지 집중력을 유지하면서 글을 읽게 만든다.

---

1) 2016 행정자치백서(2017.4), 행정자치부, https://bit.ly/2GoubMt
2) 원문은 여러 문장으로 되어 있으나, 예를 들기 위해 장문으로 바꾸었다.

문단을 나누고 문장을 다듬는 것은 개조식 보고서 작성을 위한 출발점이다. 이것은 학습이 아니라 연습이 필요한 영역이다. 공공 및 민간 기업 연구소 사이트에 방문해보면 다양한 서술형 보고서들을 볼 수 있다. 이를 활용해 평소에 서술형으로 작성된 글의 문단을 나눠보는 연습을 꾸준히 하자.

이렇게 나눈 문단을 개조식 보고서로 만드는 방법은 [보고서 문장의 기술 06]에서 자세히 소개하기로 한다. 우선 가독성 높은 보고서용 문장으로 탈바꿈시키는 몇 가지 기술에 대해 좀 더 알아보자.

핵심 키워드로
문장을 리드하자

'1초 만에 착 달라붙는 메시지'를 연구한 칩 히스와 댄 히스는 저서 《스틱》[3]에서 역사적인 '한 문장'에는 독특한 유전정보가 있다는 공통점을 발견했다. 그 안에 숨은 여섯 가지 법칙이 있는데, 그중 첫째가 단순성(Simplicity)이다.

단순성이라고 하면 '단순함=간결함'을 생각해 짧은 문장, 쉬운 어휘 선택, 분량 간소화 등을 떠올리는 경우가 많다. 그러나 단순성은 이 정도의 의미가 아니라 메시지의 '핵심'을 간결하게 드러내는 것을 말한다. 그래서 단순함=간결함+핵심으로 정의해야 한다. 간결함은 단순함을 위한 필요 조건이지 충분 조건은 아니다. 단순함에서 가장 중요한 요소는 핵심이다. 핵심에 이르기 위해 남아돌거나 불필요한 요소들을 제거하는 과정을 통해 보고서가 정제되는 것이다. 가장 중요한 통찰을 밝게 빛내기 위해 나머지 일반적인 통찰은 버려야 한다.

보고서는 간결하되 핵심이 포함되어야 한다. 그래서 핵심이 되는 키워드를 명확히

---

3) 《스틱》(칩 히스 · 댄 히스 지음/안진환 · 박슬라 역, 엘도라도, 2009년 8월)

제시하는 것이 중요하다. 예를 들어, 서술형 문장으로 된 글을 보고서용 문장으로 정리하려면 가장 먼저 문장을 이끄는 핵심 키워드를 찾고, 키워드를 중심으로 문장(혹은 문단)을 나누고 정리하면 된다. 평소에 글을 읽으면서 핵심 키워드에 밑줄 긋는 연습을 많이 해보자. 보고서 작성에 큰 도움이 된다.

✎ 다음 예시를 보세요[4] 핵심 키워드 찾기

글을 읽으면서 핵심 키워드를 찾아 밑줄을 그어보자.

> 전략환경영향평가를 실시하여야 하는 대상계획은 그 성격에 따라 '정책계획'과 '개발기본계획'으로 분류된다. 정책계획이란 '국토의 전 지역이나 일부 지역을 대상으로 개발 및 보전 등에 관한 기본방향이나 지침 등을 일반적으로 제시하는 계획'으로서 국가기간교통망계획, 수자원장기종합계획 등 33개 계획이다. 개발기본계획이란 '국토의 일부 지역을 대상으로 하는 계획으로서 구체적인 개발구역의 지정에 관한 계획 또는 개별 법령에서 실시계획 등을 수립하기 전에 수립토록 하는 계획으로서 실시계획 등의 기준이 되는 계획'을 말하며, 혁신도시개발예정지구의 지정, 도시·군관리계획 등 84개 계획이다.

첫 문장을 읽어보면 이 글의 핵심 키워드가 모두 등장한다. 전략환경영향평가는 '정책계획'과 '개발기본계획'으로 나뉜다는 것을 알 수 있다. 그런 다음 정책계획과 개발기본계획의 정의와 대표적인 계획(종류)을 각각 설명하고 있다. 핵심 키워드를 기준으로 문단을 나눠보자.

> 전략환경영향평가를 실시하여야 하는 대상계획은 그 성격에 따라 **정책계획**과 **개발기본계획**으로 분류된다.
>
> **정책계획이란** '국토의 전 지역이나 일부 지역을 대상으로 개발 및 보전 등에 관한 기본방향이나 지침 등을 일반적으로 제시하는 계획'으로서 국가기간교통망계획, 수자원장기종합계획 등 33개 계획이다.

---

4) 2017 환경백서(2017.6) 환경부, https://bit.ly/2v9WIAm

> **개발기본계획이란** '국토의 일부 지역을 대상으로 하는 계획으로서 구체적인 개발구역의 지정에 관한 계획 또는 개별 법령에서 실시계획 등을 수립하기 전에 수립토록 하는 계획으로서 실시계획 등의 기준이 되는 계획'을 말하며, 혁신도시개발예정지구의 지정, 도시·군관리계획 등 84개 계획이다.

　　핵심 키워드 기준으로 문단을 나눴을 뿐인데 가독성이 훨씬 좋아졌음을 알 수 있다. 이제 핵심 키워드 중심으로 세부 내용을 요약하면 다음과 같다.

> ▫ **전략환경영향평가 실시 대상계획 분류 ⇒ 정책계획, 개발기본계획**
> 　○ **정책계획**
> 　　• (정의) '국토의 전 지역이나 일부 지역을 대상으로 개발 및 보전 등에 관한 기본방향이나 지침 등을 일반적으로 제시하는 계획'
> 　　• (세부계획) 국가기간교통망계획, 수자원장기종합계획 등 33개 계획
> 　○ **개발기본계획**
> 　　• (정의) '국토의 일부 지역을 대상으로 하는 계획으로서 구체적인 개발구역의 지정에 관한 계획 또는 개별 법령에서 실시계획 등을 수립하기 전에 수립토록 하는 계획으로서 실시계획 등의 기준이 되는 계획'
> 　　• (세부계획) 혁신도시개발예정지구의 지정, 도시·군관리계획 등 84개 계획

✎ 다음 예시를 보세요[5] **키워드 제시 1**

> ▫ **저출산·고령화가 우리 경제에 다음과 같은 영향을 미칠 것으로 예상됨**
> 　○ **첫째, 노동력의 감소가 예상됨**
> 　　• 우리나라의 총인구 중 생산가능인구(15~64세)는 2005년 71.7%에서 2014년 73.1%를 정점으로 2040년에 56.7% 수준으로 계속 낮아지고 있음. (중략)
> 　○ **둘째, _____**
> 　　• 생산가능인구의 평균연령이 2005년 38.0세이던 것이 2020년 41.8세, 2050년 43.1세로 올라 노동력이 고령화와 그로 인한 노동생산성의 저하가 예상됨.

---

5) 고령화·저성장 시대 대한민국의 지속발전을 위한 정책과제(2015.12), 경제·인문사회연구회, http://policy.nl.go.kr/

○ 셋째, _____

- 고령화에 따른 경제적 부담을 파악하는 데 유용한 '노년부양비(65세 이상 인구/생산가능인구)'는 2005년에는 0.1260이나 2030년 0.386, 2040년에 0.572로 크게 높아져 그만큼 생산가능인구의 부담이 가중될 전망임.
- 더욱이 한국의 베이비붐 세대(1955~1963년생)가 노인세대가 되고 초저출산세대(2001년생 이후)가 가임연령에 도달하는 2020년 이 후 그로 인한 경제적 파급효과는 더욱 심화될 수 있음. (중략)

저출산, 고령화가 경제에 미치는 영향을 세 가지(첫째~, 둘째~, 셋째~)로 요약한 보고서다. 첫 번째 영향은 바로 노동력 감소다. 핵심 키워드를 제시했기 때문에 내용 파악이 쉽다. 핵심 키워드를 제시하지 않았다면 세부 내용을 읽어봐야 내용 파악이 가능하다. 둘째, 셋째도 핵심 키워드를 찾아서 제시해보자.

□ 저출산 · 고령화가 우리 경제에 다음과 같은 영향을 미칠 것으로 예상됨

○ 첫째, 노동력 감소 예상

- 우리나라의 총인구 중 생산가능인구(15~64세)는 2005년 71.7%에서 2014년 73.1%를 정점으로 2040년에 56.7% 수준으로 계속 낮아지고 있음. (중략)

○ 둘째, 노동생산성 저하 예상

- 생산가능인구의 평균연령이 2005년 38.0세이던 것이 2020년 41.8세, 2050년 43.1세로 올라 노동력이 고령화와 그로 인한 노동생산성의 저하가 예상됨.

○ 셋째, 생산가능인구 부담 가중 예상

- 고령화에 따른 경제적 부담을 파악하는 데 유용한 '노년부양비(65세 이상 인구/생산가능인구)'는 2005년에는 0.1260이나 2030년 0.386, 2040년에 0.572로 크게 높아져 그만큼 생산가능인구의 부담이 가중될 전망임.
- 더욱이 한국의 베이비붐 세대(1955~1963년생)가 노인세대가 되고 초저출산세대(2001년생 이후)가 가임연령에 도달하는 2020년 이 후 그로 인한 경제적 파급효과는 더욱 심화될 수 있음. (중략)

첫째, 둘째, 셋째로 제시한 핵심 키워드가 제목 역할을 하고 있다. 핵심 키워드가 하위 문장을 끌고 가니 내용 파악이 훨씬 수월하다. 이처럼 전달하고 싶은 메시지를

핵심 키워드 형태로 명확히 제시하면 가독성에 큰 영향을 미친다.

✏️ 다음 예시를 보세요[6] 키워드 제시 2

▫ **반도체, 일반기계를 제외하고는 대부분 보합, 둔화 또는 부진 전망**
- ○ 반도체 호조 지속, 일반기계도 전방산업의 설비투자 지속으로 호조 기대
- ○ 철강, 자동차, 석유화학, 디스플레이, 휴대폰은 전년과 비슷한 보합 수준 예상
- ○ 건설은 국내 기성이 호조를 보이나 수주 감소로 둔화 예상
- ○ 조선은 건조량 감소로, 해운은 선박과잉 지속으로 부진 전망

반도체, 철강, 건설, 조선 등 산업별 전망에 관한 보고서 중 일부다. 내용을 보면 알 수 있듯이 산업별 전망(호조, 보합, 둔화, 부진 등)이 핵심 키워드다. 핵심 키워드를 제시해 문장을 리드해보자.

▫ **반도체, 일반기계를 제외하고는 대부분 보합, 둔화 또는 부진 전망**
- ○ **[호조]** 반도체 호조 지속, 일반기계도 전방산업의 설비투자 지속으로 호조 기대
- ○ **[보합]** 철강, 자동차, 석유화학, 디스플레이, 휴대폰은 전년과 비슷한 보합 수준 예상
- ○ **[둔화]** 건설은 국내 기성이 호조를 보이나 수주 감소로 둔화 예상
- ○ **[부진]** 조선은 건조량 감소로, 해운은 선박과잉 지속으로 부진 전망

---

6) 2018년 산업전망(2017.12), KDB미래전략연구소, https://rd.kdb.co.kr

키워드 속성을
맞추자

보고서의 통일성, 즉 일관성 또한 가독성에 큰 영향을 미친다. 핵심 키워드 속성을 맞추는 것은 보고서의 통일성과 일관성의 시작이다. 키워드 속성을 맞춘다는 것은 동일한 기준으로 키워드 수준을 맞춘다는 것이다. 이것은 반드시 지켜야 하는 기본 중의 기본이다.

다음 예시를 보세요[7] 키워드 속성 맞춤 1

▫ **사물인터넷의 정의**

　사물인터넷의 정의는 유일하지 않은 상황으로, 용어가 적용되는 디바이스 및 서비스의 범주에 대한 공통된 이해는 없으나, 공통적으로 사물 간 또는 사물과 사람 간의 유기적 통신 및 일정 수준이상의 사물 스스로의 지능화를 요구

　ㅇ[ITU, 2012] 사물인터넷은 현존하는 또는 미래 등장할 상호운용 가능한 정보 및 통신 기술을 바탕으로, 물리적 또는 가상의 사물들을 연결하여 진보된 서비스를 제공케 해주는 하나의 전 지구적 정보인프라

---

7) IoT 활성화를 위한 고찰(2017.12), 정보통신정책연구원, https://bit.ly/2IKbiX8

○ [OECD, 2016] 물리계를 접속하고 탐지하는 디바이스의 수집 정보들로 작동되는 애플리케이션과 서비스들의 생태계

○ [EC, 2015] IoT는 사물들이 동일 네트워크 내의 다른 사물들과 정보를 공유할 수 있도록 하여주고 사건의 발생 및 변경을 감지하여 스스로 적절히 대응할 수 있도록 해줌. 따라서 IoT는 가치 창출 및 대응을 위한 사물 간의 커뮤니케이션을 기반으로 함 (중략)

많은 기관이 사물인터넷을 정의하고 있지만, 빠른 기술 개발과 확장 때문에 시기에 따라서 정의도 조금씩 달라지고 있다. 예시 보고서는 여러 기관의 사물인터넷에 대한 정의를 종합 요약해서 제시했다.

사물인터넷을 정의한 기관과 연도를 키워드로 묶어냈다. 키워드 속성을 [기관, 연도]로 통일해서 일관성을 유지한 것이다.

✎ 다음 예시를 보세요[8] 키워드 속성 맞춤 2

Ⅱ. 우리나라 재정건전성 평가

▫ (Moody's) 주요국에 비해 우수한 한국의 국가채무비율은 국가신용등급 결정에 매우 긍정적 요인이라고 평가('15.4월)

▫ (IMF) 한국을 두 번째로 '재정여력이 높은 국가'로 분류('15.6월)

▫ (IMD) 국가경쟁력 평가 결과, 한국의 양호한 재정수지가 강점요인으로 분석 ('15.5월)

한국 재정건전성 평가 결과를 요약한 보고서 중 일부다. ▫ 수준의 내용을 보면 ▫ (평가기관)+평가 내용으로 요약되어 있다. 만약 다음과 같이 키워드를 제시한다면 어떻겠는가?

---

8) 2015~2019년 국가재정운영계획(2015.9), 기획재정부, https://bit.ly/2VaGoOu

Ⅱ. 우리나라 재정건전성 평가
- **(Moody's)** 주요국에 비해 우수한 한국의 국가채무비율은 국가신용등급 결정에 매우 긍정적 요인이라고 평가('15.4월)
- **(IMF)** 한국을 두 번째로 '재정여력이 높은 국가'로 분류('15.6월)
- **(재정수지 양호)** 국가경쟁력 평가 결과, 한국의 양호한 재정수지가 강점요인으로 분석 ('15.5월)

□ (Moody's), □ (IMF)에 이어서 등장하는 키워드는 □ (재정수지 양호)로 제시되어 있다. (기관)별로 키워드를 제시하다가 마지막에 '재정수지 양호'라는 (내용)을 키워드로 제시한다면 일관성이 깨진 것이다. 이처럼 키워드를 제시할 때는 키워드 속성을 통일해야 한다.

📋 학습 정리

1. 보고서 작성은 개조식 단문으로 작성한다.

▶ 보고서를 본격적으로 작성하기 전 읽는 대상이 누구인지 생각한다.

▶ 개조식은 객관성과 논리성을 표현하기 좋은 보고서용 문체다.

▶ 중요한 키워드 중심의 단문으로 요약해서 정리하는 방식이 보고서용 문체로 적합하다.

▶ 개조식 보고서 작성은 긴 문장을 잘라 단문으로 만드는 것에서 시작한다.

2. 핵심 키워드로 문장을 리드한다.

▶ 단순한 문장에는 핵심과 간결함이 필요하다.

▶ 보고서는 간결하되, 핵심이 포함되어야 한다. 그래서 핵심이 되는 키워드를

명확히 제시하는 것이 중요하다.

▶ 가장 먼저 문장을 이끄는 핵심 키워드를 찾고, 키워드를 중심으로 문장(혹은 문단)을 나누고 정리한다.

3. 키워드의 속성을 맞춘다.

▶ 핵심 키워드 속성을 맞추는 것은 보고서의 통일성과 일관성의 시작이다.

▶ 키워드 속성을 맞춘다는 것은 동일한 기준으로 키워드 수준을 맞춘다는 의미이다.

키워드 운율까지
맞춰보자

PART 01의 [보고서 제목의 기술 05]에서 제목의 운율에 대해서 살펴봤다. 음악에서 쓰이는 훅(hook)을 문학적으로 해석하면 운율이라고 한 말을 기억할 것이다. 훅(hook)은 갈고리라는 뜻으로 문장을 이끄는 키워드는 고객의 눈을 잡아당기는 갈고리 역할을 해야 한다. 이때 키워드 운율까지 맞춘다면 가독성을 극적으로 높일 수 있다. 다양한 예시를 통해서 키워드 운율에 대한 감각을 높여보자.

✎ 다음 예시를 보세요[9) **키워드 운율 맞춤**

□ 대한상의, '우리나라 관광산업의 현주소와 개선과제' 6일 발표... 관광산업 3重苦

  ○ **발길 '끊기고' :** 외국인 관광객수(1~9월) 전년比 24%↓... 7월엔 (−)41%

  ○ **지갑 '닫히고' :** 외국인 관광객 1인당 지출액(1~8월) 전년比 1%↓... 2년 연속 마이너스

  ○ **지역 '쏠리고' :** 외국인 방문지역(서울 · 제주) 편중 심화... 90%('11)→98%('16)

---

9) 위기의 관광산업, 외국인 관광객 '발길 끊기고', '지갑 닫히고'(2017.11), 대한상공회의소, http://www.korcham.net

우리나라 관광산업이 위기 상황이라는 내용이다. 그 이유는 ① 한국을 찾는 관광객 수가 줄었고, ② 그나마 한국을 방문한 관광객들의 소비도 줄었고, ③ 서울·제주 중심으로 쏠림 현상이 심해지고 있다는 것이다. 그래서 삼중고(三重苦)를 겪는 상황이라고 요약하고 있다. 삼중고를 쉽게 이해할 수 있도록 글자 수와 운율까지 고려해서 3개의 키워드(끊기고, 닫히고, 쏠리고)를 제시하고 있다.

✎ 다음 예시를 보세요[10) 키워드 운율 맞추기

> ▫ **완성차 업계의 네트워크 전략은 세 가지 유형을 가짐**
>   ① **글로벌 공급 네트워크** : 메이저 기업들은 해외 공급망 확대를 위해 해외 생산비중이 높음(닛산 82%, 혼다 80%, 폭스바겐 75%, GM 71%)
>   ② **부품조달의 효율성을 높이는 내부 네트워크** : 미국 완성차 업계는 기존 분사했던 부품업체를 재인수하여 내부 네트워크를 확장하는 추세
>   ③ **산업 간 융합 네트워크** : 향후 자율주행차 시대를 겨냥한 자동차 업계와 IT, 부품소재업계 간 융합화 네트워크는 갈수록 확산될 전망

완성차 업계의 네트워크 전략을 세 가지로 설명하고 있다. 네트워크 전략 키워드를 수정해서 운율을 맞춰보았다.

> ▫ **완성차 업계의 네트워크 전략은 세 가지 유형을 가짐**
>   ①**[공급 네트워크]** 메이저 기업들은 해외 공급망 확대를 위해 해외 생산비중이 높음(닛산 82%, 혼다 80%, 폭스바겐 75%, GM 71%)
>   ②**[내부 네트워크]** 미국 완성차 업계는 기존 분사했던 부품업체를 재인수하여 내부 네트워크를 확장하는 추세

---

10) 네트워크 경쟁시대를 살아가는 5가지 전략(2016.4), 포스코경영연구원(POSRI 이슈리포트), https://www.posri.re.kr

③ **[융합 네트워크]** 향후 자율주행차 시대를 겨냥한 자동차 업계와 IT, 부품소재업계 간 융합화 네트워크는 갈수록 확산될 전망

내용 전달에 문제가 없는 범위에서 '네트워크'라는 키워드를 중심으로 '공급, 내부, 융합'으로 글자 수까지 맞추어 통일성을 높였다. 이처럼 키워드형 제목의 경우 운율을 맞추면 통일성까지 높아져 기억하기 쉬워진다.

기호를 적재적소에 활용하자

단문을 만드는 데 기호만큼 좋은 게 없다. 기호는 함축적인 의미를 담고 있다. 화살표(→) 하나만으로 '방향', '이동', '지시', '연결', '흐름' 등을 직관적으로 표현할 수 있다.

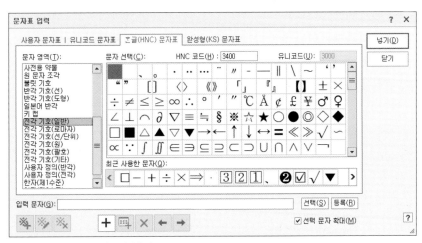

▲ 한글 워드프로세서의 문자표 입력 옵션

보고서에서는 기호를 적절히 활용하면 많은 정보를 함축적으로 표현할 수 있다. 각종 보고서에서 보편적으로 많이 활용하는 기호와 의미를 요약해봤다.

구분	함축적 의미
→ ← ☞ ↔	이동, 연결, 지시, 대비
↑ ↓ ▲ ▼ ╱ ╲	증가, 감소, 상승, 하락
※ ( ) [ ] 「」 '' ""	추가, 참조, 설명
+ − × ÷ = ≠ ± < > ≤ ≥	각각의 수학 기호가 갖는 의미
√ (체크 기호)	확인, 선택

▲ 각 기호의 함축적 의미

✏️ 다음 예시를 보세요[11] 기호(화살표) 활용 1

> 그동안 식품기업 투자유치 실적(누계)은 '15년 6개사, '16년 24개사, '17년까지 50개사 및 연구소(2개소)로 현재 총 유치면적(1,158천㎡) 대비 32.5%(376천㎡)에 달한다.

연도별 식품기업 투자유치 실적을 나타내고 있다. 서술형 문장을 기호를 활용해서 함축적이고 직관적으로 표현해보자. 예를 들어 괄호를 이용해서 '(연도)실적→(연도) 실적…'으로 간략하게 표현할 수 있다.

> 식품기업 투자유치 실적 : ('15) 6개사→('16) 24개사→('17) 50개사

---

11) 국가식품클러스터, 식품기업 유치 50개 돌파(2018.1), 농림축산식품부, https://bit.ly/2Pir8K1

✍ 다음 예시를 보세요[12] 기호(화살표) 활용 2

> 2015년 우리나라 65세 이상 인구는 전체의 13.1%를 차지하였으며, 2030년 24.3%, 2040년 32.3%, 2060년에는 40%대에 진입할 것으로 전망된다. 가구별로는 5가구 중 1가구가 고령자 가구로 20.6%를 차지하였다.

    65세 이상 인구 예측에 관한 내용이다. 작성 시점(2015년)의 65세 이상 인구 비중을 기준으로 2030년부터 2060년까지 인구 비중 예측을 표현하고 있다. 연도별 비중 변화를 화살표를 이용해서 간략히 표현할 수 있다.

> □ 65세 이상 인구 비중 지속 증가(2015년 현재 전체 인구의 13.1% 차지)
>   ㅇ ('15) 13.1%→('30) 24.3%→('40) 32.3%→('60) 40%대 진입
>   ㅇ 가구별로는 5가구 중 1가구가 고령자 가구로 20.6%를 차지함

✍ 다음 예시를 보세요[13] 기호(화살표) 활용 3

> 행정자치부는 국민이 원하는 데이터, 산업적 파급효과가 큰 데이터를 개방하기 위해 민관합동TF를 구성(공공데이터전략위원회, 민간기업, 열려라데이터활동단)하였다. 이들 TF는 기관별 DB현황과 개방 계획을 조사하여, 국가 중점 개방 데이터 후보를 선정하고 현장실사·온라인 평가 등을 거쳐 최종적으로 36개 분야를 선정하였다('14.12월). 2015년부터 '데이터 빅뱅 프로젝트*'를 통해 데이터 개방 사업을 본격적으로 추진한 결과, 2015년에 11개 분야(교통사고정보, 국가재정정보 등)의 데이터를 개방하였고, 2016년에 22개 분야(부동산거래정보, 식의약품종합정보 등) 데이터를 추가로 개방하였다. 이로써 총 33개 분야, 약 96억 건 상당의 국가중점데이터를 전면 개방하기에 이르렀다.

---

12) 2015년 기준 관광동향에 관한 연차보고서(2016.8), 문화체육관광부, https://bit.ly/2Doy6Zb

13) 2016 행정자치백서(2017.4), 행정자치부, https://bit.ly/2GoubMt

국민이 원하는 데이터를 선정해서 개방하겠다는 내용이다. 특히 밑줄 부분을 보면 TF운영 절차(단계)를 제시하고 있다. 이를 화살표를 이용해서 좀 더 직관적으로 표현할 수 있다.

□ **연도별 국가 중점 개방 데이터 선정, 개방 ⇒ 총33개 분야, 약96억 건 상당**

　○ ('14) 데이터 개방 분야 선정. 12월 : 총36개 분야

　　• 민관합동 TF 구성→기관별 DB현황과 개방 계획 조사→국가 중점 개방 데이터 후보 선정

　　　→현장실사 · 온라인 평가

　○ ('15) 11개 분야 개방 : 교통사고정보, 국가재정정보 등

　○ ('16) 22개 분야 개방 : 부동산거래정보, 식의약품종합정보 등)

✎ **다음 예시를 보세요[14]　기호(화살표) 활용 4**

정부조직을 합리적으로 설계하고 전략적으로 관리 · 운영하기 위한 도구인 조직진단은, 조직의 현재 상태(as-is)를 분석 · 평가하여 조직의 문제점을 파악하고, 이에 대한 해결방안을 모색하여, 조직의 바람직한 상태(to-be)를 실현하기 위한, 즉 '조직의 건강성'을 높이기 위한 미래 지향적이고 분석적인 문제해결(problem-solving) 과정이다. 이와 같이 정부조직의 종합적 문제해결 활동인 조직진단은, 진단대상인 문제정의, 행정환경 및 현황 · 문제점 분석, 문제해결을 위한 개선방안 마련, 해결대안의 실행 및 사후관리 등의 일련의 절차에 따라 체계적으로 수행된다.

합리적으로 조직을 설계하고 진단하는 방법을 소개하는 내용이다. 역시 밑줄친 부분을 보면 조직진단 프로세스를 설명하고 있다. 이 부분도 화살표를 이용하면 함축적으로 표현할 수 있다.

---

14) 2016 행정자치백서(2017.4), 행정자치부, https://bit.ly/2GoubMt

□ 조직진단 정의

　○ 조직의 현재 상태(as-is)를 분석·평가하여 조직의 문제점 파악

　○ 문제점에 대한 해결방안을 모색하여, 조직의 바람직한 상태(to-be) 실현

　○ '조직의 건강성'을 높이기 위한 미래 지향적이고 분석적인 문제해결 과정

□ 조직진단 프로세스

　○ 문제 정의→행정환경 및 현황·문제점 분석→문제해결을 위한 개선방안 마련→해결대안의 실행 및 사후관리

✎ **다음 예시를 보세요**[15] **기호(화살표, 사칙연산) 활용**

3. 추진경과

□ **범부처 「지출구조 개혁단 구성」→추진과제 선정**

　○ (대통령 지시) 범정부 차원의 강력한 지출구조조정 추진 지시 (중략)

　○ (본격 착수) 범부처 「지출구조 개혁단」을 구성하고, 추진과제 선정 및 검토 착수 (중략)

□ **현장+전문가+지자체+부처 등 폭넓은 의견수렴 실시**

　○ (현장·전문가) 핵심과제에 대한 현장방문과 전문가 간담회를 통해 실제 현장의 목소리 청취→개선방안에 반영 (중략)

　○ (공개토론회) 다수 이해관계자가 연계된 과제에 대해서는 공개토론회 실시→균형잡힌 대안 마련에 주력

　　* 중소기업 지원체계, 여성 경제활동 지원, 대학재정지원사업(12.13)

　○ (지역) 지역 밀착 과제에 대해서는 지자체 등 의견수렴

　　* 지역 일자리, 지역혁신체계 등 권역별 간담회 추진(12.6, 12.12)

　○ (부처) 지출구조 개혁단 회의 등을 통해 부처간 쟁점 조정

　　* (분과위, 재정관리관) 11.8~9→(2차 회의, 2차관) 11.22~23(3차, 재정관리관) 12.22

　　첫 번째 □ 제목을 보자. 개혁단 구성과 역할(과제 선정)을 기호(→)를 활용해서 간략히 표현했다. 만약 설명형 제목이었다면 다음과 같았을 것이다.

---

15) 지출구조 혁신 추진방안(2018.1), 제1차 경제관계장관회의(기획재정부), https://bit.ly/2IIjnvC

> ▢ 범부처 차원의 「지출구조 개혁단」을 구성했고, 개혁단에서는 검토를 통해 추진과제를 선정함.

기호(→)를 활용해 가독성을 높인 것이다. 설명형 제목과 비교하면 얼마나 간결해졌는지 쉽게 이해될 것이다.

> ▢ 범부처 「지출구조 개혁단 구성」→추진과제 선정

두 번째 ▢ 제목을 풀어보면 '현장과 전문가와 지자체와 부처…'이다. 접속 부사인 '그리고(AND)'가 반복되고 있어 좋은 문장이 아니다. '그리고(AND)'를 수학 기호(+)를 활용해서 표현한 것이다.

> ▢ 현장과 전문가와 지자체와 부처 등의 폭넓은 의견을 수렴하여…

> ▢ 현장+전문가+지자체+부처 등 폭넓은 의견 수렴 실시

화살표가 접속사나 조사의 역할을 대신해 문장을 줄여주고 있다. 기호를 활용해 설명형 문장의 접속사나 조사를 줄일 수 있고, 심지어 시간적 또는 단계적 절차에 대한 표현도 가능하다.

개조식 정리법을 익히자

[보고서 문장의 기술 01 : 단문이 진리다]에서 설명한 바와 같이 장문을 개조식으로 정리하는 방법에 대해 알아보자.

교황이 미켈란젤로에게 물었다.

"당신은 어떻게 '다비드상' 같은 훌륭한 작품을 만들 수 있었습니까?"

미켈란젤로가 대답했다.

"아주 간단합니다. 다비드와 관련없는 것은 다 버렸습니다."

출처 : 《스마트한 선택들》(롤프 도벨리 지음, 두행숙 역, 걷는나무, 2013년 4월)

필자는 개조식으로 정리하기 위해 세 가지를 생각한다.

첫째, 문단을 나눈다.

둘째, 단문으로 정리한다.

셋째, 문단 구조를 파악해 제목을 부여한다.

설명을 위해 세 가지로 나눴지만 이는 단계별로 이뤄지는 것이 아니라 거의 동시에 통합적으로 이뤄진다. 이러한 과정이 동시·통합적으로 이루어지기 위해서는 학습이 아니라 연습이 필요하다.

✎ 다음 예시를 보세요[16] 개조식 정리 연습 1

산업화의 영향으로 매년 사업장에서 발생되는 폐기물량은 증가하고 있으며, 1992년 「자원의 절약과 재활용 촉진에 관한 법률」 제정을 통해 자원의 순환이용을 위해 노력해 왔으나, 사업장의 생산공정에서 발생하는 부산물까지를 고려한 정책은 미비한 상황이다. 이에 폐기물을 다량 배출하는 사업장을 중심으로 자원순환 성과관리제 시행을 통해 생산단계부터 천연자원의 투입을 효율화함으로써 폐기물의 발생을 원천적으로 줄여나갈 계획이다. 향후, 사업장별 자원순환 목표는 기술수준 및 업종 특성 등을 고려하여 산업계 협의를 거쳐 설정·관리할 계획이다.

산업 폐기물 증가에 따른 대책 마련이 필요하다는 내용의 보고서로 서술형 장문으로 되어 있다. 개조식으로 만들기 위해 우선 문단을 나눠보았다.

① 산업화의 영향으로 매년 사업장에서 발생되는 폐기물량은 증가하고 있으며,
② 1992년 「자원의 절약과 재활용촉진에 관한 법률」 제정을 통해 자원의 순환이용을 위해 노력해 왔으나,
③ 사업장의 생산공정에서 발생하는 부산물까지를 고려한 정책은 미비한 상황이다.
④ 이에 폐기물을 다량 배출하는 사업장을 중심으로 자원순환 성과관리제 시행을 통해
⑤ 생산단계부터 천연자원의 투입을 효율화함으로써 폐기물의 발생을 원천적으로 줄여나갈 계획이다.
⑥ 향후, 사업장별 자원순환 목표는 기술수준 및 업종 특성 등을 고려하여 산업계 협의를 거쳐 설정·관리할 계획이다.

이제 형용사, 부사, 조사 및 접속사 등을 삭제해서 문장을 단문으로 다듬어보자.

---

16) 2017 환경백서(2017.6) 환경부, https://bit.ly/2v9WIAm

[서술식] 산업화의 영향으로 매년 사업장에서 발생되는 폐기물량은 증가하고 있으며…
→ [단문] 산업화 영향으로 매년 사업장에서 발생하는 폐기물량 증가.

[서술식] 1992년 「자원의 절약과 재활용촉진에 관한 법률」 제정을 통해 자원의 순환이용을 위해 노력해
왔으나…
→ [단문] 자원 순환이용 촉진을 위해 '자원의 절약과 재활용촉진에 관한 법률(1992)' 제정.

[서술식] 사업장의 생산공정에서 발생하는 부산물까지를 고려한 정책은 미비한 상황이다.
→ [단문] 사업장 생산공정에서 발생하는 부산물까지 고려한 정책 미흡.

이런 방식으로 서술형 문장을 단문으로 정리했다.

① 산업화 영향으로 매년 사업장에서 발생하는 폐기물량 증가
② 자원 순환이용 촉진을 위해 '자원의 절약과 재활용촉진에 관한 법률(1992)' 제정
③ 사업장 생산공정에서 발생하는 부산물까지 고려한 정책 미흡
④ 폐기물 다량 배출 사업장을 중심으로 자원순환 성과관리제 시행
⑤ 생산단계부터 천연자원 투입을 효율화하여 폐기물 발생 원천 차단
⑥ 사업장별 자원순환 목표 설정
   ⇒ 기술수준 및 업종 특성 등 고려. 산업계 협의를 거쳐 설정·관리할 계획

글의 내용과 흐름을 고려해서 제목을 부여하자. ①은 글을 작성한 배경이다. ②,
③, ④는 그동안의 경과와 문제점을 담고, ⑤, ⑥은 앞으로 어떻게 하겠다는 계획을
담고 있다.

□ 추진배경(①)→□ 추진현황 및 문제점(②, ③, ④)→□ 추진계획(⑤, ⑥)의 순서로
묶어서 재정리할 수 있다. 이렇게 정리한 개조식 보고서는 다음과 같다.

□ **추진배경**

  ○ 산업화 영향으로 매년 사업장에서 발생하는 폐기물량 증가

□ **추진현황 및 문제점**

  ○ 자원 순환이용 촉진을 위해 '자원의 절약과 재활용촉진에 관한 법률(1992)' 제정

  ○ 사업장 생산공정에서 발생하는 부산물까지 고려한 정책 미흡

  ○ 폐기물 다량 배출 사업장을 중심으로 자원순환 성과관리제 시행

□ **추진계획(혹은 추진방향)**

  ○ 생산단계부터 천연자원 투입을 효율화하여 폐기물 발생 원천 차단

  ○ 사업장별 자원순환 목표 설정

   ⇒ 기술수준 및 업종 특성 등 고려, 산업계 협의를 거쳐 설정 · 관리할 계획

개조식으로 정리된 보고서를 원문의 서술형 보고서와 다시 비교해보자.

산업화의 영향으로 매년 사업장에서 발생되는 폐기물량은 증가하고 있으며, 1992년 「자원의 절약과 재활용 촉진에 관한 법률」 제정을 통해 자원의 순환이용을 위해 노력해 왔으나, 사업장의 생산공정에서 발생하는 부산물까지를 고려한 정책은 미비한 상황이다. 이에 폐기물을 다량 배출하는 사업장을 중심으로 자원순환 성과관리제 시행을 통해 생산단계부터 천연자원의 투입을 효율화함으로써 폐기물의 발생을 원천적으로 줄여나갈 계획이다. 향후, 사업장별 자원순환 목표는 기술수준 및 업종 특성 등을 고려하여 산업계 협의를 거쳐 설정 · 관리할 계획이다.

개조식으로 정리한 보고서가 글의 구조 파악이 쉽고, 문장 또한 읽기 쉽다는 것을 직관적으로 알 수 있다.

✎ 다음 예시를 보세요[17] 개조식 정리 연습 2

> 책임운영기관은 1980년대 영국 대처정부의 정부혁신 정책인 'Next Steps' 사업의 일환으로 처음 도입되어,
> 캐나다, 뉴질랜드, 일본 등 전 세계로 확산되었다. 영국의 경우, 1988년에 처음 도입되어, 캐나다, 뉴질랜드,
> 일본 등 전 세계로 확산되었다. 영국의 경우, 1988년도 정부출판소, 여권사무소 등 12개 기관이 최초로 책
> 임운영기관(Executive Agency)으로 지정되었고, 2016년 8월 현재 36개 기관이 지정되어 있다. 캐나다의 경
> 우, 1990년 4월에 외교통상부 산하의 'Passport Canada'와 공공사업조달부 산하의 'Consulting and Audit
> Canada'를 SOAs로 처음 지정하였고, 1993년에 보수당에서 자유당으로 정권교체가 이루어지면서 15개의
> 책임운영기관(Special Operating Agency)이 지정되었으며, 2016년 현재 특허청, 경마국, 해안경비대 등 13개
> 기관이 지정되어 있다. 일본의 경우 1997년 자민당의 집권으로 책임운영기관이 도입되어, 2016년 현재 통계
> 센터, 국립과학박물관, 가축개량센터 등 88개 기관이 지정되어 있다.

영국, 캐나다 및 일본의 책임운영기관 도입 사례를 소개하는 보고서다. '책임운영기관'에 대한 국가별 사례를 소개하고 있으므로 국가별로 문단을 끊으면 가독성이 훨씬 높아진다. 개조식 정리를 위해 먼저 국가별로 문단을 끊어보자.

> 책임운영기관은 1980년대 영국 대처정부의 정부혁신 정책인 'Next Steps' 사업의 일환으로 처음 도입되어,
> 캐나다, 뉴질랜드, 일본 등 전 세계로 확산되었다.
> **영국의 경우,** 1988년에 처음 도입되어, 캐나다, 뉴질랜드, 일본 등 전 세계로 확산되었다. 영국의 경우, 1988
> 년도 정부출판소 (중략)
> **캐나다의 경우,** 1990년 4월에 외교통상부 산하의 'Passport Canada'와 공공사업조달부 산하의 (중략)
> **일본의 경우,** 1997년 자민당의 집권으로 책임운영기관이 도입되어, 2016년 현재 통계센터, 국립과학박물관,
> 가축개량센터 등 88개 기관이 지정되어 있다.

이제 문장을 단문으로 정리하고 제목을 넣어보자.

제목에는 글의 핵심 키워드가 들어가야 한다. '국가별', '책임운영기관'이라는 키워드가 포함된 제목을 넣고 사례 국가(영국, 캐나다, 일본)를 하위제목으로 넣어보자. 그

---

17) 2016 행정자치백서(2017.4), 행정자치부, https://bit.ly/2GoubMt

런 다음 본문에 들어갈 내용을 단문으로 정리해보자.

---

1. 주요 국가별 책임운영기관 도입 사례

> [도입] 1980년대 영국 대처 정부의 정부혁신 정책인 'Next Steps' 사업 일환으로 처음 도입됨.
> [확산] 이후 캐나다, 뉴질랜드, 일본 등 전 세계로 확산됨.

□ [사례 #①] 영국
  ○ (도입) 1988년도 정부출판소, 여권사무소 등 12개 기관이 최초로 책임운영기관(Executive Agency)으로 지정
  ○ (현재) 2016년 8월 현재 36개 기관 지정
□ [사례 #②] 캐나다
  ○ (도입) 1990년 4월에 외교통상부 산하의 'Passport Canada'와 공공사업조달부 산하의 'Consulting and Audit Canada'를 SOAs로 처음 지정. 1993년에 보수당에서 자유당으로 정권교체가 이루어지면서 15개의 책임운영기관(Special Operating Agency) 지정
  ○ (현재) 2016년 현재 특허청, 경마국, 해안경비대 등 13개 기관 지정
□ [사례 #③] 일본
  ○ (도입) 1997년 자민당의 집권으로 책임운영기관 도입
  ○ (현재) 2016년 현재 통계센터, 국립과학박물관, 가축개량센터 등 88개 기관 지정

---

1. 키워드 운율을 맞춘다.

▶ 문장을 이끄는 키워드의 운율까지 맞춘다면 가독성을 높일 수 있다.

▶ 키워드형 제목의 경우 운율을 맞추면 통일성까지 높아져 기억하기 쉬워진다.

2. 기호를 적재적소에 활용한다.

▶ 기호는 함축적인 의미를 담고 있어 적절히 활용하면 많은 정보를 함축적으로 표현할 수 있다.

▶ 기호를 활용해 설명형 문장의 접속사나 조사를 줄일 수 있고, 시간적 또는 단계적 절차에 대한 표현도 가능하다.

3. 개조식 정리 방법을 익힌다.

서술형 문서를 개조식으로 정리하기 위해 다음 세 가지를 항상 기억한다.

▶ 문단을 나눈다.

▶ 단문으로 정리한다.

▶ 문단 구조를 파악해 제목을 부여한다.

전개 구조를 파악하면 요약이 쉬워진다

문장과 문장이 이어진 구조를 알면 개조식 보고서를 작성하기가 훨씬 수월하다. 대표적인 문장 구조는 병렬 구조와 연결 구조다. 이 두 가지만 알아도 논리적인 개조식 보고서를 작성하거나, 관련 내용을 개조식으로 요약하기가 쉽다.

▲ 문장 전개 구조

① 병렬 구조는 각각의 문장이 어느 문장에 종속되는 관계가 아닌 서로 대등한 관계의 문장 구조를 말한다. 지역별, 국가별, 연령별로 전개되는 문장이 대표적인 병렬 구조다.

② 연결 구조는 A문장→B문장→C문장→D문장으로 이어지는 구조를 말한다. 연결 내용에 따른 시간적, 절차적, 논리적 연결 구조가 대표적이다.

다양한 예시를 통해 문장 구조를 이해하고 개조식 보고서화하는 방법을 알아보자.

1. 병렬 구조

✏ 다음 예시를 보세요[18] 병렬 구조

> 대륙별로는 아시아지역의 경우 전년대비 33.9% 증가한 1,446만 4,300명으로 전체 방한 외국인 관광객 중 83.9%를 차지했으며, 미주지역은 전년 대비 14.6% 증가한 111만 6,157명으로, 우리나라 전체 인바운드 중 6.5%를 차지하였다. 그리고 구주지역은 전년대비 16.9% 증가한 94만 2,673명으로 5.5%를 차지하였고, 중동지역은 전년대비 15.0% 증가한 19만 3,593명으로 1.1%를 차지하였다. 기타 대양주, 아프리카, 교포 및 미상 외국인은 전체 인바운드의 약 3.0%를 차지하는 것으로 나타났다.

첫 문장을 보면 '대륙별로는~'으로 시작하고 있다. 즉, 내용을 대륙별로 전개하겠다는 의미다. 우선 대륙별 키워드를 체크하자.

> **대륙별로는 아시아지역**의 경우 전년대비 33.9% 증가한 1,446만 4,300명으로 전체 방한 외국인 관광객 중 83.9%를 차지했으며, **미주지역**은 전년 대비 14.6% 증가한 111만 6,157명으로, 우리나라 전체 인바운드 중 6.5%를 차지하였다. 그리고 **구주지역**은 전년대비 16.9% 증가한 94만 2,673명으로 5.5%를 차지하였고, **중동지역**은 전년대비 15.0% 증가한 19만 3,593명으로 1.1%를 차지하였다. **기타** 대양주, 아프리카, 교포 및 미상 외국인은 전체 인바운드의 약 3.0%를 차지하는 것으로 나타났다.

'지역'이라는 기준을 정하고 병렬 구조로 전개하는 형태다. 병렬 구조 전개이므로 핵심 키워드가 되는 아시아-미주-구주-중동-기타 지역별로 구분해서 내용을 개조식으로 정리하면 된다.

----

18) 2016년 기준 관광동향에 관한 연차보고서(2017.8), 문화체육관광부, https://bit.ly/2IK0CHW

□ **대륙별 방한 관광객**
- ○ **[아시아지역]** 1,446만 4,300명 방한(전년대비 33.9% ↑), 전체 방한객 중 83.9%
- ○ **[미주지역]** 111만 6,157명 방한(전년 대비 14.6% ↑), 전체 방한객 중 6.5%
- ○ **[구주지역]** 94만 2,673명 방한(전년대비 16.9% ↑), 전체 방한객 중 5.5%
- ○ **[중동지역]** 방한객 19만 3,593명(전년대비 15.0% ↑), 전체 방한객 중 1.1%
- ○ **[기타]** 대양주, 아프리카, 교포 및 미상 외국인은 전체 인바운드의 약 3.0% 차지

2. 연결 구조

✎ 다음 예시를 보세요[19] 시간적 연결 구조 1

2006~2007년 캠페인에서는 국내의 숨겨진 아름다운 관광지를 소개하여 국내관광에 대한 관심을 환기시키는 방식으로 진행한 반면 2008년에는 영화와 문학작품 속에 등장하는 국내 관광지에 대한 스토리텔링을 가미하였다. 이를 통해 국민의 국내여행에 대한 관심이 전년대비 26.4% 증가했다. 또한 2009~2010년에는 기존의 '인지 향상' 목적의 광고를 넘어 '행동 변화'를 위한 구석구석 캠페인의 전략적 확대가 이루어졌다. 2011년부터는 SNS 등 소비자와 쌍방향 커뮤니케이션 채널 확대로 구석구석 캠페인을 소비자 참여형 캠페인으로 확대 운영하여 좋은 반응을 이끌어 냈다. 2013년에는 대내외 협업을 통해 범정부적 차원으로 국내관광 캠페인의 규모를 확대하였고, 특히 하반기에는 '음식관광'을 주제로 한 테마형 국내관광 캠페인을 최초로 시도하여 국민의 호응을 얻었다. 2014년에는 최초로 민관협업에 의한 국내관광 캠페인 '관광주간'을 신설하였으며, 2016년에는 시행 3년째를 맞이하며, 전국 지방자치단체, 30여 개 정부부처 및 공공기관, 23개 민간기업 등 민관협업 확대를 통해 양질의 추천 여행정보를 제공하고 국민들에게 실질적인 관광 할인혜택을 부여하는 등 국내여행 수요 분산 및 신규 여행수요 창출에 기여하였다.

"문장이 길면 겁부터 난다."는 사람이 있다. 읽는 데 시간이 오래 걸리고 내용을 파악하기가 쉽지 않기 때문이다. 하지만 문장별로 내용을 파악하기 전에 전체 문장(글)의 구조를 파악하면 훨씬 쉽다. 예시 글을 천천히 읽어보자. 연도별로 문장이 전개된

---

19) 2016년 기준 관광동향에 관한 연차보고서(2017.8), 문화체육관광부, https://bit.ly/2IK0CHW

것을 금방 알 수 있다. 글을 읽으며 대략적인 연도를 체크해보자.

2006~2007년 캠페인에서는 국내의 숨겨진 아름다운 관광지를 소개하여 국내관광에 대한 관심을 환기시키는 방식으로 진행한 반면 2008년에는 영화와 문학작품 속에 등장하는 국내 관광지에 대한 스토리텔링을 가미하였다. 이를 통해 국민의 국내여행에 대한 관심이 전년대비 26.4% 증가했다. 또한 2009~2010년에는 기존의 '인지 향상' 목적의 광고를 넘어 '행동 변화'를 위한 구석구석 캠페인의 전략적 확대가 이루어졌다. 2011년부터는 SNS 등 소비자와 쌍방향 커뮤니케이션 채널 확대로 구석구석 캠페인을 소비자 참여형 캠페인으로 확대 운영하여 좋은 반응을 이끌어 냈다. (중략)

아래는 연도를 구분 기준으로 삼아 내용을 축약한 것이다.

□ 연도별 캠페인 변화 내용
　○ [2006~2007년] 국내 숨겨진 아름다운 관광지 소개 중심
　○ [2008년] 국내 관광지에 대한 스토리텔링 가미
　○ [2009~2010년] (기존) '인지 향상'→(개선) '행동 변화'를 위한 구석구석 캠페인 확대
　○ [2011년] 소비자 참여형 캠페인으로 확대 (SNS 등 쌍방향 커뮤니케이션 채널 확대)
　○ [2013년] 범정부적 차원으로 국내관광 캠페인의 규모 확대
　　　* 특히 하반기에는 '음식관광'을 주제로 한 테마형 국내관광 캠페인 최초 시도
　○ [2014년] 최초로 민관협업에 의한 국내관광 캠페인 '관광주간'을 신설
　○ [2016년] '관광주간' 확대를 위한 민관협업 대폭 증가
　　　* 전국 지방자치단체, 30여 개 정부부처 및 공공기관, 23개 민간기업 등

다만 구분 기준으로 연도나 날짜를 사용한다면 표기 기준을 통일하는 것이 좋다.

표기 기준 통일		
□ 연대 기준 표기	□ 연도, 월 기준 표기	□ 연도, 월, 일까지 표기
○ 1980년대	○ 20XX. 5월	○ 20XX. 3. 6.
○ 1990년대	○ 20XX. 7월	○ 20XX. 5. 8.
○ 2000년대	○ 20XX. 9월	○ 20XX. 7. 16.
○ 2010년대	○ 20XX. 3월	○ 20XX. 12. 23.

▲ 연도 표기 기준 통일 예시

✏️ 다음 예시를 보세요[20] 시간적 연결 구조 2

행정자치부는 2011년 3월에 제정된 '개인정보 보호법'이 본격적으로 시행됨에 따라, 제반 법령을 정비하고 분야별·업종별 특성을 반영한 개인정보보호 관리체계를 구축하는 등 제도적 기반을 공고화하기 위해 노력하였다. 주민등록번호 수집 법정주의('14.8.7. 시행), 법정·징벌적 손해배상제 도입('16.7.24. 시행), 주민등록번호 수집 근거 법령을 법률·시행령으로만 제한('16.3.29. 시행)하는 등 법·제도를 개선하여 국민이 안심할 수 있는 개인정보 보호 환경을 조성하고자 노력하였다.

개인정보 보호법이 시행됨에 따라 관련한 법과 제도를 정비한 내용이다. 관련 법과 제도 시행일을 기준으로 문장을 전개한 것을 알 수 있다. 시간적 연결 구조이므로 우선 제도에 시행일을 체크해보자.

행정자치부는 **2011년 3월**에 제정된 '개인정보 보호법'이 본격적으로 시행됨에 따라, 제반 법령을 정비하고 분야별·업종별 특성을 반영한 개인정보보호 관리체계를 구축하는 등 제도적 기반을 공고화하기 위해 노력하였다. 주민등록번호 수집 법정주의(**'14.8.7. 시행**), 법정·징벌적 손해배상제 도입(**'16.7.24. 시행**), 주민등록번호 수집 근거 법령을 법률·시행령으로만 제한(**'16.3.29. 시행**)하는 등 법·제도를 개선하여 국민이 안심할 수 있는 개인정보 보호 환경을 조성하고자 노력하였다.

역시 이 과정은 내용을 읽어가면서 눈으로 확인하면 된다. 제도 시행일을 내용 전개의 축으로 삼고 문장을 정리한 후 제목을 붙여보자.

□ **개인정보보호 강화를 위한 법·제도 정비**

   ○ (2011.3) 개인정보 보호법 시행

   ○ (2014.8.7.) 주민등록번호 수집 법정주의 시행

   ○ (2016.3.29.) 주민등록번호 수집 근거 법령을 법률·시행령으로만 제한

   ○ (2016.7.24.) 법정·징벌적 손해배상제 도입

---

20) 2016 행정자치백서(2017.4), 행정자치부, https://bit.ly/2GoubMt

제도 시행일을 기준으로 과거부터 현재에 이르기까지 내용을 개조식으로 정리해 보니 관련 법·제도의 변천 과정을 한눈에 파악할 수 있는 문장이 되었다.

✎ 다음 예시를 보세요[21] 시간적 연결 구조 3

한편, CCTV의 증가, 지능화와 각종 첨단 이동식 영상기기의 등장, 영상정보를 활용한 산업의 발전 등에 따라 개인의 사생활 및 개인영상정보 보호를 강화할 필요성이 대두되었다. 현행 '개인정보 보호법'에도 영상정보처리기기와 관련한 규정이 있지만, 개인영상정보의 특성을 충분히 반영하기 어렵다는 지적에 따라, 개인영상정보 보호를 위한 법제 정비 노력을 본격적으로 전개하여, **2016년 12월에 '개인영상정보 보호법(안)' 을 입법예고**하였다.

추진과정을 살펴보면, **2월**에는 개인영상정보와 관련된 각종 이슈를 파악하고 대응방안의 기반을 마련했고, **4월**부터 전문가 포럼을 구성하고 **5월**에는 법안의 초안을 마련하였다. **6월**부터는 본격적으로 입법 추진계획이 수립되어, **8월**에는 법률 제정을 위한 TF를 구성하고 관계부처 및 업계와 시민단체 등의 의견을 두루 수렴하여 실무적 관점에서의 각종 쟁점을 다각도로 검토하였고, **12월**에는 확정된 법안을 입법예고하고 공청회를 개최하였다.

내용을 보면 개인영상정보 보호법(안)에 대한 입법 노력을 담은 글이다. 일 년 동안의 추진 과정을 전개한 글이므로 그 내용을 월별로 정리해보자.

▫ 2016년 개인영상정보보호 입법 노력
 ○ (2월) 개인영상정보 관련 이슈 파악, 대응방안 기반 조성
 ○ (4월) 전문가 포럼 구성
 ○ (5월) 법안 초안 마련
 ○ (6월) 입법 추진계획 수립
 ○ (8월) 법률 제정 TF 구성, 의견수렴(관계부처, 업계, 시민단체 등)
 ○ (12월) 확정된 법안을 입법예고, 공청회 개최

---

21) 2016 행정자치백서(2017.4), 행정자치부, https://bit.ly/2GoubMt

✎ 다음 예시를 보세요[22] **절차적 연결 구조**

> 2011년부터 행정자치부는 행정제도 개선 **우수사례 경진대회를 개최**하여, 중앙부처와 지방자치단체가 추진한 제도개선 우수사례를 발굴·확산해 왔다.
> 2016년에는 중앙행정기관과 지방자치단체와 시·도 교육청이 지난 1년간 추진한 제도개선 **우수사례 총 101건을 접수**받아, **서면심사 및 전문가심사**를 통해 최종 16건을 선정하였으며, 우수사례 경진대회에서 사례내용과 발표완성도, 청중호응도 등을 고려한 전문가 심사점수(50%)와 현장평가단심사점수(50%)를 합산하여 시상등급을 결정하였다.

연결 구조가 꼭 시간적 연결 구조만 있는 것은 아니다. 예시 보고서는 행정제도 개선을 위해 우수사례 경진대회를 추진한 실적을 정리한 것이다. 과정을 살펴보면 ① 우수사례를 신청받아 ② 몇 번에 걸친 심사를 통해 ③ 우수사례를 선정했다는 내용이다. 절차적 연결 구조를 갖추고 있다.

> □ 행정제도 개선 우수사례 발굴·확산
>   ○[사례접수] 중앙행정기관+지방자치단체+시·도 교육청 ⇒ 총 101건 접수
>   ○[1차 심사] 서면심사 및 전문가심사 ⇒ 16건 선정
>   ○[2차 심사] 전문가 심사(50%)+현장평가단심사(50%) ⇒ 시상등급 결정
>   ○[최종결과] XXXX XXXX

만약 최종결과까지 있다면 ① 우수사례 접수→② 1차 심사→③ 2차 심사→④ 최종결과까지 절차적 순서로 정리하면 된다.

---

22) 2016 행정자치백서(2017.4), 행정자치부, https://bit.ly/2GoubMt

✏️ **다음 예시를 보세요**[23) **논리적 인과 구조 1**

> 각급 행정기관의 환경 및 여건에 맞추어 자율적으로 운영되는 제안제도의 특성상, 기관장의 관심도와 제안 관련 정책 추진 여부가 해당기관 소속 공무원들의 제안 참여에 큰 영향을 미쳤고, 결과적으로 기관별 제도 운영의 편차가 커지는 원인으로 작용했다. 이같은 문제를 해결하기 위해, 행정자치부는 2011년에 공무원제 안규정을 개정하여, 제안자뿐만 아니라 제안을 적극적으로 채택·실시하는 등 제안의 활성화에 기여한 기 관과 개인에게 포상할 수 있는 근거조항 신설하고 처음으로 포상을 실시하여, 기관 차원의 관심을 제고하 였다.

앞서 살펴본 시간적, 절차적 연결 구조와 조금 다른 전개 구조다. 내용을 구체적으로 살펴보며 글의 전개 구조를 파악할 수 있는 핵심 키워드를 찾아보자.

> 각급 행정기관의 환경 및 여건에 맞추어 자율적으로 운영되는 제안제도의 특성상, *(문제점#①)* 기관장의 관심도와 제안 관련 정책 추진 여부가 해당기관 소속 공무원들의 제안 참여에 큰 영향을 미쳤고, *(문제점#②)* 결과적으로 기관별 제도운영의 편차가 커지는 **원인으로 작용**했다. 이같은 **문제를 해결하기 위해,** *(개선사 항)* 행정자치부는 2011년에 공무원제안규정을 개정하여, 제안자뿐만 아니라 제안을 적극적으로 채택·실시 하는 등 제안의 활성화에 기여한 기관과 개인에게 포상할 수 있는 근거조항 신설하고 처음으로 포상을 실 시하여, 기관 차원의 관심을 제고하였다.

행정기관별로 자율 운영되는 제안제도를 설명하고 있다. 글의 전개 구조를 알 수 있는 핵심 키워드가 중간에 등장한다. 이런저런 ① 원인이 있어서 ② 문제를 해결해야 한다는 내용이다. 원인→해결(결과)로 이어지는 인과 구조를 갖추고 있다.

원인(현황, 문제점)과 해결(개선)을 중심으로 문단을 나누고 관련 내용을 축약해서 개조식 보고서로 정리해보자.

---

23) 2016 행정자치백서(2017.4), 행정자치부, https://bit.ly/2GoubMt

□ 제안제도 활성화

  ㅇ(현황) 각급 행정기관의 환경 및 여건에 맞추어 자율적으로 운영

    • 문제점 ① : 기관장의 관심도와 제안 관련 정책 추진 여부가 해당기관 소속 공무원들의 제안 참여에 큰 영향을 끼침

    • 문제점 ② : 기관별 제도운영의 편차가 커지는 원인으로 작용

  ㅇ(개선) 공무원 제안규정 개정

    • 제안자뿐만 아니라 제안을 적극적으로 채택·실시하는 등 제안의 활성화에 기여한 기관과 개인에게 포상할 수 있는 근거조항 신설

✏ 다음 예시를 보세요[24) 논리적 인과 구조 2

시간선택제 채용 공무원에 대해 근무시간에 비례하여, 정원을 소수점 단위로 운영할 수 있는 제도적 근거를 마련하였다. 종전에는 시간선택제 채용 공무원을 전일제 공무원(주 40시간)의 자연수 정원에 맞춰 운영하였기 때문에, 인력운영이 과 단위로 경직되었으며, 다양한 근무형태를 활성화하는 데 한계가 있었다. 소수점 정원을 도입함으로써 업무특성에 맞는 유연한 정원관리와 시간제 근무형태 다양화가 가능하게 되었고, 출입국 등 특정시간대에 집중되는 업무에 신축적으로 정원을 배정할 수 있게 되어, 정부 서비스역량 강화도 가져올 것으로 기대된다.

글을 읽어보면 인과 구조로 되어 있다는 것을 파악할 수 있을 것이다. 인과 구조를 쉽게 파악할 수 있도록 (현황)→(문제점)→(개선)으로 구분해보자.

시간선택제 채용 공무원에 대해 근무시간에 비례하여, 정원을 소수점 단위로 운영할 수 있는 제도적 근거를 마련하였다. *(현황)* 종전에는 시간선택제 채용 공무원을 전일제 공무원(주 40시간)의 자연수 정원에 맞춰 운영하였기 때문에, *(문제점#①)* 인력운영이 과 단위로 경직되었으며, *(문제점#②)* 다양한 근무형태를 활성화하는 데 한계가 있었다. *(개선)* 소수점 정원을 도입함으로써 업무특성에 맞는 유연한 정원관리와 시간제 근무형태 다양화가 가능하게 되었고, 출입국 등 특정시간대에 집중되는 업무에 신축적으로 정원을 배정할 수 있게 되어, 정부 서비스역량 강화도 가져올 것으로 기대된다.

24) 2016 행정자치백서(2017.4), 행정자치부, https://bit.ly/2GoubMt

이를 토대로 내용을 축약하고 정리해보자.

□ **소수점 단위 정원 도입 필요**

ㅇ (현황) 시간선택제 채용 공무원→전일제 공무원(주 40시간)의 자연수 정원에 맞춰 운영

ㅇ (문제점) 인력운영이 과 단위로 경직→다양한 근무형태를 활성화하는 데 한계

ㅇ (개선) 소수점 단위 정원 도입

• 효과 ① : 업무특성에 맞는 유연한 정원관리

• 효과 ② : 시간제 근무형태 다양화

• 효과 ③ : 출입국 등 특정 시간대 집중되는 업무에 신축적 정원 배정 가능

• 효과 ④ : 정부 서비스역량 강화

개조식 정리 기준을 지키자

    문장을 개조식으로 정리할 때 주의해야 할 점이 있다. 바로 일관성 있는 기준을 적용하는 것이다. 일관성 기준을 벗어난 정리는 논리적으로 보이지 않는다. 보고서에 자주 등장하는 일관성 있는 기준은 시간 순서, 절차 순서, 크기 순서, 공간 순서, 논리 순서 등이 있다.

일관성 기준	개조식 정리 기준 예시
시간	(연도별) 1980년대→1990년대→2000년대→2010년대 (분기별) 1/4분기→2/4분기→3/4분기→4/4분기
절차	1단계→2단계→3단계, 도입→확대→정착
논리	기존→개선, 문제점→해결책, 원인→결과
크기	대→중→소, 소→중→대, 1위→2위→3위
규모	전체→부분, 부분→전체
공간	국내→아시아→글로벌, 글로벌→아시아→국내, 내부→외부, 외부→내부

▲ 개조식 정리 기준 예시

✏️ **다음 예시를 보세요[25]** **절차 기준**

---

2. 창업 · 성장 · 회수 · 재도전 지원단계별 평가

▫ **(창업)** 창업자금 지원 규모는 증가하고 있지만, 위험부담이 큰 창업전 · 엔젤투자 단계에서 자금은 부족

    ○ 외국에 비해 엔젤투자의 비중이 크게 낮고 초기 단계에서 민간 투자자금의 참여가 크게 부족 (중략)

▫ **(성장)** 시장을 통해 자금을 조달해야 하나 현실적으로 쉽지 않은 상황

    ○ M&A, buy R&D, 장기설비투자, 해외진출 등에 대한 자금 수요가 많으나 은행, 자본시장 등 민간의 자금

    지원은 소극적 (중략)

▫ **(회수)** IPO 규모가 증가하는 등 회수 여건이 개선되고 있으나, M&A · 중간회수시장 부재 등이 구조적

한계로 작용

    ○ 코넥스 · 코스닥 시장 활성화에 힘입어 상장을 통한 회수여건은 크게 개선되는 추세 (중략)

▫ **(재도전)** 연대보증면제 확대 등 재창업 제약요인을 지속 개선해왔으나, 창업 · 성장단계에 비해 정책적

지원이 미흡

    ○ 성실한 실패자에 대한 채무감면 등의 유인이 다소 부족하고 낙인 효과 등으로 금융기관들도 재창업

    지원에 소극적 (중략)

    건강한 창업 생태계 조성을 위해 정부에서 성장 단계별 지원 정책을 마련하고 있다. 성장 단계별 지원 정책에 대한 평가를 통해 미비한 점을 개선하겠다는 내용이다. 성장 단계별 지원 절차(창업→성장→회수→재도전)를 기준으로 전개한 것을 볼 수 있다.

✏️ **다음 예시를 보세요[26]** **절차+시간 기준**

▫ '중국제조 2025'는 독일의 'Industry 4.0'을 표방한 정책으로 제조업의 고도화 및 스마트화를 목표로 향후

30년간 3단계에 걸쳐 추진하는 전략

    ○ **1단계(2015~2025년)** : 2020년까지 제조업의 IT 경쟁력을 크게 개선하고 핵심 경쟁력을 확보,

    2025년까지 생산성 향상과 IT와 제조업 융합을 통해 새로운 도약을 실현

---

25) 건강한 창업생태계 조성 지원방안(2017.4), 제7차 경제관계장관회의(기획재정부), https://bit.ly/2Uv7P0W

26) 중국의 디지털 전환 동향과 시사점(2017.10), 과학기술정책연구원, https://bit.ly/2Gmwr6T

○ **2단계(2025~2035년)** : 중국 제조업 수준을 글로벌 제조 강국 2위 그룹(독일, 일본)의 수준으로 높이고, 글로벌 시장을 견인할 수 있는 경쟁력을 구축
○ **3단계(2035~2045년)** : 주요 제조업에서 제조 강국 1위 그룹(미국)에 진입

중국의 디지털 전환 동향에 관한 보고서 중 일부다. 중국은 2045년까지(시간 순서) 3단계(절차 순서)에 걸쳐 제조업의 고도화 및 스마트화를 추진한다는 내용이다. 내용 전개를 보면 1단계(2015~2025년)→2단계(2025~2035년)→3단계(2035~2045년)로 '절차+시간' 혼합 기준을 사용했다.

✎ 다음 예시를 보세요[27] 순위 기준 : 1위→2위

▫ 2015년 전 세계 상표권 출원건수는 전년대비 15.3% 증가한 598만 건임
　○ **중국 시장에서는 약 283만 건이 출원되어 1위를 나타냈으며, 2위인 미국에서는 517,297건이 출원됨**

▫ 2015년 전 세계 상표권 출원건수는 전년대비 15.3% 증가한 598만 건임
　○ **(1위) 중국 : 약 283만 건 출원, (2위) 미국 : 517,297건 출원**

전 세계 상표권 출원건수에 대한 내용이다. 중국이 압도적으로 많음을 알 수 있다. 이를 표현하기 위해서 순위(1위→2위→3위…)를 기준으로 내용을 전개했다.

---

27) 지적재산권 산업 현황 및 글로벌 밸류체인 진출전략(2018.1), KOTRA, https://bit.ly/2VSwnWi

✎ 다음 예시를 보세요[28] 규모 기준 : 큰 금액→작은 금액

> ▫ 국민 생활여건 개선 위한 공공투자를 2조 원 확대(당초계획 대비)*하고 대규모 국유지에 토지개발 방식
> 을 도입하여 시범사업 추진
>> * 공공주택 건설 및 산업단지 조성 관련(0.4조 원), 고속도로 건설·개량(0.2조 원), 신재생 발전시설 및 발전소
>> 안전·환경시설 개선(0.2조 원), 송배전 보강(0.1조 원) 등

국민 생활여건 개선을 위해 2조 원 규모의 공공투자를 확대하겠다는 내용이다. 2조 원이 어디에 얼마나 투자될까? 주요 투자 항목별 내용을 보면 공공주택 건설 외(4천억 원)→고속도로 건설 외(2천억 원)→신재생 발전시설 외(2천억 원)→송배전 보강 외(1천억 원) 등 큰 금액에서 작은 금액 순서로 전개했다.

> ▫ 국민 생활여건 개선 위한 공공투자를 2조 원 확대(당초계획 대비)*하고 대규모 국유지에 토지개발 방식
> 을 도입하여 시범사업 추진
>> * 공공주택 건설 및 산업단지 조성 관련→0.4조 원
>> * 고속도로 건설·개량→0.2조 원
>> * 신재생 발전시설 및 발전소 안전·환경시설 개선→0.2조 원
>> * 송배전 보강 외→0.1조 원

✎ 다음 예시를 보세요[29] 규모 기준 : 전체→부분 1

> ▫ 전국의 소매유통업체는 2015년 기준 66만4천 개를 기록하고 있음
>> ○ 백화점은 100개, 대형마트는 549개, 슈퍼마켓 외의 경우 7만9,355개, 편의점은 3만1,203개를
>> 기록하고 있음
>> ○ 무점포소매업은 총 2만2천여 개로 그중 인터넷쇼핑은 1만2천, 홈쇼핑은 364개임

----

28) 2018년 경제정책방향 발표(2017.12), 기획재정부, https://bit.ly/2Uv8z6e
29) 소매유통시장의 현황과 시사점(2018.1), 자유기업원, https://bit.ly/2XtROdC

2015년 기준 우리나라 소매유통업체 수는 약 66만 개이다. □ 수준 제목을 쉽게 파악할 수 있다. ○ 수준을 보면 분야별(백화점, 대형마트, 슈퍼마켓, 편의점 등)로 세부적으로 전개했다. □ 전체(제목)→○ 부분(세부 내용)으로 전개했다.

✎ 다음 예시를 보세요[30] 규모 기준 : 전체→부분 2

1. 세계 시장 현황 및 전망
□ **발전플랜트는 2025년까지 3,052GW가 신증설될 전망**
  ○ 아시아 개발도상국이 신증설 용량의 약 1/3인 1,004GW를 차지하여 시장 규모 및 접근성에서 가장 매력적
  ○ 중동, 중남미, 아프리카의 시장규모는 아시아 대비 작으나 산업화에 따른 전력난 해소 및 안정적 전력공급을 위한 투자 증가
    • 국내기업의 주력시장인 중동은 가스복합화력을 중심으로 122GW를 신증설
    • 중남미는 멕시코의 민자사업 확대 등에 따라 150GW를 신증설
    • 아프리카는 미국 등 다수 국가들의 전략적 투자지역으로 162GW를 신증설

이번 예시 역시 전체→부분으로 전개했다. □ 수준의 제목을 보면 2025년까지 발전플랜트 산업의 총 신규 증설 전망치를 알 수 있다. ○ 수준을 보면 시장별(아시아, 중동, 중남미, 아프리카 등)로 세부 내용을 파악할 수 있다.

---

30) 발전플랜트 산업 전망 및 국내기업 경쟁력(2015.12), 한국수출입은행 해외경제연구소, https://bit.ly/2VeiBNx

세부 내용은
별도로 표시하자

　　보고서를 읽다 보면 이해되지 않는 개념이나 용어가 등장하는 경우가 많다. 보고서 작성자는 자주 사용하는 개념이나 용어이기 때문에 별생각 없이 쓰지만, 이를 처음 보는 사람은 무슨 내용(혹은 단어)인지 파악하기 어려운 때도 있다.

> "내가 익숙하다고 다른 사람도 익숙한 것은 아니다."

　　약어, 어려운 용어, (새로운)개념, 배경지식이나 설명이 필요한 사항, 보고서를 읽는 사람이 궁금할 만한 내용 등에 관해서는 추가 설명을 하는 것이 바람직하다. 하지만 보고서의 내용에만 집중하다 보면 이런 구체적인 사항에 대해서는 신경 쓰지 못하는 경우가 많다.

　　보고서를 읽는 사람이 작은 것 하나도 궁금해하지 않도록 보고서 작성 분량이 허락하는 범위에서 사소한 사항까지 구체적이고 친절하게 설명하는 게 좋다.

✏️ 다음 예시를 보세요 약어, 용어 정의 표기

□ 정부는 2030년 BAU* 대비 37%인 315백만 톤 감축 목표를 UNFCCC**에 제출[31]

 * BAU(Business As Usual): 현재 시점에서 전망한 목표연도의 온실가스 배출량 전망치

 ** UNFCCC(United Nations Framework Convention on Climate Change, UN기후변화협약): 지구온난화

 방지를 위해 온실가스의 인위적 방출 규제를 위한 협약으로 1994년 발표

---

1. 화낙은 어떤 회사인가?[32]

□ CNC※, 산업용 로봇 분야의 글로벌 경쟁력을 보유한 기업

 ○ 1956년, 후지쯔의 사내 프로젝트 팀으로 출발

  • 통신장비 이외의 신사업 발굴을 추진하는 과정에서 연구개발팀의 이나바 세이우에몬이 CNC와
서보모터를 개발

  • 1972년 후지쯔에서 독립하여 화낙(FANUC)을 설립한 이래, CNC, 산업용 로봇, 전동식 사출성형기,
정밀가공기계인 로보드릴 등 공장자동화에 집중

  (중략)

> [참고] CNC(Computerized Numerical Control) 공작기계
> • 프로그램을 입력한 컴퓨터에 내장해서 기계가 자동으로 재료를 정밀하게 가공하는 기계로 공장
> 자동화의 핵심 기술임
> • 화낙은 일본 최초로 CNC 장치와 이를 구동하는 서보모터를 개발
> • 제조 공장에서 사용하는 공작기계는 CNC에 서보모터를 붙여 사전에 프로그램된 동작을 반복하도
> 록 만들어진 기계

두 보고서의 □ 수준에서 등장하는 'BAU', 'UNFCCC', 'CNC'의 뜻을 아는 사람이 얼마나 될까? 보고서를 읽는 사람이 모를 만한 용어는 추가로 설명하는 것이 기본이다. 기호(*)를 이용해서 해당 내용 아래 자세한 설명을 넣는 방법을 추천[33]한다.

---

31) 新기후체제가 국내 산업에 미치는 영향(2017.1), 한국수출입은행 해외경제연구소, https://bit.ly/2ZoLsxS

32) 제조업계의 은둔자, 日 화낙의 성공비결(2015.9), 포스코경영연구원, https://www.posri.re.kr

33) 별도로 주석을 달아 문서 하단에 표기하는 방법도 있다.

✏️ 다음 예시를 보세요[34] 세부 내용 표기

□ 정부는 경제 · 사회의 역동성을 제고하고 민간 주도의 혁신추진을 위해 ① 과학기술 ② 산업 ③ 사람
　④ 사회제도 등 4대 분야의 혁신 추진
　　　* ① 도전 · 창의연구 조성, R&D효율성 제고 등 ② 혁신창업생태계 조성, 혁신거점 활성화 등 ③ 창의융합형
　　　　인재육성, 직업능력개발 혁신 등 ④ 규제개선, 혁신안전망 구축 등
　　ㅇ 과학기술 · 산업 혁신을 위한 인프라 확충을 위해 혁신성장 관련 정부대책을 구체적 공간에 집적한 선도
　　거점 조성이 필요
□ 정부는 창업 · 벤처기업 지원을 위해 TP(테크노파크), BI(창업보육센터) 등을 통해 보육, 기술지원,
　임대공간 제공 등을 추진하고 있으나,
　　　* TP : 지역 내 산업육성 기관, 장비 · 시설 등 기술 인프라 및 R&D지원(18개)
　　　* BI : 창업기업에 사업공간, 경영 · 기술지원 제공(대학 · 연구소 · 민간 등 262개)

□ (테크노밸리) 판교 택지개발사업의 일부공간에 선도기업 입주공간(20만 평)을 조성하여, 신산업 중심지
　로 성장
　　　* 판교 신도시(택지지구)로 지정('03, 건교부)하여 개발(~'15, LH) 및 분양 관리 중(경기도)
　　ㅇ 대표 IT(카카오, 한글과컴퓨터 등)이 밀집되어 있고, 국내 10대 게임업체 중 6개*가 집적되어 있는 등 기
　　술혁신 중심지로 기능
　　　* [1]넥슨, [3]엔씨소프트, [4]스마일게이트, [6]웹진, [7]네오위즈, [8]NHN 엔터테인먼트 등

　　보고서를 읽는 사람이 모를 만한 용어뿐만 아니라 궁금해할 만한 내용에 대해서
도 추가로 설명하는 것이 좋다. 실무자 선에서 알면 될 내용이지만 현재 이슈가 있거
나, 추진 경과 등 부연 설명이 필요하다면 내용을 추가하는 것이 좋다. 사실 이와 관
련해서는 보고서 작성자의 감각이 필요하다. 다만 너무 많은 설명으로 인해 핵심이 가
려져서는 안 된다.

---

34) 판교 제2테크노밸리 활성화 방안 (2017.12), 중소벤처기업부, https://bit.ly/2GwumH5

1. 전체 구조를 파악해 쉽게 요약한다.

▶ 문장 구조는 병렬 구조와 연결 구조가 있다. 문장 구조를 알면 논리적인 개조식 보고서를 작성하거나 내용을 개조식으로 요약하기가 쉽다.

▶ 병렬 구조는 각각의 문장이 어느 문장에 종속되는 관계가 아닌 서로 대등한 관계의 문장 구조를 말한다.

▶ 연결 구조는 연결 내용에 따른 시간적, 절차적, 논리적 연결 구조를 말한다.

2. 개조식 정리 기준을 지킨다.

▶ 일관성 기준을 벗어난 정리는 보고서의 논리성을 떨어뜨린다.

▶ 일관성 있는 기준을 적용하기 위해선 시간 순서, 절차 순서, 크기 순서, 공간 순서, 논리 순서를 확인한다.

3. 세부 내용은 별도로 표시한다.

▶ 자주 사용하는 개념이나 용어라도 보는 사람은 무슨 내용(혹은 단어)인지 파악하기 어려울 수 있다.

▶ 따라서 약어, 어려운 용어, (새로운)개념, 배경지식이나 설명이 필요한 사항, 보고서를 읽는 사람이 궁금해할 내용 등에 관해서는 추가로 설명한다.

보고서
구성의 기술

논리적인 보고서란 무엇인가

보고서는 '논리성'을 갖추어야 한다는 데 이견을 제시하는 사람은 없다. 그렇다면 어떤 것이 '논리성'을 갖춘 보고서일까? 논리성을 갖춘 보고서가 어떤 것인지 알아야 그렇게 작성할 수 있을 것이다. 우선 '논리적인 보고서'란 무엇인지부터 살펴보자.

보고서 작성을 위해서 먼저 필요한 자료를 수집하고, 그 자료를 보고서 작성 목적에 맞도록 가공하고 편집해서 보고서로 만드는 것이다. 즉, ① 잘 짜인 틀에 ② 적합한 콘텐츠를 가공하고 편집해 배치하는 것이 중요하다.

논리적인 보고서란?

= ① 잘 짜인 틀(목차 구성)+② 적합한 콘텐츠 배치(내용 구성)

먼저 '잘 짜인 틀'은 바로 목차를 말한다. 보고서의 목차가 중요한 이유를 강원국 작가는 이렇게 말한다.[1]

> **첫째,** 글을 쓸 때 길을 잃지 않기 위해서다.
>
> **둘째,** 하고자 하는 이야기 간의 분량 안배를 위해서다.
>
> **셋째,** 하고자 하는 이야기가 누락되지 않도록 하기 위해서다.
>
> **넷째,** 앞에 나온 얘기가 뒤에 또 나오는 중복을 피하기 위해서다.
>
> **다섯째,** 전체적인 통일성과 일관성을 유지하기 위해서다.

보고서에서 목차는 밑그림이다. 물론 채색을 하다 보면 밑그림을 일부 수정할 수도 있다. 그러나 이것은 큰 틀의 변화가 아니라 부분 수정이다. 목차는 수준에 따라서 대목차→중목차→소목차로 나눌 수 있다. 밑그림은 모든 사물을 세세하게 그리지 않고 전체적인 구도를 생각하며 피사체를 균형감 있게 배치하는 것이 중요하다. 마찬가지로 목차를 구상하면서 소제목(소목차)까지 생각하기는 어렵다. 우선 보고서의 전체적인 구성(대목차)을 구상한 후 이를 토대로 보고서를 발전시키고, 마지막에 소제목까지 나누면 되는 것이다.

'적합한 콘텐츠 배치'는 내용 구성을 말한다. 같은 내용이라도 어떻게 배열하고 배치하느냐에 따라 가독성에 큰 영향을 미치며, 배열과 배치 구성은 논리 구조에도 직접적인 영향을 준다. 우리가 아는 미괄식[2], 두괄식[3], 양괄식[4]은 이러한 배치 구성의 차이를 말한다.

---

1) 《대통령의 글쓰기》(강원국 지음, 메디치미디어, 2014년 2월)

2) 결론을 마지막에 제시하는 구성법

3) 결론을 처음에 제시하는 구성법

4) 결론을 처음과 마지막에 제시하는 구성법

그러나 아무리 목차 구성을 잘했어도 적확한 내용을 보고서에 담지 않으면 보고서의 설득력이 떨어진다. '적확한 내용'을 채우기 위한 가공과 편집 과정을 거쳐야 한다. '왜(why) 이 보고서를 작성하고 있는가?'라는 질문을 중심으로 보고서 내용을 끊임없이 가다듬어야 하는 것이다.

목차가 중요한 이유

사회심리학자 솔로몬 애쉬(Solomon Asch)는 참가자들에게 어떤 사람에 대한 정보만 제공한 뒤 그가 어떤 인물인지 추측해보는 실험을 진행했다.[5] 실험 참가자들을 두 그룹으로 나누어 진행하면서 같은 정보를 순서만 달리해 제공했다.

[A조건] 제공한 정보 순서	[B조건] 제공한 정보 순서
1. 지적이다(intelligent)	1. 질투심이 강하다(envious)
2. 부지런하다(industrious)	2. 고집이 세다(stubborn)
3. 충동적이다(impulsive)	3. 비판적이다(critical)
4. 비판적이다(critical)	4. 충동적이다(impulsive)
5. 고집이 세다(stubborn)	5. 부지런하다(industrious)
6. 질투심이 강하다(envious)	6. 지적이다(intelligent)

▲ 인물 성향 파악을 위한 정보 제공 순서

[A조건]에 제공한 정보를 [B조건]에는 역순으로 제공한 것이다. 그렇다면 순서는

---

5) 《프레임》(최인철 지음, 21세기북스, 2021년 3월)

반대였지만 제공한 정보 내용은 똑같으니 동일한 인상을 형성했을까? 결과는 그렇지 않았다. [A조건]에서 형성된 인상이 [B조건]에서 형성된 인상보다 훨씬 더 호의적인 것으로 나타났다. [A조건]에서는 '지적이며, 부지런한' 이미지가 먼저 각인된다. 이것이 나중에 제공되는 '비판적이며, 고집스런' 이미지에도 영향을 미쳐 '원칙을 준수하며 논리적 비판을 하는' 사람이라고 호의적으로 인식하는 것이다.

이 실험을 통해 알 수 있는 것은 앞서 제공한 정보가 뒤따르는 정보에 영향을 미친다는 것이다. 정보를 배열하는 순서에 따라 전체의 인식이 달라질 수 있다. 보고서 작성에서 '목차'가 중요한 이유가 바로 여기에 있다. '목차'를 보면 어떤 정보를 어떤 순서로 배열했는지를 알 수 있다. 이렇듯 목차 배열은 보고서를 인식하는 데 큰 영향을 미친다.

> 목차란 보고서에 담길 '정보'의 '순서(배열)'다.
> 그래서 목차는 보고서의 설계도다.

보고서 구성은 바로 '목차(제목)'[6] 설계에서 시작된다. 목차를 설계하는 것은 보고서 스토리라인을 짜는 것과 같다. 어떤 정보를 어떤 순서로 배열했는지를 보여주는 것이 목차다. 목차는 보고서의 설계도와 같다. 설계도를 보면 건물이 몇 층으로 이루어졌는지, 각 층의 구조는 어떤지, 비상구와 출입문은 어디에 있는지 등을 한눈에 파악할 수 있다. 그래서 목차는 보고서의 구조, 스토리텔링이 포함되어 내용을 파악할 수 있는 설계도라 할 수 있다. 목차 없이 보고서를 작성하는 것은 설계도 없이 집을 짓는 것과 같다.

---

6) 여기서 '목차'란 통상 보고서 표지 뒤에 나오는 전체 '차례'만을 의미하는 것이 아니다. 전체 '차례'를 알 수 있는 대목차부터 세부 내용까지 알 수 있는 하위 목차(세부 내용의 제목 단위)까지를 아우른다.

필자는 보고서 작성에서 하수와 고수를 나누는 기준이 '목차 작성'의 역량이라고 생각한다. 보고서를 작성해야 할 때 하수는 우선 컴퓨터 앞에 앉아 뭐라도 해보려고 우왕좌왕한다. 중수는 기존에 작성한 보고서의 내용을 바꿔 채우려고 달려든다. 고수는 목차를 먼저 고민한다. "보고서는 목차에서 결정 난다."는 말이 괜히 나온 것이 아니다.

그동안 보고서 작성 관련 컨설팅을 진행하면서 논리적인 목차 구조가 지녀야 할 기본조차 지키지 않은 보고서를 수없이 봤다. 그래서 컨설팅할 때 논리적인 구조의 목차를 설계하는 기본 원리부터 설명한다.

하지만 설명하다 보면 원리를 알고 있다고 말한다. 그러나 정작 자신이 작성한 목차가 원리에서 벗어난 이유는 잘 모른다. 이는 알고 있는 것과 알고 있다고 느끼는 것은 큰 차이가 있다. 대부분 알고 있다고 생각하는 것이다. 목차 구성의 기본 원리부터 제대로 알아보자.

보고서 구성의 기술

목차 구성

목차 구성의 기본 구조는 초등학교 때 배운 논리적 구조의 글과 유사하다. 기억을 떠올려보면 서론-본론-결론으로 이어지는 3단 구성이 대표적이라 배웠을 것이다. 다만 이것을 보고서 작성에 제대로 적용하지 못했을 뿐이다. 글의 3단 구성을 보고서에 적합하게 변환하면 도입→전개→마무리로 정의할 수 있다.

[도입] why→[전개] what/how→[마무리] so what

3단 구성은 보고서를 구성하는 데 최소한의 요소를 포함한 가장 안정적인 틀이다. 보고서 작성 시 가장 먼저 던져야 할 질문이다. ① 도입은?→② 전개는?→③ 마무리는 어떻게 채울 것인지에 대한 질문으로 시작한다.

첫째로 도입에서는 보고서 작성 목적, 배경 등 왜(why) 이 보고서를 작성했는지에 대한 이유를 말해야 한다. 둘째로 전개는 보고서에서 본론에 해당한다. 주장하는 논거를 제시하는 부분이다. 대표적으로 무엇을(what), 어떻게(how) 했는지를 말한다. 마무리에서는 보고서를 통해 최종적으로 주장하거나 설득하는 바를 말한다.

구성	단계별 질문
도입	왜 이 보고서를 작성하는가? 무엇을 말하고자 하는가?
전개	무엇을 했는가? 어떻게 했는가?
마무리	그래서 무엇이 달라졌는가? 결과는 무엇인가? 앞으로 어떻게 할 것인가?

▲ 각 목차 구성과 단계별 질문

단계별로 생각해야 할 핵심 질문을 떠올리며 목차를 설계하자. 누구나 다 아는 원론적인 이야기일 수 있으나, 의외로 보고서를 작성할 때 3단 구성부터 생각하고 작성하는 사람이 드물다.

그럼 모든 보고서가 도입-전개-마무리의 3단 구성을 갖춰야 할까? 결론부터 말하면 그렇지 않다. 여기서부터 응용력이 필요하다. 3단 구성을 기본으로 하되 축소해서 1~2단 구성을 갖출 수도 있고, 확장해서 4~5단[7] 구성을 갖출 수도 있다.

목차 구성에는 다양한 변수가 개입되므로 3단 구성을 기본으로 목차를 설계하고 이를 축소할지 확장할지를 결정한다. 이때 다양한 변수가 개입되면서 축소, 확장의 범위를 결정한다.

---

[7] 6단 이상의 전개도 얼마든 있을 수 있으나 현업에서 작성하는 10~20페이지 분량의 보고서는 보통 5단 이내에서 설계된다.

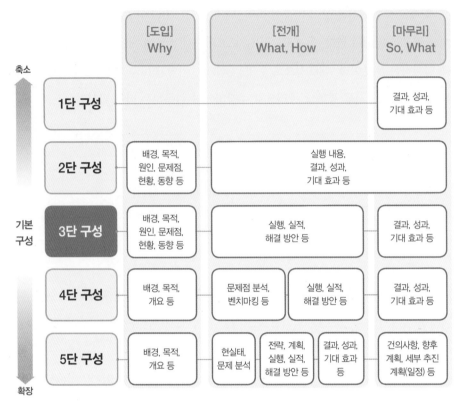

▲ 각 단별 구성에 따른 보고서 전개 양상

　　여기서 말하는 다양한 변수란 긴급한 상황이 발생해 이에 대한 보고서를 작성하는 경우다. 이때는 4~5단 구성의 보고서 대신 현재 상황에 대한 결론 중심으로 1~2페이지 내외의 1~2단 구성 보고서를 작성하는 것이 옳을 것이다. 이처럼 보고서 축소와 확장의 범위는 보고의 목적, 시기, 방법, 형태, 내용, 분량 등을 고려해서 결정해야 한다. 누차 말하지만 보고서 작성에 정답은 없다.

1~2단 구성

1~2단으로 구성된 보고서는 결론 중심이다. '어떤 보고서가 결론(결과)만 존재한다는 것인가?'라고 생각할 수 있겠지만 과업의 추진 배경, 추진 목적 등에 대해 보고서를 읽는 사람이 알고 있을 때 결론만 요약해서 보고하는 경우가 대표적이다. 가장 간단한 구조인 결론 중심의 대표적인 보고서로는 요약 보고서[8]가 있다.

다음 예시는 창업 활성화를 위한 방안[9]에 관한 보고서 목차다. 'Ⅰ. 추진개요'는 도입으로 창업 활성화가 필요한 이유가 등장한다. 이를 토대로 창업 활성화를 위해 세 가지 추진방안이 'Ⅱ. 세부 추진내용'에 나온다. 전형적인 2단 구조의 목차 체계를 갖추고 있다. 일반적으로 2단 보고서는 [도입]→[전개+마무리]로 구성된다.

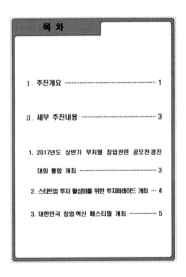

목 차

▲ 1~2단 목차 구성 예시

---

8) 보통 의사결정권자에게 보고하는 1~2페이지 분량의 요약 보고서가 그렇다.

9) 창업 활성화를 위한 2017 상반기 창업 붐 조성방안(2017.2), 미래창조과학부, https://bit.ly/2Gvdqk6

3단 구성

3단 구성은 보고서에서 가장 기본적인 전개 구성이다. 다음 예시는 외환건전성 제도 개편 방안에 대한 목차다.[10] (도입)Ⅰ. 필요성→(전개)Ⅱ. 개편방향→(마무리)Ⅲ. 추진계획으로 이어지는 전형적인 3단 구성을 갖추고 있다. 3단 구성 목차는 다양한 종류의 계획 보고서, 결과 보고서 등에서 가장 흔하게 볼 수 있는 구성이다.

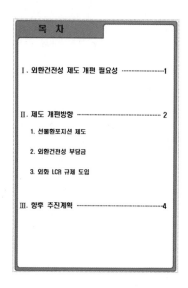

목 차

Ⅰ. 외환건전성 제도 개편 필요성 ·············1

Ⅱ. 제도 개편방향 ···························· 2
  1. 선물환포지션 제도
  2. 외환건전성 부담금
  3. 외화 LCR 규제 도입

Ⅲ. 향후 추진계획 ·······················4

▲ 3단 목차 구성 예시

4~5단 구성

4~5단 구성은 3단 구성을 세분화한 보고서로 이해하면 된다. 예를 들어, 회사와 함께할 최적의 비즈니스 파트너를 찾는 보고서를 작성한다고 생각해보자. 비즈니스 파트너를 선정하는 기준은 무엇이며, 이를 누가 어떻게 평가하는지도 중요하다. 이

10) 외환건전성 제도 개편 방안(2016.6), 제38차 거시경제금융회의(기획재정부), https://bit.ly/2VoumSz

를 통해 선발된 파트너는 누구이며, 파트너사와 앞으로 어떤 비즈니스 영역에서 어떻게 파트너십을 맺고 어떤 일정으로 어떻게 협력해야 나가야 하는지를 보고서로 작성해야 할 것이다. 1~2단 구성만으로는 선정 기준, 선정 과정, 선정 이유, 선정 이후의 일정 등은 자세히 기술하기 어렵다. 그래서 이런 사항들을 담기 위해 4~5단 구성으로 확장하는 것이다.

다음 예시를 보자.[11] 4단으로 구성된 목차다. 'Ⅰ. 최근 경제동향'은 도입이다. 'Ⅱ. 향후 전망과 평가~Ⅲ. 3/4분기 주요과제 이행실적 점검'은 전개에 해당한다. 'Ⅳ.향후 정책 대응방향'은 마무리다.

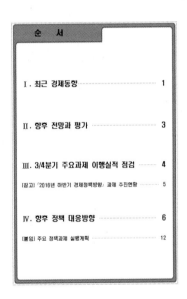

▲ 4~5단 목차 구성 예시 1

다음 예시를 보자.[12] 5단 구성 목차로 'Ⅰ. 추진배경'이 도입이다. 'Ⅱ. 장년 고용현황~Ⅳ. 정책 추진과제'가 전개에 해당한다. 'Ⅴ. 향후 추진일정'이 마무리다.

11) 최근 경제동향과 대응방향(2016.10), 제15차 경제관계장관회의(기획재정부), https://bit.ly/2Uoi5YM
12) 장년 고용서비스 강화 방안(2016.10), 고용노동부, https://bit.ly/2PoMeq8

▲ 4~5단 목차 구성 예시 2

이상의 예시를 통해 알 수 있지만 기본 구성은 3단이다. 보고서 작성 목적 및 내용, 분량 등을 고려해 목차 구성을 축소하거나 확장한 것이다. 4단 이상의 목차 구성도 결국 기본 구조인 3단 구성으로 수렴되는 것을 알 수 있다. 이 방법을 응용하면 6단 구성도 가능하다.

3단 구성에서 각각의 분량은 어느 정도가 적당할까? 정답은 없으나 규칙을 발견할 수 있다. 많은 보고서를 분석해본 결과 보통 전체 분량 중 도입은 5~10%, 전개는 70~80%, 마무리는 10~20%를 차지했다. 여기서 눈여겨볼 점은 도입 부분의 분량이다. 잘 작성되었다고 여겨지는 보고서들은 대체로 도입이 명확하고 간결하다.

복합 목차 구성

앞서 살펴본 것처럼 일반적인 보고서는 도입-전개-마무리의 3단 구성을 갖추고 있다. 그런데 3단 구성 내에서 하위 목차를 Small-3단으로 구성한 보고서도 흔히 볼 수 있다.

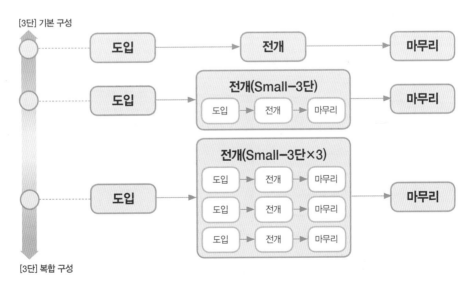

▲ 복합 목차 구성 예시

특히 전개에서 목차를 세분화해 Small-3단으로 구성한 보고서가 많다. 보고서의 본문인 전개는 전체 보고서 분량의 70~80%를 차지한다. 많은 분량의 내용을 체계적이고 논리적으로 정리하기 위해 전개의 세부목차를 Small-3단 구성으로 만든 것이다. 이를 복합 구성이라 한다.

✎ 다음 예시를 보세요[13] Small-3단 구성

민간투자사업 활성화 방안에 대한 보고서의 목차다. 목차 번호를 보면 Ⅰ~Ⅴ까지 5단 구성으로 되어 있다. 'Ⅰ. 추진 배경'이 도입에 해당하고, 'Ⅱ. 추진 방향~Ⅲ. 중점 추진과제'가 전개에 해당한다. 중점 추진과제를 실행해서 얻는 'Ⅳ. 기대효과'와 'Ⅴ. 향후 추진계획'이 마무리에 해당한다.

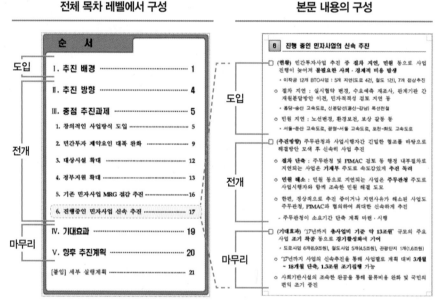

▲ Small-3단 목차 구성 예시

13) 민간투자사업 활성화 방안(2015.4), 기획재정부, https://bit.ly/2Xs5KEU

전체 보고서의 전개에 해당하는 Ⅲ. 중점 추진과제에 제시된 여섯 개 과제의 본문 내용을 보면 도입(현황)→전개(추진 방향)→결론(기대효과)으로 구성되어 있다. 전형적인 복합 구성을 갖춘 보고서다.

보고서 전개
기본 원칙

보고서 전개란 목차라는 틀을 짜고 틀에 맞는 콘텐츠를 채우며 보고서를 완성해 가는 과정을 말한다. 이렇게 보고서를 전개할 때 기억해야 할 2대 기본 원칙이 있다.

첫째, 로직트리(Logic-Tree)

둘째, MECE

보고서를 전개할 때 기본 원칙을 지키지 않으면 논리적으로 보이지 않는다. 예시를 통해 2대 기본 원칙에 대해 구체적으로 알아보자.

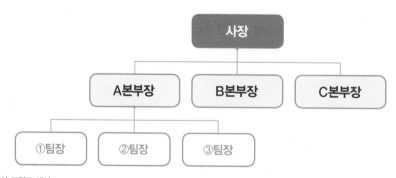

▲ 회사 조직도 예시

여기 어느 회사의 조직도가 있다. 조직도는 많은 정보를 담고 있기 때문에 조직도를 통해 직위 구조 및 역할과 책임(R&R, Role & Responsibility) 범위를 대략적으로 파악할 수 있다.

조직은 대부분 피라미드 구조다. 정점인 사장을 중심으로 사업본부를 책임지는 본부장이 있고, 그 아래 사업 혹은 기능 업무를 담당하는 부서장(팀장)이 배치된다. 나무를 생각했을 때 하나의 줄기에서 여러 가지가 뻗어나가는 모습이다.

보고서 목차를 계층별로 보면 조직 구조와 비슷한 형태다. 목차별 위계가 존재하고, 각 목차가 담당하는 역할과 책임 범위도 존재한다. 아래는 대-중-소 목차로 이어지는 구조를 갖춘 보고서의 예시다.

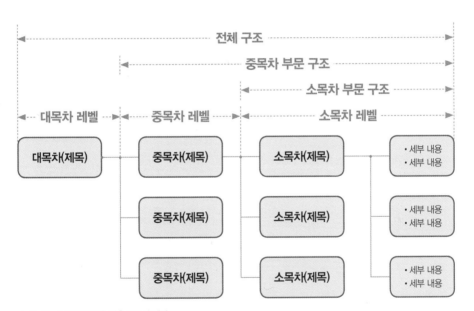

▲ 대-중-소 목차 구성을 갖춘 보고서 예시

대목차가 있고 세부적으로 하고 싶은 이야기가 세 개라면 중목차 세 개가 만들어진다. 마찬가지로 하나의 중목차에서 다시 세부적으로 하고 싶은 이야기가 세 개라면 소목차 세 개가 만들어진다. 여기서 대목차는 중목차를 모두 포함하는 제목이어야 하고, 중목차는 소목차를 모두 포함하는 제목이어야 한다. 이처럼 목차는 상위 목차가 하위 목차를 포괄하는 구조를 갖춰야 한다. 이것이 로직트리(Logic Tree) 원칙이다.

[원칙 ①] 로직트리

목차는 수직적으로 계층을 이루고 있어서 서열이 명확해야 한다. 즉, 상위 수준 목차(제목)가 하위 수준 목차(제목)를 포괄할 수 있어야 한다. 반대로 하위 수준 목차는 상위 수준 목차(제목)에 종속되어야 한다.

로직트리는 세계적인 경영 컨설팅 회사인 맥킨지에서 개념화하고 구체화해서 처음 사용하기 시작했다. 하나의 줄기에서 가지가 펼쳐지는 나무의 형태로 사고를 확장해서 로직트리(Logic Tree)라 부른다. 하나의 큰 제목에서 점차 작은 제목으로 가지가 펼쳐지는 것이라 생각하면 된다. 그런데 여기에 또 다른 원칙이 함께해야 한다. 목차를 전개할 때 MECE 원칙을 지켜야 한다.

MECE(Mutually Exclusive Collectively Exhaustive, 상호배제와 전체포괄)란?

항목들이 상호 배타적이면서 모였을 때는 완전히 전체를 이루는 것을 의미함. 이를테면 '겹치지 않으면서 빠짐없이 나눈 것'이라 할 수 있음.

출처 : 위키백과, MECE, https://bit.ly/3aSACqP

쉽게 풀이하자면 목차는 서로 독립적이면서 누락이 없어야 한다 뜻이다. 대목차에서 로직트리로 세분화된 하위 목차들은 서로 MECE 원칙으로 연결되어야 한다는 것이다. 즉, 대목차와 하위 목차들이 서로 논리적으로 연결되어야 하며, 하위 목차 간 서로 독립적이면서 누락이 없어야 한다.

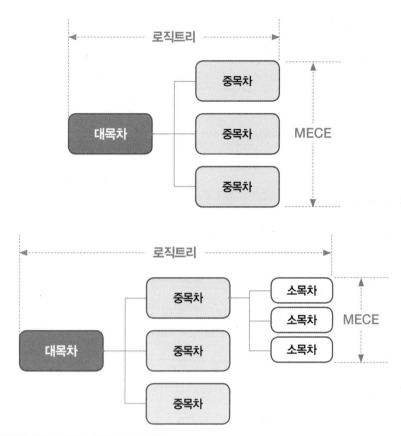

▲ MECE와 로직트리 원리를 적용한 목차 구성 예시

[원칙 ②] MECE
목차 간 내용이 중복되거나 빠진 내용이 있는지 신경 써야 한다.

로직트리와 MECE는 논리적인 보고서 작성에서 가장 중요한 2대 기본 원칙이다. 지극히 당연하다고 생각하겠지만 필자는 보고서 작성을 컨설팅하면서 로직트리형 구조를 갖추지 않은 보고서, 목차 간 중복이나 누락이 심해 MECE하지 않은 경우도 수 없이 봤다. 이론을 알아도 어떻게 적용하는지 정확한 예시로 연습해보지 않으면 알기 어려울 뿐이다.

자사 제품을 구매하는 소비자의 특성을 분석하는 보고서를 작성한다고 가정할 때 무엇을 파악하고 분석할지 알아보자. 소비자들의 성별, 연령별, 지역별 특징을 구분해 파악한다면 다양한 시사점을 얻을 수 있을 것이다. 연령별 특징은 10대, 20대, 30대 등으로 다시 세분화해 분석한다면 구체적인 시사점을 얻을 수 있을 것이다.

대목차	구분	내용
소비자 특성	성별	남성, 여성
	연령별	10대, 20대, 30대, 40대, 50대 이상
	지역별	경인권, 충청권, 전라권, 경상권, 강원권 등

▲ 소비자 특성을 나눈 예시

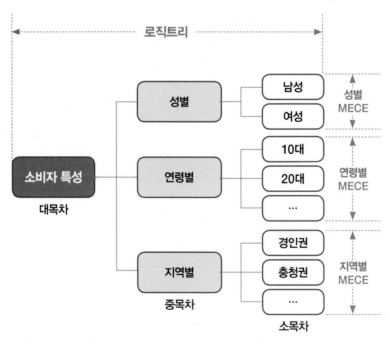

▲ 소비자 특성을 목차에 연계하여 구성한 예시

이렇게 로직트리로 만들어진 구조는 각각의 목차 수준에서 MECE를 지켜야 한다. 로직트리 구조에서 하위 목차들을 MECE하게 구분하는 기준이 중요하다. 일관성 있는 구분을 위해 기준을 명확히 설정해야 한다. 도시별 특징을 분석한 보고서에서 목차 분류를 '서울, 인천, 대전, 대구, 충청남도'로 했다면 MECE 기준에서 벗어난다. '충청남도'는 도시별 구분 기준으로 봤을 때는 빠져야 한다. 이처럼 하위 목차를 전개할 때는 MECE 기준을 맞추는 것이 중요하다.

기준	MECE한 목차 구분 예시
도시별	서울, 인천, 대전, 대구, 울산, 부산…
국가별	미국, 중국, 일본, 러시아…
권역별	경인권, 충청권, 전라권, 경상권, 강원권…
업종별	제조업, 서비스업, 유통업…
계층별(크기별)	큰 것에서 작은 순서로 (대→중→소) 혹은 작은 것에서 큰 순서로 (소→중→대)
절차별	1단계→2단계→3단계 도입→확산→정착

▲ MECE 기준을 통해 나눈 여러 목차 전개 예시

MECE 개념에 충실한 로직트리 구조에 대해 다양한 예시를 통해 알아보자.

✎ **다음 예시를 보세요**[14) **MECE 기준 : 지역별(도시)**

1. 지역별 특색 있는 관광상품 개발
   □ 기항지별 전략 관광상품 개발
   ○ **(제주)** 청정한 자연, 섬의 독특한 문화, 세계자연유산 지정, 잠수정 등 해양체험, 쇼핑 등 강점→자연경관과 체험 중심
   ○ **(부산)** 자갈치 수산시장 등 먹거리, 범어사 역사체험, 국제영화제 등 다양한 축제, 힐링 산책 코스 등 강점→해양·쇼핑 중심
   ○ **(인천)** 수도권(인천, 서울, 경기)의 풍부한 문화유산, 인천의 섬, 다양한 콘텐츠(한류공연) 등→한류공연과 역사 중심
   ○ **(강원)** 2018년 동계올림픽, 청정 이미지, 연어·송이 등 다양한 지역축제, 설악산 가을 단풍 등 강점→다양한 체험 중심

기항지(크루즈가 도착하는 항구)별 전략 관광상품 개발에 관한 보고서 중 일부다. 기항지 근처에는 다양한 관광상품이 풍부해야 더 많은 크루즈를 유치할 수 있을 것이다. 보고서에서는 제주, 부산, 인천, 강원 등 주요 기항지별 세부 내용을 전개했다. 도시별로 구분해 서로 중복(ME)되지 않고, 넣고자 하는 기항지를 모두 넣었다면 누락(CE)되지 않는 구조를 갖춘 것이다. 도시별 구분이라는 MECE 개념에 충실한 로직트리 구조를 갖추고 있다.

▲ 크루즈 기항지별 목차 구성

14) 제1차 크루즈산업 육성 기본계획, 해양수산부(2016.3), https://bit.ly/2L0xgYy

✏️ 다음 예시를 보세요[15] MECE 기준 : 산업 분야별

> 나. 대내 리스크 요인 및 전망
> □ 금융산업은 저축은행 구조조정('11년) 이후 건전성 측면의 큰 문제는 없으나, 경기회복 지연 등에 따른 전반적인 수익성 악화에 직면
> ○ **(은행)** 저금리 기조로 이자마진 감소, 부실기업 대손 비용 증가 등으로 수익 기반이 전반적으로 위축되는 추세 ...(중략)...
> ○ **(보험)** 저출산·고령화로 인한 인구구조 변화, 저금리 기조의 장기화에 따른 역마진 가능성 등 경영효율화 필요성에 직면 ...(중략)...
> ○ **(금융투자)** 시장 전반의 활력이 위축되는 가운데, 수수료 중심의 취약한 수익구조 등으로 구조조정 압력 가중 ...(중략)...
> ○ **(저축은행·상호금융 등)** 성장둔화에 직접적으로 영향을 크게 받는 서민층을 대상으로 하는 서민금융기관의 경영여건 악화 우려

금융산업 현황을 분석한 내용이다. 건전성 측면에서는 큰 문제가 없으나 수익성 측면에서 문제가 있다는 내용이다. 은행, 보험, 금융투자, 저축은행/상호금융 등 금융산업별로 분석하고 있다. 금융 산업의 분야별 구분이라는 MECE 개념에 충실한 로직트리 구조를 갖추고 있다.

▲ 금융산업별 목차 구성

---

15) 2015년도 금융위원회 국정감사 업무보고, 금융위원회(2015.9), https://bit.ly/2GxFlQv

✎ 다음 예시를 보세요[16] MECE 기준 : 교통 수단별

☐ 거점 간 교통 네트워크 강화
- ○ **(도로)** 서울-세종 고속도로를 착공('16.下)하고 경인선 지하화 사업은 민자 적격성 조사에 착수('16.2)하며, 고속도로 6개 노선(상주-영덕, 광주-원주 등 241km), 국도 58개 구간(고군산군도 등 497km), 광역도로 5개 사업(인천 서구-김포 등) 등은 연내에 완공
- ○ **(철도)** 수서-평택 수도권고속철도 개통('16.8), 호남고속철도 2단계 본격 추진과 함께 거점 간 일반철도 고속화와 평창올림픽 지원을 위한 원주-강릉선('17.12 개통) 및 기존선 고속화도 추진
  *'16년 (개통) 성남-여주 복선전철, 부전-일광 복선전철, 진주-광양 복선화
- ○ **(항공)** 대륙별·단계별 항공자유화 추진전략을 수립하고, 1~2개 항공사만 취항 중인 노선에 운수권을 단계적으로 확대하고,
  - ▪ 김포공항 국내선터미널 리모델링(~'17), 김해공항 국제선터미널 1단계 증축(~'17.1), 제주 제2공항 예비타당성 조사 등도 예정대로 추진

주요 거점 간 교통 네트워크를 강화하겠다는 보고서 중 일부다. 도로, 철도, 항공 등 주요 교통수단별로 거점 간 네트워크 강화 계획을 밝히고 있다. 교통수단별 구분이라는 MECE 개념에 충실한 로직트리 구조를 갖추고 있다.

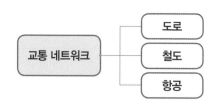

▲ 교통 네트워크별 목차 구성

---

16) 2016년 국토교통부 업무계획(2016.1), https://bit.ly/2VksQA5

✏️ **다음 예시를 보세요** **MECE 기준: 규모(크기)별**

3. 기업 규모별 수요기업 발굴 체계 구축[17)]

ㅁ **[대기업]** 전문화를 위한 그룹 간 빅딜 사례 등 사업재편 수요가 상당

ㅇ 그룹별 릴레이 간담회를 지속 개최하여 그룹 간 빅딜, 계열사 간 사업재편 등 기활법 수요를 적극 발굴

ㅇ 협력사들의 사업재편이 촉진되도록 그룹차원의 유도 · 지원 강화 (중략)

ㅁ **[중견기업]** 신산업 진출 등 성장 모멘텀으로 사업재편을 활용할 여지

ㅇ 중견연 M&A 센터의 거래 정보를 바탕으로 사업재편을 고려하는 중견기업에 대한 사전상담 시행

ㅇ 월드클래스300 기업 대상 기활법 전담창구(산업기술진흥원內)를 통해 수요기업 상시 발굴

ㅁ **[중소기업]** 50% 이상의 中소가 기활법의 필요성에 공감(중기중앙회 조사)

ㅇ 지역 상의 · 산단공 · 중진공에 기활법 전담자를 지정하여 중소기업 사업재편 지원을 위한 전국
네트워크 구성

ㅇ 9월 중 지역별 1:1 상담회를 개최하여 관심 기업들에게 적극 설명

W-2. 국내 조선소의 카페리 건조 경험 부족[18)]

ㅁ **(대형 조선소)** 대형 조선소는 대형 카페리 여객선 등에 대한 건조 실적과 기술력을 모두 확보

ㅇ '00년 이후 대형 조선업체의 여객선 건조 실적은 6,500~50,000톤급의 대형 카페리 여객선 총 18척이
며, 모두 유럽지역 선사에 수출 (중략)

ㅁ **(중견 조선소)** 중견 조선소는 대형 카페리 여객선 등에 대한 건조 기술을 보유하고 있는 것으로 평가

ㅇ 중견 조선소는 최근 조선 경기 침체에 따라 수입원의 다변화를 기하고 있어 여객선 건조에 관심을
보이고 있는 상황

ㅁ **(중소 조선소)** 한국조선공업협동조합 소속 중소 조선소는 주로 차도선 등 소형 여객선 건조 기술과 실적
을 보유

ㅇ 카페리 · 초쾌속선은 일부 중소 조선소에서 건조 가능한 것으로 판단되나, 실제 건조 실적이 없어
기술력에 대한 선사들의 신뢰를 확보하지 못하고 있는 상황 (중략)

두 보고서 모두 규모(크기)별 구분이라는 MECE 개념에 충실한 로직트리 구조를
갖추고 있다.

---

17) 기업활력법 시행현황 및 향후 계획(2016.8), 제3차 산업경쟁력 강화 관계장관회의(기획재정부), https://bit.
ly/2PjwlB8

18) 제1차 연안여객선 현대화계획(2016.4), 해양수산부, https://bit.ly/2ZpyfVp

✏️ **다음 예시를 보세요[19]** **MECE 기준 : 지역별(해외/국내)**

Ⅱ. 세정여건 진단

1. 대내외 경제 불확실성 증대로 세입여건 악화

□ **(세계경제)** 브렉시트(Brexit)에 따른 글로벌 무역·금융시장 위축, 신흥국 침체로 인한 수출둔화, 투자·소비 약화 등 선진국 경제 불확실성 확대

 ○ 신흥국은 중국 경기둔화, 기업부채 증가, 원자재 가격 변동성 확대, 정치불안 등으로 경기부진 지속 예상

  * '16년 세계 성장률 전망 : (IMF) 3.4%('16.1월)→3.2%('16.4월)→3.1%('16.7월)

            (World Bank) 3.6%('16.1월)→3.1%('16.6월)

□ **(국내경제)** 주요 교역국 경기부진, 기업 구조조정 등에 따른 수출·투자 위축, 가계부채 부담 확대, 청년고용 불안 등으로 경기회복세 제약

  * '16년 국내 성장률 전망(한국은행) : 3.0%('16.1월)→2.8%('16.4월)→2.7%('16.7월)

 ○ 세계경제 장기 저성장, 기업투자·산업경쟁력 약화, 생산가능인구 감소 등으로 중장기 잠재성장률 저하 가능성

국세행정 운영방안에 대한 보고서 중 일부다. 세정여건에 영향을 미치는 거시적 요인인 세계경제와 국내경제의 상황을 구분해서 분석하고, 해외/국내라는 지역을 기준으로 MECE 개념에 충실한 로직트리 구조를 갖추고 있다.

만약 □ 수준에 미국경제를 추가해서 '□세계경제─□국내경제─□미국경제'로 구분한다면 어떻게 될까? MECE 목차 수준을 맞춘다면 미국경제는 세계경제의 하위 목차로 들어가는 게 맞다.

---

19) 2016년 하반기 국세행정 운영방안(2016.8), 국세청, https://bit.ly/2GxFAen

✎ 다음 예시를 보세요[20] MECE 기준 : 적합한 분류 기준 제시 1

> □ 한편, 대외 불확실성하에서도 우리 경제의 새로운 기회요인을 찾으려는 노력이
> 필요
> ○ **(거시적 측면)** 세계 경제·교역량의 전반적인 개선, 유가상승, 미 인프라 투자 등은 우리
> 수출·인프라 수주의 기회요인
> ○ **(통상적 측면)** 미 신정부 출범에 따른 경제·통상 질서의 지각 변동 가능성에 대비해 새
> 로운 통상 로드맵 마련 필요
> ▪ 빠른 성장이 예상되는 아시아는 물론 중동·중남미 등과의 경제협력을 확대하여 미·중
> 과의 교역비중도 완화
> ○ **(산업적 측면)** 글로벌 가치사슬 변화, 4차 산업혁명 등은 도전요인이자 우리 산업구조를
> 업그레이드할 수 있는 기회

MECE 관점에서 일관된 기준을 적용하기 어려운 경우도 많다. 그럴 때는 작성자
가 내용을 고려해 적합한 MECE 기준을 제시하는 방법도 있다. 예시 보고서의 ○ 수
준 내용을 보면 한국 경제의 기회요인을 거시적·통상적·산업적 측면으로 분류해서
제시하고 있다. 작성자가 세 가지 측면(기준)으로 분류해 제시한 것이다.

---

20) 2017년 대외경제정책방향(2017.1), 제190차 대외경제장관회의(기획재정부), https://bit.ly/2GuKxDg

---

<u>장년층 고용특징(55~74세를 중심으로)</u>

□ 여성보다 남성 취업자가 많으나, 여성 고용률 상승이 남성을 상회
- ○ **(산업별)** 연령이 증가할수록 농림어업이 급증하며, 사업서비스.보건복지업은 증가, 제조.건설.운수.숙박음식업은 감소
  - * 농림어업 비중: (55~59세) 6.8%, (60~64세) 12.5%, (65~69세) 21.8%, (70~74세) 32.1%
- ○ **(직종별)** 연령이 증가할수록 농림어업 숙련종사자와 단순노무종사자가 증가하고, 기타 직종은 감소
- ○ **(규모별)** 연령이 증가할수록 10인 미만 종사자 비중이 급증, 특히 60대부터는 10인 미만 종사자가 70% 초과
- ○ **(종사상지위별)** 연령이 증가할수록 상용직 비중이 확연히 감소하며, 자영업.임시직 비중은 증가
- ○ **(고용형태별)** 60대에 접어들면서 비정규직이 과반수, 특히 60대 후반부터는 비정규직 비율이 2/3 초과

　　55~74세까지 장년층 고용특징을 분석한 내용이다. ○ 수준 내용을 보면 산업·직종·규모·종사상지위·고용형태별로 분류하고 있다. 이 역시 완벽한 MECE 분류라고 말할 수는 없지만, 통상적인 수준에서 MECE 관점으로 분류되었다고 할 수 있다.

---

21) 고령화 시대, 생애고용을 위한 장년 고용서비스 강화 방안(2016.10), 기획재정부, https://bit.ly/2GnpId3

보고서 전개의
기본 구조

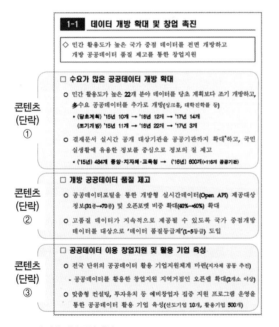

1-1	데이터 개방 확대 및 창업 촉진

◇ 민간 활용도가 높은 국가 중점 데이터를 전면 개방하고
　개방 공공데이터 품질 제고를 통한 창업지원

콘텐츠
(단락)
①

□ **수요가 많은 공공데이터 개방 확대**

○ 민간 활용도가 높은 **22**개 분야 데이터를 당초 계획보다 조기 개방하고,
　多수요 공공데이터를 추가로 개방(싱크홀, 대학진학률 등)

　• (당초계획) '15년 10개 → '16년 12개 → '17년 14개
　　(조기개방) '15년 11개 → '16년 22개 → '17년 3개

○ 결제문서 실시간 공개 대상기관을 공공기관까지 확대하고, 국민
　실생활에 유용한 정보를 중심으로 정보의 질 제고

　• ('15년) 484개 중앙·지자체·교육청 → ('16년) 800개(+116개 공공기관)

콘텐츠
(단락)
②

□ **개방 공공데이터 품질 제고**

○ 공공데이터포털을 통한 개방형 실시간데이터(Open API) 제공대상
　정보(31종→70종) 및 오픈포맷 비중 확대(40%→60%) 확대

○ 고품질 데이터가 지속적으로 제공될 수 있도록 국가 중점개방
　데이터를 대상으로 '데이터 품질등급제'(1~5등급) 도입

콘텐츠
(단락)
③

□ **공공데이터 이용 창업지원 및 활용 기업 육성**

○ 전국 단위의 공공데이터 활용 기업지원체계 마련(지자체 공동 추진)
　- 공공데이터를 활용한 창업지원 지역거점인 오픈랩 확대(2개소 이상)

○ 맞춤형 컨설팅, 투자유치 등 예비창업자 집중 지원 프로그램 운영을
　통한 공공데이터 활용 기업 육성(선도기업 10개, 활용기업 500개)

▲ 보고서 전개 기본 구성 예시

보고서는 제목과 내용으로 구성된다. 이를 하나의 콘텐츠로 본다면 보고서는 여러 콘텐츠의 총합이 된다.

여기에서 콘텐츠들이 어떻게 이어져 있는지를 알면 보고서를 읽거나 작성할 때 큰 도움이 된다. 콘텐츠 간 관계를 기준으로 살펴보면 두 가지 구조로 나눌 수 있다. 바로 병렬 구조와 연결 구조다.

병렬 구조 보고서

국가별 현황 파악을 위해 '미국, 중국, 일본, 한국' 순서로 목차(콘텐츠)를 나열했다면, 국가별로 목차를 구분했기 때문에 상호 독립적인 내용을 나열한 것이다. 이런 전개를 '병렬 구조'라고 한다.

▲ 병렬 구조 전개 기본 구성 예시

1. 고용
2. 물가 및 수출입 단가
3. 국민소득계정
4. 실물경제
5. 대외거래
6. 통화 · 금리
7. 경기
8. 재정
9. 해외지표

병렬 구조로 목차가 전개된 예시를 살펴보자. 기획재정부에서는 월간 주요경제지표를 발표한다. 대표적인 주요경제지표[22]를 분야별로 정리해서 정확한 데이터를 일목요연하게 제시하는 것이 중요하다. 월간 주요경제지표 보고서는 '1. 고용'부터 '9. 해외지표'까지 분야별 병렬 구조로 전개되어 있다.

병렬 구조는 전달하고자 하는 내용이 상호 독립적이며 구분 기준이 명확한 경우(지역별, 성별, 연령별 등)에 주로 사용한다. 예시를 통해 좀 더 알아보자.

22) 월간 주요경제지표, 기획재정부, https://bit.ly/30sykYU

✎ **다음 예시를 보세요**[23)] **병렬 구조**

> Ⅲ. 신규 유망수출품목 창출 방안
> 1. 기본 전략
> **2. 부문별 대응방안**
>   **가. 자동차–반도체–디스플레이–이차전지**
>   **나. 조선–철강–석유화학**
>   **다. 에너지 · 환경 신산업**
>   **라. 프리미엄 소비재**

수출 경쟁력 강화를 위해 신규 유망수출품목을 선정해 정책적으로 지원하겠다는 보고서다. '2. 부문별 대응방안'의 하위 목차(제목)를 보면 '가~라'까지 병렬 구조임을 알 수 있다. 신규 유망수출품목에 대해 산업별 병렬 구조로 정리했다. 이 가운데 '가. 자동차–반도체–디스플레이–이차전지'의 세부 내용을 살펴보자.

> **2. 부문별 대응방안**
> **가. 자동차–반도체–디스플레이–이차전지**
> ① **자동차**
>   ○ 내연기관차량은 글로벌 경쟁력 보유, 세계 수출 3위 · 생산 5위
>   • 글로벌 시장 성장세 둔화, 후발국 추격에 따라 경쟁이 치열한 소형 내연기관차 위주(71.7%)의 현재 포트폴리오로는 성장에 한계
>   ○ 친환경차, 스마트카 등 새로운 시장 패러다임에 대한 대응 부족 (중략)
> ② **반도체**
>   ○ 우리 기업은 세계 최고 공정기술로 메모리시장 57.6% 점유(iSupply)
>   ○ 시스템반도체 시장은 메모리의 3배 이상 규모로서, IoT · 자동차 · 인공지능 등 新산업 응용확대로 연4% 수준 성장 전망 (중략)

---

23) 신규 유망수출품목 창출 방안(2016.7), 산업통상자원부, https://bit.ly/2PjWn7d

③ 디스플레이

○ LCD에서 투명 · 플렉시블 기능이 가능한 OLED로 대체

* 시장 비중('15년→'20년, %, IHS) : (LCD) 89.0→75.7 (OLED) 11.0→24.3

○ 우리 기업은 '04년 이후 LCD 시장점유율 1위 지속 유지, OLED는 선제적 기술투자로 초기 시장창출 주도 (중략)

④ 이차전지

○ 글로벌 시장은 휴대폰용 등 소형 이차전지에서 전기차 배터리용 등 중대형 시장으로 전환중

• '20년에는 전기차용 이차전지 시장이 소형시장 추월 전망

○ 우리 기업은 세계 최고 수준의 공정기술을 바탕으로 소형 이차전지 분야 세계 1위(시장 점유율 기준) (중략)

'가' 수준의 하위 제목인 '① 자동차～④ 이차전지'도 병렬 구조로 이루어진 것을 볼 수 있다. 자동차부터 이차전지까지 부문별로 설명이 필요해 병렬 구조를 사용했다.

연결 구조 보고서

개선 방안을 담아야 하는 일반적인 보고서 목차는 우선 현재 상황(상태)이 어떤지 ① 현황을 제시한다. 그런 다음 문제점에 대해 ② 분석한 뒤 ③ 개선 방안을 제시한다. 여기까지만 해도 좋겠지만 설득력을 높이기 위해 개선 방안을 실행해 얻을 수 있는 ④ 기대 효과를 마지막에 제시했다고 가정하자. 분석→결과(해결책)로 이어지는 인과구조가 된다. 이처럼 목차가 이어지는 구조를 연결 구조라 한다.

연결 구조는 로직트리 관점에서 콘텐츠 간 논리적인 연결이 중요하다. 연결 구조는 원인과 결과를 서술하거나, 시간적/절차적 흐름을 중심으로 설명할 때 주로 사용한다. 예시를 통해 좀 더 알아보자.

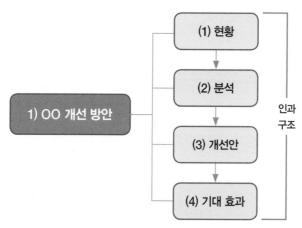

▲ 연결 구조 전개 기본 구성 예시

✎ 다음 예시를 보세요[24) **연결 구조**

Ⅰ. 추진배경
Ⅱ. 추진 기본방향
Ⅲ. 중점 추진과제
Ⅳ. 기대효과
Ⅴ. 향후 추진계획

민간투자사업을 활성화하겠다는 보고서 목차다. 먼저 이 보고서를 작성한 이유를 'Ⅰ. 추진배경'에서 설명하고 있다. 그런 다음 정부의 정책을 'Ⅱ. 추진 기본방향'에서 제시하고, 실행을 위한 'Ⅲ. 중점 추진과제'를 설명하고 있다. 해당 과제를 추진했을 때 예상되는 'Ⅳ. 기대효과'는 무엇이며, 'Ⅴ. 향후 추진계획'이 무엇인지를 마지막에 설명하는 목차 구조다. 목차만 봐도 Why(추진배경)→What(추진방향)→How(실행방안, 과제)로 이어지는 논리적인 연결 구조인 것을 알 수 있다.

24) 민간투자사업 활성화 방안(2015.4), 기획재정부, https://bit.ly/2Xs5KEU

혼합 구조(병렬+연결) 보고서

병렬 구조와 연결 구조 보고서 중 어떤 구조가 좋다, 나쁘다 단정할 수 없기 때문이다. 앞선 예시를 통해 살펴본 것처럼 보고서 작성 목적과 상황에 따라 적합한 구조를 선택해서 사용하는 것이 중요하다.

보고서에서는 꼭 하나의 구조만 사용해야 하는 것도 아니다. 이 역시 보고서 작성 목적과 상황에 따라 달라지기 때문이다.

현상을 종합하고 분석해 논리적으로 풀어내야 하는 보고서는 연결 구조가 적정하며, 종류별로 분류해서 객관적 사실을 전달하고자 할 때는 병렬 구조가 적정하다. 그런데 보고서에서 연결 구조 혹은 병렬 구조만 사용하는 경우는 드물다. 대부분 이 두 가지 구조를 복합적으로 사용한다.

✎ **다음 예시를 보세요**[25] **병렬 구조+연결 구조 혼합**

앞서 연결 구조에서 소개한 민간투자사업을 활성화하기 위한 정부 정책을 담은 보고서다. 전체 목차를 보면 'Ⅰ. 추진 배경→Ⅱ. 추진 방향→Ⅲ. 중점 추진과제→Ⅳ. 기대효과→Ⅴ. 향후 추진계획'으로 이어지는 연결 구조로 되어 있다. 그런데 'Ⅲ. 중점 추진과제'의 하위 목차는 과제별로 분류된 병렬 구조를 가지고 있다.

---

[25] 민간투자사업 활성화 방안(2015.4), 기획재정부, https://bit.ly/2Xs5KEU

▲ 병렬 구조+연결 구조 혼합 예시 1

앞의 예시 보고서 중 'Ⅲ. 중점 추진과제 – 6. 진행 중인 민자사업의 신속 추진' 과제의 세부 내용을 보자.

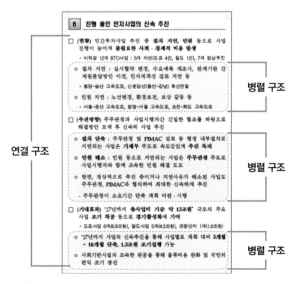

▲ 병렬 구조+연결 구조 혼합 예시 2

□ 수준 목차를 보면 현황→추진방향→기대효과의 연결 구조로 되어 있고, ○ 수준 세부 내용은 각각의 내용을 설명하는 병렬 구조로 되어 있다. 보고서 구조화 기본 원리인 연결 구조와 병렬 구조를 복합적으로 사용한 것이다. 이처럼 대다수 보고서는 논리적 인과관계 표현을 위한 연결 구조와 객관적 사실의 정렬을 위한 병렬 구조를 혼합해서 사용하는 경우가 훨씬 많다.

📋 학습 정리

1. 논리적인 보고서=잘 짜여진 목차+적합한 내용

▶ 보고서는 도입–전개–마무리로 이어지는 논리적 글의 구조와 동일하게 구성한다. 일반적으로 도입에서는 작성 목적과 배경을, 전개는 본론을, 마무리에서는 주장하는 바인 결론을 제시한다.

▶ 보고서는 3단 구성을 기본으로 하되 1~5단까지 응용이 가능하다.

▶ **복합 목차** : 기본 3단의 구성 내에 도입–전개–마무리로 구성된 Small–3단의 세부 목차를 의미한다.

2. 보고서 전개의 기본 원칙인 로직트리와 MECE를 지키자!

▶ **로직트리** : 목차는 수직으로 구성하며, 상위목차가 하위 목차를 포괄하고 하위 목차는 상위목차에 종속되어야 한다.

▶ **MECE** : 목차의 내용은 서로 독립적이면서 동시에 논리 구성에서 누락이 없어야 한다. 목차 구분의 기준을 명확히 하자.

3. 병렬 구조와 연결 구조

▶ **병렬 구조** : 병렬 구조는 전달하고자 하는 상호 독립적이며 구분 기준이 명확한 내용을 전개할 때 사용한다.

▶ **연결 구조** : 분석→결과 등 인과가 명확한 목차를 전개할 때 사용한다. 시간, 절차적 흐름을 설명할 때도 사용하며, 논리적 연결이 중요할 때 사용한다.

▶ **혼합 구조** : 보고서 상황에 따라 대목차는 연결 구조, 중목차는 병렬 구조 형식으로 구성하는 것도 한 가지 방법이다.

논리적 내용 구성을 위한 3대 패턴

목차를 작성하고 자료를 준비했다면 본격적으로 보고서 구성 단계로 넘어간다. 보고서 구성이란 쉽게 말하면 자료를 적확하게 가공해 보고서를 채우는 것이다. 자료가 충분히 준비되었다 해도 보고서를 채워가는 것은 쉬운 일이 아니다. 같은 자료라도 가공하고 배치하는 방법에 따라 보고서 품질에서 큰 차이가 발생한다.

자료를 배치하는 논리적인 프레임을 알고 있으면 보고서 구성이 훨씬 수월하다. 자료를 논리적으로 구성하는 다양한 프레임을 익혀두면 보고서 작성의 효과성과 효율성[26]이 크게 향상된다. 논리적인 보고서 구성을 돕는 프레임을 소개한다.

---

26) '효과성'이란 보고서의 최종 아웃풋을 말한다. 즉, 보고서의 품질을 향상시킬 수 있다. '효율성'이란 보고서 작성 과정에 투입되는 시간을 말한다. 즉, 보고서 작성 시간을 단축할 수 있다.

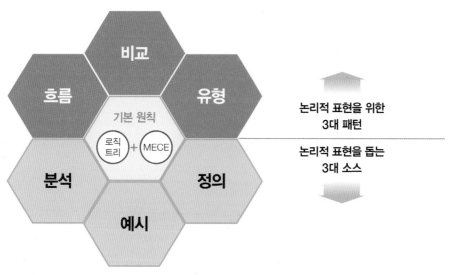

▲ 논리적 표현을 위한 3대 패턴과 논리적 표현을 돕는 3대 소스

논리적인 보고서 구성을 돕는 프레임 중앙에는 보고서 전개 및 구성에서 기본적으로 적용되는 2대 기본 원칙[27]이 자리 잡고 있다. 기본 원칙을 중심으로 상단에 있는 3개의 셀이 논리적 구조화를 위한 3대 패턴이다. 논리적인 보고서 구성에서 핵심적인 프레임이다. 3대 패턴 하단에 있는 3개의 셀은 논리적 구조화를 돕는 3대 소스다. 소스란 이름에서 느껴지듯이 3대 패턴을 활용한 논리적 구조화를 돕고, 보고서를 더욱 풍성하게 만드는 역할을 한다.

먼저 3대 패턴에 대해 하나씩 살펴보자.

---

27) 2대 기본 원칙은 앞서 설명했기에 자세한 설명은 생략한다.

흐름 패턴

일반적으로 역사책은 역사적 사건이 일어난 순서를 기준으로 내용이 연결되고, 위인전은 태생부터 성장기, 성인기를 거치는 동안의 인생 경로를 시계열적으로 소개한다. 이런 글은 성장 경로(흐름)에 따라 자연스럽게 읽힌다. 보고서에서도 이런 구성을 활용하면 논리 전개가 매끄러워진다. 시계열 혹은 절차적 '흐름' 기준으로 자료를 정리하는 방법을 알아보자.

[보고서 구성의 기술 04]에서 병렬 구조와 연결 구조를 설명했는데, 연결 구조가 바로 흐름 패턴이다. 실전에 자주 등장하는 흐름 패턴은 크게 세 가지다. 첫째는 시간적 흐름이다. 시간적 흐름은 과거~현재~미래 중 일정 기간의 단면을 시간적 순서로 구성한 것을 말한다. 둘째는 절차적 흐름이다. 업무가 진행되는 절차를 처음(1단계), 중간(2단계), 끝(3단계)으로 구성한 것을 말한다. 셋째는 인과적 흐름이다. 《기획은 2형식이다》[28]에서는 모든 기획은 결국 문제(Problem)를 해결(Solution)하는 것으로 정의했다. 문제를 제대로 정의하고 정의된 문제를 해결하기 위해 방안을 탐색하는 것이 기획의 본질이다. 따라서 문제를 정의하고 해결 방안을 탐색해 제시하는 보고서라

면 문제/원인(Problem)→해결/결과(Solution)로 이어지는 인과구조는 단순하지만 매우 훌륭한 구조다.

다양한 예시를 통해 각각의 흐름 패턴에 대해서 알아보자.

1. 시간적 흐름

✎ 다음 예시를 보세요[29)] 시간적(연도) 흐름 1

제1절 교통안전시책의 변천과정
　1. 1983년 이전(교통안전추진체계의 정비단계)
　2. 1984~1991년 이전(교통사고 사망자 증가단계)
　3. 1992년 이후(교통사고 사망자 감소단계)
제2절 교통안전시책의 추진성과
　1. 1983년 이전(교통안전추진체계의 정비단계)
　2. 1984~1991년 이전(교통사고 사망자 증가단계)
　3. 1992년 이후(교통사고 사망자 감소단계)

교통안전연차보고서의 목차 중 일부다. '제1절 교통안전시책의 변천과정'이라는 제목에서도 알 수 있듯 시책의 변천과정을 시계열적 흐름으로 구성했다. '제2절 교통안전시책의 추진성과'도 시계열적 흐름으로 내용을 구성했다. 제1절의 3단계(정비단계→증가단계→감소단계) 시계열적 구분과 연계해서 제2절에서도 3단계로 구분해 추진성과를 제시하고 있다.

28) 《기획은 2형식이다》(남충식 지음, 휴먼큐브, 2014년 5월)

29) 2016년 교통안전연차보고서(2016.8), 국토교통부, https://bit.ly/2VVgL13

✏️ 다음 예시를 보세요[30) 시간적(연도) 흐름 2

가. 시대별 관광개발정책의 변화

- □ **[1960~70년대] 공공주도형 관광개발정책 기틀 마련**
  - ○ 지속적으로 관광을 통한 외화획득을 정책적 목표로 규정하고 있으나 70년대에 정치적, 경제적 안정기에 접어들면서 관광의 중요성이 (중략)
- □ **[1980년대] 국내관광진흥이 관광개발의 목적으로 부상**
  - ○ 관광전략이 외래관광객 유치에서 국내관광 활성화로 전환되면서 휴양 및 위락 공간 확충을 위한 관광 개발 계획 수립 및 사업 추진이 확산되어 (중략)
- □ **[1990년대] 관광개발정책의 체계화**
  - ○ 1998년 문화관광부가 조직되면서 관광개발이 관광분야의 중요한 정책 영역으로 재편되어 타 정책분야 와 동등한 관점에서 (중략)
- □ **[2000년대] 광역화와 환경친화적 개발정책 추진**
  - ○ 자원 특성을 극대화하고 지역개발을 도모하기 위해 광역 관광권을 설정하여 자원을 연계 개발하였으며 (중략)

시대별 관광개발정책 변화에 관한 내용이다. '시대별'이라는 제목 키워드로 알 수 있듯이 시간적 흐름 패턴으로 내용을 구성했다. 세부 내용을 보면 관광개발정책을 10년(~20년) 단위 연대별로 구분한 것을 알 수 있다.

□ 수준의 제목을 보자. 'PART 02 보고서 제목의 기술'에서 설명한 제목 유형 중 [키워드]+설명형 제목과 유사한 유형이다. 예시에서는 키워드에 시간적 흐름인 연대를 넣고 [연대별]+설명형 제목을 사용해 가독성을 높였다.

---

30) 제3차 관광개발 기본계획(2011.12), 문화체육관광부, https://bit.ly/2DoQilv

2. 日, 전력산업 전면개방 추진배경과 의미[31]

▫ 금년 4월, 일본 정부는 전력산업의 효율성 제고와 가격인하, 그리고 재해발생 시 안정적 공급을 위해 전력산업 전면 개방을 결정

  ○ 전후(戰後) 일본 전력산업은 안정적인 공급시스템 확보를 최우선 목표로 지역 분할을 통한 독점적 공급체제를 확립 (중략)

  ○ 2000년, 대형공장과 빌딩을 대상으로 전력산업 자유화를 도입하면서 부분적인 경쟁체제를 허용 (2,000kW 이상)

  ○ 2004년, 중형공장이 전력회사를 자유롭게 선택하도록 하고(500kW 이상), 2005년, 자유화 대상을 중·소규모 공장과 슈퍼마켓으로까지 확대 (중략)

  ○ 2016년 4월, 그간의 전력산업 자유화 진행에도 불구, 지역독점 폐해가 심각해지면서 완전경쟁을 의미하는 일반 가정용 시장 자유화를 본격 추진 (중략)

일본의 전력산업 개방 추진 경과를 설명한 보고서다. 전력산업에 영향을 미치는 큰 정책적 변화가 있었던 연도별로 내용을 소개하고 있다.

Ⅱ. 그동안의 대응노력 및 평가[32]

▫ '11.6월, '가계부채 연착륙 종합대책'을 마련하여 증가속도 관리 및 구조개선을 병행하는 '부채' 관리방안의 기본 틀 설계 (중략)

▫ '14.2월, '경제혁신 3개년 계획'을 통해 가계의 부채 측면에 대한 관리와 '소득 증대'를 병행하기로 결정 (중략)

▫ '15.3월, 안심전환대출 공급(31.7조원)을 통해 기존 '변동금리' 또는 '이자만 갚고 있는' 대출을 '분할상환·고정금리' 대출로 전환 (중략)

연도에 월까지 표시할 수도 있다. 이처럼 시계열적 흐름은 내용에 따라 시간별, 일별, 월별, 분기별, 반기별, 연도별, 10년 단위별 등 구분 기준을 맞춰서 구성하면 된다.

---

31) 일 전력산업 전면개방과 시사점(2016.6), 포스코경영연구원, https://www.posri.re.kr/

32) 가계부채 대응방향(2015.12), 금융위원회, https://bit.ly/2VViNhR

2. 절차적 흐름

✏️ 다음 예시를 보세요[33] 절차적 흐름 : 단계 1

> 2. 2016~2020년 국가재정운용계획 수립 절차
> □ 각 부처에 계획 **수립 지침 통보**
>   ○ 2016~2020년 국가재정운용계획 수립을 위해 기획재정부는 2015년 12월 '2016~2020년 국가재정운용
>   계획 수립지침'을 마련하여 (중략)
> □ 분야별 **작업반 운용 및 공개토론회** 개최
>   ○ 2016년 2월부터 정부, 학계, 민간전문가 등이 참여하는 18개 분야별 작업반을 구성하고 각 분야별 정책
>   방향과 주요 이슈에 대해 논의 (중략)
> □ 국가재정운용계획 수립방향에 대한 **국회 보고**
>   ○ 기획재정부는 국가재정운용계획 수립방향을 2016년 8월 2일 국회 기획재정위원회에 제출하였고, 8월
>   26일에는 국회 기획재정위원회 전체회의에 보고 (중략)
> □ 2017년 예산안과 함께 **국회 제출**
>   ○ 2016~2020년 국가재정운용계획은 2017년 예산안 및 기금운용계획안에 반영되었으며, 2017년 예산안과
>   함께 국무회의를 거쳐 국회에 제출 (중략)

국가재정운용계획이 수립되는 절차에 대한 보고서다. 제목에서 알 수 있듯이 계획 수립 단계별 세부 내용을 설명하고 있다. □ 수준의 제목을 보면 4단계를 거쳐 국가재정운용계획이 수립된다는 것을 알 수 있다.

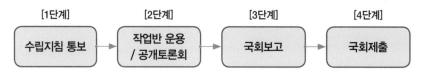

▲ 절차적 흐름을 적용한 예시 1

앞의 예시도 잘 정리된 보고서다. 이를 수정해 '단계별 흐름'을 키워드로 표시하면 가독성이 더욱 높아진다. 다음의 예시를 비교해보자.

---

33) 2016~2020년 국가재정운용계획(2016.9), 기획재정부, https://bit.ly/2IK7hlA

2. 2016~2020년 국가재정운용계획 수립절차

□ **[1단계]** 각 부처에 계획 수립지침 통보

  ○ 2016~2020년 국가재정운용계획 수립을 위해 기획재정부는 2015년 12월 '2016~2020년 국가재정운용
   계획 수립지침'을 마련하여 (중략)

□ **[2단계]** 분야별 작업반 운용 및 공개토론회 개최

  ○ 2016년 2월부터 정부, 학계, 민간전문가 등이 참여하는 18개 분야별 작업반을 구성하고 각 분야별 정책
   방향과 주요 이슈에 대해 논의 (중략)

□ **[3단계]** 국가재정운용계획 수립방향에 대한 국회 보고

  ○ 기획재정부는 국가재정운용계획 수립방향을 2016년 8월 2일 국회 기획재정위원회에 제출하였고, 8월
   26일에는 국회 기획재정위원회 전체회의에 보고 (중략)

□ **[4단계]** 2017년 예산안과 함께 국회 제출

  ○ 2016~2020년 국가재정운용계획은 2017년 예산안 및 기금운용계획안에 반영되었으며, 2017년 예산안과
   함께 국무회의를 거쳐 국회에 제출 (중략)

---

2. 2016~2020년 국가재정운용계획 수립 절차

□ **[1단계─지침통보]** 각 부처에 계획 수립지침 통보

  ○ 2016~2020년 국가재정운용계획 수립을 위해 기획재정부는 2015년 12월 '2016~2020년 국가재정운용
   계획 수립지침'을 마련하여 (중략)

□ **[2단계─계획수립]** 분야별 작업반 운용 및 공개토론회 개최

  ○ 2016년 2월부터 정부, 학계, 민간전문가 등이 참여하는 18개 분야별 작업반을 구성하고 각 분야별 정책
   방향과 주요 이슈에 대해 논의 (중략)

□ **[3단계─국회보고]** 국가재정운용계획 수립방향에 대한 국회 보고

  ○ 기획재정부는 국가재정운용계획 수립방향을 2016년 8월 2일 국회 기획재정위원회에 제출하였고, 8월
   26일에는 국회 기획재정위원회 전체회의에 보고 (중략)

□ **[4단계─국회제출]** 2017년 예산안과 함께 국회 제출

  ○ 2016~2020년 국가재정운용계획은 2017년 예산안 및 기금운용계획안에 반영되었으며, 2017년 예산안과
   함께 국무회의를 거쳐 국회에 제출 (중략)

✏️ **다음 예시를 보세요**[34) **절차적 흐름 : 단계 2**

> ▫ 남북관계 등 경협 추진 여건을 4단계로 구분하고 각 단계에 적합한 경협전략을 수립하여 추진
> - ○ [1단계 : 경협 복원을 위한 준비] 개성공단 국제화(외자유치 촉진)를 지원하면서, 경협 복원에 대비하여
>   정보 축적 및 사전계획 마련 (중략)
> - ○ [2단계 : 신뢰 구축에 따른 경협 복원] 드레스덴 구상의 기반 조성 차원에서 개성공단 발전의 제약요인
>   해소 (중략)
> - ○ [3단계 : 통일경제 기반 형성] 유라시아 이니셔티브 실현을 위한 경협 거점을 확보하고, 경협 분야 다변
>   화 (중략)
> - ○ [4단계 : 통일경제 심화 발전] 남북경제통합 본격화 단계로서 북한 전역에 경협 거점을 확산하고, 북한
>   내부의 시장화 촉진 (중략)

▫ 수준의 제목부터 경협전략을 4단계로 구분했다고 제시하고 있다. ○ 수준의 제목에서는 각 단계별 실행 전략을 구체적으로 설명하고 있다. 각 단계+단계별 핵심 키워드 형태로 제시해 ○ 수준의 제목 부분만 읽어도 대략적인 내용이 파악될 정도다.

만약 이런 보고서를 회의 때 발표하거나 상사에게 대면 보고한다면 세부 내용을 전부 발표할 필요가 없다. 보고 내용의 핵심인 경협 추진 여건 4단계의 핵심 키워드를 먼저 설명하고, 단계별 내용을 부연 설명하면 된다.

보통 회의나 발표를 할 때 발표용 보고서를 별도로 작성하기도 하는데, 이처럼 잘 구조화된 보고서는 발표용 보고서를 대신할 수 있다.

절차적 흐름은 다양하게 활용할 수 있다. 보고서 작성 절차가 4단계로 구분된다고 가정해보자. 단계별 내용이 많아서 2페이지 이상 문서를 작성할 때 제목이 시작되는 시점에서 전체 단계(4단계)의 흐름 구조를 설명하면 된다. 보고서가 2페이지 이상 늘어나도 읽는 사람은 자연스레 전체 구성을 생각하며 보고서를 읽게 된다. [단계] 표시 덕분에 독자는 '어느 단계를 읽고 있는지' 파악할 수 있다. 보고서를 읽다가 어디를 읽고 있는지 알려주는 장치인 것이다.

---

34) 대한민국 중장기 경제발전전략(2015.10), 제5차 중장기전략위원회(기획재정부) https://bit.ly/2IKqgfR

▲ 절차적 흐름을 적용한 예시 2

이런 형태로 구성한 보고서도 실전에서 많이 볼 수 있다.

✏ 다음 예시를 보세요[35] **절차적 흐름 : 단계 3**

Ⅱ. 현행 미래 신성장 지원에 대한 평가

□ 현행 정책금융기관의 신성장 지원 체계

① 추천기관별 신성장 발표→② 정책금융기관별 신성장 기준 마련 →③ 개별기업 심사 및 자금 집행→④ 사후점검 (중략)

□ 정책금융의 신성장 지원에 대한 평가

○ **(신성장 추천)** 추천기관별 신성장 산업을 발표·추천하고 있으나, 전달체계 부재 등 정책금융기관과 유기적 협업이 미흡

○ **(신성장 선정)** 정책금융기관도 제각각 신성장 기준을 운영 중이며 시장과 기술변화에 적절히 대응하지 못하는 문제도 지적

35) 정책금융의 미래 신성장 지원체계 구축방안(2016.3), 금융위원회, https://bit.ly/2GAjhVv

정책금융기관에서 미래 신성장 산업에 정책 자금 공급(대출 등)을 확대하겠다는 내용이다.

'□ 현행 정책금융기관의 신성장 지원 체계'를 보면 4단계(① 신성장 추천→② 신성장 선정→③ 심사 · 집행→④ 사후점검) 지원 절차에 따라서 정책 자금 공급이 이뤄지는 것을 알 수 있다. '□ 정책금융의 신성장 지원에 대한 평가'를 보면 앞서 설명한 단계별로 미흡한 점을 요약해서 설명하고 있다. 원본 보고서에서는 여기서 그치는 것이 아니라 4단계별 심층 분석 내용을 3페이지에 걸쳐 자세히 소개한다.

1. 新성장 추천 : 추천기관과 정책금융 간 유기적 협업 미흡

□ 산업부·미래부 등 각 부처·연구원(이하 '추천기관')은 R&D 지원, 세제지원 등 정책 목적에 맞춰 신성장 산업과 기술 등을 발표
  ○ 다만, '신성장 기준'을 정책금융에 공식 추천하는 체계는 부재 (중략)

2. 정책금융의 新성장 선정 : 개별적·자의적 적용 가능성

□ 정책금융기관은 추천기관의 신성장 기준을 자체적으로 해석·적용
  ○ 발표한 기준을 인지 못할 경우 신성장 지원에서 누락되거나, 기관별로 실제 적용 시점에 많은 시차가 발생 (중략)
□ 서비스업·융합산업의 신성장 기준은 제조업에 비해 모호하여 실제 정책금융 현장에서 기업 선정 시 활용하기 곤란 (중략)

3. 新성장 기업에 대한 자금 집행 : 제조업 중심으로 발전

□ 정책금융기관은 신성장 기업 지원을 위해 신용평가 외에 기술평가 모형 등 신성장 모형을 개발·운용 중이나,
  ○ 대부분 기관이 全산업·제조업 중심으로 단순하게 운영 중이어서 분야별·업종별로 세분

화된 특화 모형의 개발은 아직 미흡 (중략)

---

4. 사후점검 : 양적 공급실적 위주

□ 신성장 지원은 연도별 업무계획에 공급목표를 부여하고, 금융 공공기관 경영평가 등을 통해 실적 점검 중

    *현행 평가 체계 : ① 전년 말 업무계획 수립(신성장 공급목표 설정) 및 승인→② 당해년도 집행→③ 차년도 경영평가 시 공급실적 및 정성평가 실시

○ 정책금융기관이 제각각 적용한 신성장 기준하에서 기관 간 비교 가능성이 높지 않으며, 실적 부풀리기 문제도 상존 (중략)

단계별 심층 분석 내용을 원본 보고서에서는 3페이지에 걸쳐 자세히 설명하고 있다. 그럼에도 보고서 서두에 전체 경로를 미리 제시해 이를 이해한 상태에서 보고서를 보기 때문에 길을 잃지 않고 읽어갈 수 있다.

✎ 다음 예시를 보세요   절차적 흐름 : 단계 4

□ [추진전략] "계획이 10%, 실천 · 점검이 90%"라는 기조하에 "현장 · 점검 · 환류 · 홍보"에 중점을 두고 정책 추진[36]

    ○ (입안) 주요 정책은 현장방문 · 간담회 등을 통해 "현장의 목소리"를 적극 반영하여 입안

    ○ (집행) 현장에서 제대로 집행되는지 점검하는 체계를 강화하고, 현장의견 등 보완사항은 신속히 환류 · 조치하여 실효성 제고

    ○ (홍보) 국민이 정책을 인지하고 적극 활용할 수 있도록 정책 수요자 특성에 따른 맞춤형 홍보 강화

3. 안전한 체험 프로그램 운영[37]

□ [사전단계] 안전대책을 반영한 체험 프로그램 계획수립 및 프로그램 담당자의 사전 현장 답사, 관계자 사전교육 철저

    ○ 교사와 함께 안전한 진로체험 지도 · 지원을 위한 학부모 진로 코치 (중략)

---

36) 2016년 경제분야 업무보고 후속조치 계획(2016.1), 기획재정부, https://bit.ly/2IwYmom

37) 중학교 자유학기제 시행 계획(안)(2015.11), 교육부, https://bit.ly/2VgF24D

- **[운영단계]** 진로체험 유형별 안전수칙 강화, 체험활동 운영 단계별 점검표 확인, 안전요원 연수 시 안전 교육 이론·훈련 병행
  - 진로체험 담당 교사와 일터 멘토의 유기적 협력과 역할 분담을 통해 (중략)
- **[사후단계]** 인근 병원, 경찰서 등과 연계한 대응체계 마련 및 학교 책임자 보고 및 보호자 연락을 통한 신속한 사고 대응
  - 우수 체험 프로그램을 제공하는 체험처에 교육청 또는 학교 차원의 (중략)

절차적 흐름이 1단계→2단계…처럼 계량적 형태만 존재하는 것은 아니다. 사업이나 업무가 진행되는 절차는 구분 단계가 다양하다. 이를 잘 활용하면 보고서 가독성이 높아진다.

첫 번째 예시는 추진전략을 (입안)단계→(집행)단계→(홍보)단계로 구분해 세부활동을 기술했다. 두 번째 예시는 안전한 체험 프로그램 운영을 위해 [사전단계]→[운영단계]→[사후단계]로 구분해 조치 내용을 세부적으로 기술했다.

✎ 다음 예시를 보세요 절차적 흐름 : 생애주기

1. 보건·복지·고용 분야[38]
- 결혼·임신·출산·육아 등 생애주기별 맞춤형 지원을 대폭 확대하여 장기적인 저출산 극복
  - **(결혼)** '청년내일채움공제'를 본격 실시하여 청년의 자산 형성을 지원하고 신혼부부 맞춤형 행복주택 공급 확대(3.8→4.8만호)
  - **(임신·출산)** 난임 시술비 지원을 대폭 확대(5→9.6만 명)하고 다자녀가구에 대한 산모도우미 이용가능 기간 지원 확대 (중략)
  - **(육아)** 출산전후 휴가 지원한도를 높이고(135→150만원) 한부모 가족 자녀양육비 인상(10→12만원) 및 지원연령 상향(12→13세 미만) (중략)

---

38) 2017년 예산안(2016.8), 기획재정부, https://bit.ly/2KQvkSA

□ 생애주기별 관광 지원체계 구축[39]

  ○ **(청소년)** 교과와 연계한 체험학습 여행코스, 진로체험 연계 프로그램 등 대상·지역·테마별 관광프
    로그램 개발 및 체험학습관광 전문 업체 인증·육성 (중략)

  ○ **(청년)** 청년들이 지역의 새로운 관광코스를 설계·발굴하고, 수용태세를 점검하는 '출발 청년원정대'
    발대 및 경영 지원 (중략)

  ○ **(청중장년층)** '근로자 휴가지원 제도'를 도입, 근로자와 기업이 공동으로 여행 경비를 적립하면 국가가
    추가 지원 (중략)

  ○ **(노년층)** 평생교육기관 및 지역문화센터와 연계, 여행과 평생교육을 결합한 '실버여행학교' 도입 검토
    (중략)

생물학적 생애주기(탄생→성장→성숙)는 활용성이 높은 절차적 흐름이다. 이에 맞
추어 사업이나 업무를 단계별로 구성하는 패턴이 자주 등장한다. 첫 번째 예시는 (결혼
기)→(임신·출산기)→(육아기)로 구분했고, 두 번째 예시는 (청소년)→(청년)→(청
중장년층)→(노년층)로 생애주기를 구분해 세부 내용을 기술하고 있다.

✎ **다음 예시를 보세요**[40] **작성자가 정의한 절차적(단계) 흐름 1**

  Ⅰ. 추진 배경 및 경과
  □ '16년 제2단계 금융개혁의 일환으로 발표한 36개 금융개혁 과제에 '지역금융 발
    전전략 마련'을 포함(2.25일)
    (중략)

  □ 그간 전체 금융차원에서 지역현장의 목소리를 종합적으로 검토하기 위해 **이슈 선
    별, 현장점검, TF 논의 등을 단계적**으로 추진
    ① **(이슈 선별)** 지역 산업/기업 지원강화, 지역 금융산업 활성화, 지역 금융소비
      자 보호, 금융개혁 사각지대 해소 등의 과제 선별(~16.2월)
      *기존 연구, 언론동향 및 '15년 지역현장점검 결과 등을 토대로 선정

---

39) [관광진흥기본계획] 쉼표가 있는 삶, 사람이 있는 관광(2017.12), 국무조정실, https://bit.ly/2KRCG8u
40) 현장중심의 지역금융 발전방안 수립(2016.9), 금융위원회, https://bit.ly/2DpQHUz

② **(현장점검)** 금융위원장 대전 방문(3월)을 시작으로 '찾아가는 금융 신문고'를 운영(대전, 강원, 부산, 광주, 대구, 3.9~9.6일)

　*141개 지역 금융회사를 상담하여 기조치된 제도개선사항 등에 대해서는 현장에서 전파(81건)하고, 160여 건의 건의사항을 수집

③ **(심층 분석)** 지역 금융전문가로 구성된 TF를 발족('16.5월)하여 현장점검 등의 결과를 논의하고 발전전략 모색

　*지역 금융기관, 연구원, 정책금융기관, 농수산 투자 벤처캐피탈 등으로 구성

　　표준화된 업무 절차가 없을 때는 작성자가 절차(혹은 단계)를 만들어 제시하고 이에 따라 내용을 구성한다.

　　▫ 수준 제목을 읽어보면 '지역현장의 목소리를 종합적으로 검토'했다는 것이 주요한 내용이다. 의견수렴을 위한 표준화된 절차가 없어 작성자가 절차를 정의했다. (이슈 선별)→(현장점검)→(TF 논의(심층 분석)) 절차로 의견을 수렴한 것을 금방 파악할 수 있다.[41)]

✎ **다음 예시를 보세요**[42)] **작성자가 정의한 절차적(단계) 흐름 2**

참고) IMF · FSB의 조기경보시스템 (EWE:Early Warning Exercise)

□ **(의의)** 발생 가능성은 낮지만 파급효과가 큰 거시경제·금융 관련 시스템 리스크를 조기에 포착하기 위한 시스템

　○ '08년 금융위기 직후 G20 지시에 따라 IMF·FSB가 마련·운영 중

□ **(분석내용) 부문별 취약성 분석→시스템 리스크 가능성 분석→파급효과·전염효과 등 분석→이를 종합한 국가별 취약성 등급 산출**

　○ **부문별 취약성 분석** : 대외·재정·기업·자산가격·금융시장심리 등 5가지 부문의 세부지표를 측정

---

41) 필자는 평소에 다양한 보고서를 읽어보면서 이렇게 새로운 구성이 나올 때마다 기억하기 위해 메모한다. 의견수렴 절차를 거쳐야 하는 사업이나 업무 기획 시 이런 구성을 얼마든지 활용할 수 있기 때문이다.

42) 국제 자본 흐름의 위험성을 조기에 포착한다(2017.6), 기획재정부(보도자료), https://bit.ly/2GAke01

> ○ **시스템 리스크 가능성 분석** : 부문별 취약성을 바탕으로 위기 리스크 모델 등을 이용해 시스템 리스크 발생 가능성을 분석
> ○ **국가별 취약성 등급 산출** : 시스템 리스크에 따른 파급·전염 효과 등 분석 및 글로벌 리스크 시나리오 분석 결과 등을 종합

□ 수준의 분석 내용 제목을 보면 조기경보시스템을 활용해 거시경제 및 금융 관련 리스크를 어떤 절차로 분석하는지 정의하고 있다. 이 역시 표준화된 절차가 없기 때문에 실제 작동하는 절차를 3단계(① 부문별 취약성 분석→② 시스템 리스크 가능성 분석→③ 국가별 취약성 등급 산출)로 구분해 정의하고 단계별 세부 내용을 설명하고 있다.

✎ **다음 예시를 보세요**[43) **작성자가 정의한 절차적(단계) 흐름 3**

---

2. 소비자 유의사항

□ 상품 선택 단계
　○ 상품을 선택할 때에는 가격, 조건, 상품 정보, 업체 정보 등을 종합적으로 비교하여 신중하게 결정해야 한다.
　　▪ (숙박 시설) 누리집 게시 가격과 숙박 예약 대행 사업자가 게재한 가격이 다를 수 있으므로 가격과 조건을 꼼꼼하게 비교하고 선택해야 한다.
　　▪ (여행 상품) 업체 부도 등으로 여행이 취소되는 경우가 있으므로 등록된 업체인지, 영업 보증 보험에 가입되어 있는지 등을 확인해야 한다. (중략)
□ 예약 및 결제 단계
　○ 예약 및 결제 전에는 반드시 업체의 환불·보상 기준을 확인해야 한다.
　　▪ 특히 특약사항이 있는 여행 상품의 경우, 계약 해제 시 예상치 못하게 과다한 위약금을 부담하게 될 수 있으므로 특약 내용을 반드시 확인하고
　　▪ 얼리 버드, 땡처리 등 할인 항공권의 경우 환불 수수료가 높게 책정되는 경우가 있으므로 구매 전 환불 조건을 꼼꼼히 확인해야 한다.

---

43) 휴가철 숙박, 여행, 항공, 렌터카 소비자 피해 주의(2017.7), 공정거래위원회, https://bit.ly/2Gtmepd

휴가철에 여행객들이 겪는 여러 가지 피해 상황을 분석해 여행 단계로 구분했다. 상품 선택 단계→예약 및 결제 단계→피해 발생 단계로 구분해 유의사항을 알리고 있다. 만약 피해 사항을 사례별 나열식으로 제시했다면 보고서를 읽고 난 뒤 얼마나 기억에 남을까? 여행 단계라는 인식의 범주를 만들어 수많은 유의사항을 정리함으로써 좀 더 편하고 오래 기억할 수 있는 장치를 마련한 것이다.

✏️ 다음 예시를 보세요[44] 작성자가 정의한 절차적(단계) 흐름 4

2. 주택공급시장에 대한 안정적 관리

< 주택공급 프로세스별 관리방안 >

택지매입 →	인허가 →	착공 및 분양 →	준공 및 입주
LH택지 공급 조절, PF대출 보증제도 개선, PF대출 심사 강화, 분양보증 예비심사	국토부-지자체 간 협력강화	미분양 관리지역 확대, HUG 보증심사 강화, 주택시장 질서확립	잔금대출 구조개선 등 추진

(1) **택지매입 단계** : 사전 공급관리 강화

□ (LH 택지) 주택시장 수급여건 등을 종합적으로 고려하여 LH 공공택지 공급물량 조절

   ○ 16년 물량을 15년의 58% 수준으로 감축(6.9㎢, 12.8만 호→4.0㎢, 7.5만 호)하고, 17년 물량도 수급여건 등을 고려, 금년 대비 추가감축 검토 (중략)

---

44) 가계부채 관리방안(2016.8), 금융위원회, https://bit.ly/2vfHnhv

(2) **인허가 단계** : 국토부-지자체 협력을 통한 과도한 인허가 자제 유도

□ 정부-지자체*간 긴밀한 협력을 통한 주택시장 관리 강화(수시)

　　　*사업자는 30호 이상 단독주택, 30세대 이상 공동주택 건설 시 지자체장 승인 필요

　　○ 국토부-지자체 주택정책협의회 개최, 합동 시장점검 및 시장 동향 정보공유 등 기관 간 협력 지속 (중략)

(3) **착공 및 분양 단계** : 공급조절 및 시장질서 확립

□ (미분양 관리지역 확대) 분양보증 본점심사가 의무화되어 있는 '미분양 관리지역'(7월 말 현재 20개)을 매월 주택시장 동향 반영, 확대(16.9월) (중략)

절차적 단계가 어렵거나 복잡할 경우 예시처럼 전체 단계를 먼저 제시하고 단계별 내용을 구성하는 것이 좋다. 주택공급 절차를 택지매입 단계→인허가 단계→착공 및 분양 단계로 구분해 단계별 관리 방안을 자세히 제시하고 있다.

✎ 다음 예시를 보세요[45) **절차적+시간적 흐름 혼합**

지방자치는 국가별로 다양한 목적에 기초하여 도입되고 발전하여 왔다. 우리나라도 제헌헌법에서 지방자치에 관한 내용을 규정하였으며, 1949년에 「지방자치법」의 제정을 통하여 지방자치가 본격적으로 도입되어 현재에 이르고 있다. 1948년부터 현재까지의 지방자치 과정을 보면, 도입기와 중단기 및 부활ㆍ발전기 등 3단계로 구분할 수 있다. 도입기는 1948년 제헌헌법에 지방자치 관련 조항의 신설과 1949년 「지방자치법」의 제정에 따라, 1952년 제1차 지방선거를 통해서 기초 및 광역의회의 의원을 선출함으로써 시작되어 1960년 제3차 지방선거까지가 해당된다. 중단기는 1961년 「지방자치에 관한 임시조치법」이 시행됨으로써 지방의회가 해산되고, 자치단체장이 임명제로 전환되면서 1991년 지방자치가 부활될 때까지 해당된다. 부활ㆍ발전기는 1988년 「지방자치법」의 전문개정을 통해서 1991년 기초 및 광역의회 의원이 선출되고, 1995년 자치단체장을 주민이 직접 선출함으로써 본격화되어 현재에 이르고 있다.

---

45) 기록으로 보는 지방자치(2015.10), 행정자치부, https://bit.ly/2XxpXJz

예시와 같은 서술형 보고서를 개조식 보고서로 만들어야 하는 경우가 있다. 모든 글은 특정한 구성을 갖추고 있기 마련이다. 글의 구성을 알게 되면 내용 파악이 쉽다. 예시 보고서를 천천히 읽으면서 글의 구성을 파악할 수 있는 키워드나 문장을 찾는 게 첫 번째 해야 할 일이다.

글의 구성을 파악할 수 있는 키워드와 문장에 밑줄을 긋자. 예시의 보고서는 우리 나라의 지방자치 도입 과정을 소개하고 있다. 도입기→중단기→부활·발전기 3단계로 구분해서 소개하고 있다. 글의 구조에 맞게 구분하면 다음과 같다.

지방자치는 국가별로 다양한 목적에 기초하여 도입되고 발전하여 왔다. 우리나라도 제헌헌법에서 지방자치에 관한 내용을 규정하였으며, 1949년에 「지방자치법」의 제정을 통하여 지방자치가 본격적으로 도입되어 현재에 이르고 있다. 1948년부터 현재까지의 지방자치 과정을 보면, **도입기와 중단기 및 부활·발전기 등 3단계로 구분**할 수 있다.

도입기는 1948년 제헌헌법에 지방자치 관련 조항의 신설과 1949년 「지방자치법」의 제정에 따라, 1952년 제1차 지방선거를 통해서 기초 및 광역의회의 의원을 선출함으로써 시작되어 1960년 제3차 지방선거까지가 해당된다.

중단기는 1961년 「지방자치에 관한 임시조치법」이 시행됨으로써 지방의회가 해산되고, 자치단체장이 임명제로 전환되면서 1991년 지방자치가 부활될 때까지 해당된다.

부활·발전기는 1988년 「지방자치법」의 전문개정을 통해서 1991년 기초 및 광역의회 의원이 선출되고, 1995년 자치단체장을 주민이 직접 선출함으로써 본격화되어 현재에 이르고 있다.

서술형 문장으로 이루어진 글도 구성을 파악할 수 있는 키워드나 핵심 문장을 찾으면 전체 구성이 보인다. 전형적인 흐름의 패턴의 글이다. 자세히 보면 절차적 흐름 안에 시간적 흐름이 함께 들어 있다. 앞서 흐름 패턴 중 절차적 흐름과 시간적 흐름

을 이해하기 쉽도록 구분해서 설명했지만 이를 혼합해서 사용하는 경우도 많다. 절차적 흐름과 시간적 흐름을 결합해서 개조식으로 정리하면 아래와 같이 정리된다.

□ **[도입기] 1948~1960년**
　○ (1948) 제헌헌법에 지방자치 관련 조항 신설
　○ (1949) 지방자치법 제정
　○ (1952) 제1차 지방선거 실시→기초 및 광역의회 의원 선출
　○ (1960) 제3차 지방선거 실시
□ **[중단기] 1961~1991년**
　○ (1961) 지방자치에 임시조치법 시행→지방의회 해산, 자치단체장 임명제로 전환
□ **[부활·발전기] 1991~현재**
　○ (1988) 지방자치법 전문 개정
　○ (1991) 기초 및 광역의회 의원 선출
　○ (1995) 주민에 의한 자치단체장 선출

[절차적 단계]+기간으로 □ 수준 목차를 정의하고 ○ 수준은 주요 연도별 내용을 요약해서 정리했다.

절차적 혹은 시계열적 흐름은 그 자체가 하나의 스토리다. 한 방향으로 흐름이 만들어지기 때문에 자연스럽게 읽힌다. 실적 보고서, 경과 보고서, 추진 계획 보고서, 결과 보고서 등을 보면 다수의 내용이 흐름 패턴으로 구성된 것을 알 수 있다.

✏️ **다음 예시를 보세요**[46)] **절차적+시간적 흐름 혼합**

□ 신규 건축물 대상으로 2025년까지 제로에너지빌딩 의무화 추진

ㅇ (로드맵 수립) '25년 제로에너지빌딩 의무화를 위해 제도적 기반 구축, 공공 시장 창출, 의무화 대상 확대(공공→민간) 등 추진

< 추진 로드맵 >

기반 구축('14~'16)	상용화 촉진('17~'19)	의무화('20~)
▶ 법 정비(용적률 인센티브, 단열기준 강화, 보조금 등) ▶ R&D, 시범사업 추진	▶ 공공부문 선도를 통한 제로에너지 시장 형성 ▶ 패시브('17) 등 기술축적	▶ 공공건축물 의무화('20) ▶ 민간건축물 의무화('25)

□ 대규모 차세대 송전망 실증 사업을 단계별로 추진

ㅇ (기술 개발) 전압형 HVDC 국산화, 초전도 케이블 상용화 등 글로벌 경쟁력 확보를 위한 기술 개발 추진 ('15~'20)

ㅇ (대규모 실증) 국내의 단계별 실증을 토대로, HVDC 및 초전도 케이블을 이용한 국가 간 전력계통 연계 ('15~'30, 총 30GW 규모)

< 차세대 송전망 기술 개발 및 단계별 실증 >

구 분		1단계 ('15~'20)	2단계 ('20~'25)	3단계 ('25~'30)
추진 방향		기술 개발	실계통 연계형 실증 및 상업운전	해외시장 진출
주요 내용	초전도 케이블	AC 154kV 초전도케이블 개발	AC 154kV 실증, DC 30kV 이상 초전도케이블 개발	DC 30kV 이상 초전도케이블 실증
	HVDC	전압형 HVDC 시스템 개발 서해안 해상풍력 적용 북당진-고덕 연계	수도권 송전과밀 지역 제주-내륙 연계(#3)	중국, 일본 등 국가 간 계통 연계 (중국, 인도 등 해외 판로 개척)

    절차적+시간적 혼합 흐름 패턴은 단계별 추진 계획을 표현한 로드맵에 자주 등장한다. 보통 로드맵은 절차적 단계와 시계열적 기간을 함께 표시하기 때문이다. 제로에너지빌딩 의무화 및 차세대 송전망 실증 사업 추진 계획을 요약해 단계별 로드맵으로 표현하고 있다.

---

46) 2030 에너지 신산업 확산 전략(2015.11), 산업통상자원부, https://bit.ly/2ULgtgW

3. 인과적 흐름

✏️ 다음 예시를 보세요 **인과적 흐름 1**

3. 세계 인문학포럼 국제적 위상 제고[47]
- ☐ **(현황 및 문제점)** 현재 격년제로 개최되고, 일회성 행사 중심으로 매번 다른 도시에서 개최하여 연속성 미흡
  ※ ('11) 제1회 부산→('12) 제2회 부산→('14) 제3회 대전→('16) 제4회 수원
- ☐ **(개편방향)** '18년부터 스위스 다보스 포럼*과 같이 범국가적 이슈를 공유하는 세계적 포럼으로 육성
  ※ 매년 스위스 다보스에서 개최하는 '세계경제포럼' 연차총회로 세계 각국의 수뇌들이 모여 각종 정보를 교환하고, 세계경제 발전방안 논의
  - ○ 접근성이 좋고, 인문학적 자산이 많은 국내도시를 선정하여 "세계 인문학포럼 도시"로 집중 브랜드화 하는 방안 모색(중략)

과제3. 판매수수료·판매보수 체계 개편[48]
- ☐ **(현황)** 현행 펀드 판매수수료·판매보수는 제공되는 서비스의 수준에 따라 차별화되지 않고 획일적으로 적용
  - ○ 특히 일부 펀드판매사는 온라인플랫폼에서 비용이 높은 창구판매용 펀드를 비용인하 없이 판매하는 등 바람직하지 못한 관행도 상존
- ☐ **(개선)** 판매사가 펀드 판매 서비스 수준에 따라 판매수수료·판매보수를 차별화하여 수취하도록 지도
  - ○ 창구에서 투자설명 없이 투자자가 직접 펀드를 선택하여 가입하는 경우 현행 창구판매 수수료·보수보다 낮은 수준의 수수료·보수를 적용하는 펀드 클래스 신설 (중략)

---

47) 인문학 진흥 5개년 기본계획(2017.1), 교육부, https://bit.ly/2Pm1tQl
48) 공모펀드 활성화 방안, 금융위원회(2016.4), https://bit.ly/2GyIAXN

인과적 흐름 패턴은 문제→해결로 수렴된다. 즉, 문제를 정의하고 이를 어떻게 해결했는지 기술하는 방식이다. 앞선 두 예시는 모두 문제→해결을 기술한 보고서다.

✏️ **다음 예시를 보세요**[49) **인과적 흐름 2**

---

4. 금융개혁 사각지대 해소

□ **(현황)** 현업 위주로 운영되는 지역본부, 지점 등의 특성으로 제도개선, 유권해석 등에 대한 정보 접근성이 낮고, 금융당국과 소통채널도 제한적

　　*지역 건의과제 관련 현장조치(제도개선사항 설명) 비율 33.75%(전체 평균 13.7%)

> (현장건의) "해도 되는 것인지 몰라서 못 하는 일이 너무 많아"(G지역, 상호금융)
> "금융당국의 제도개선.유권해석 결과 등 접근성이 너무 부족"(B지역, 은행)

□ **(발전방안)** 금융개혁 관련 온오프라인 접근성 제고('16.4사분기~)

오프라인 소통 활성화	온라인 접근성 제고
· 지역금융협의회(정책금융기관, 업권별 협회, 지방은행 협의회 등) 구성·운영을 통해 금융개혁 홍보 강화 · '지역금융소비자 네트워크'를 활용, 지역금융소비자 의견 청취 및 환류 * 금감원 운영, '16년 상반기 구축(10개)	· '금융규제 민원포탈 사용자 친화적 개선 - 키워드 검색만으로 관련법령, 유권해석 결과 등을 한눈에 파악 - 주요 포털사이트 및 협회 홈페이지 연계를 통해 채널 접근성 강화

문제를 해결했다면 그 내용을 기술하면 된다. 그런데 아직 해결하지 못했다면 어떻게 해결할지 대안[50)]을 찾아보자. 예시 보고서에서 문제(현황)를 보면 금융개혁 사각지대가 존재한다는 것이다. 이를 해결하기 위해 대안(발전방안)으로 '온·오프라인 접근성'을 개선하겠다는 내용을 기술하고 있다.

---

49) 현장중심의 지역금융 발전방안 수립(2016.9) 금융위원회, https://bit.ly/2DpQHUz

50) 보고서 작성자가 모든 문제를 해결할 수는 없다. 대안, 대책, 방안 등을 찾아서 제시하는 것 또한 보고서를 작성하는 이유다.

✏️ **다음 예시를 보세요**[51] **인과적 흐름 3**

---

(2) 과도한 단기 투자수요 관리

□ 중도금 대출보증 발급요건 강화

  ○ **(현행)** HUG·주금공 중도금대출보증의 발급요건으로 '전체 분양 가격의 5% 이상을 계약금*으로 납부'를 규정

    * '주택공급에 관한 규칙(제60조)'은 계약금의 최대한도(주택가격의 20% 이내)만 규정

  ○ **(개선)** 조정 대상지역('9페이지의 표')의 중도금대출보증 발급 관련 계약금 요건을 '분양 가격의 5% 이상→10% 이상'으로 상향

    * 단, 등록임대사업자에 대해서는 계약금 납부 상향요건 적용 배제

  ○ **(효과)** 적은 자기자본을 활용하여 분양계약 후, 시세차익을 목적으로 분양권을 전매하려는 단기 투자수요의 감소를 유도

□ 2순위 청약 신청시에도 청약통장 필요 (주택공급에 관한 규칙)

  ○ **(현행)** 1순위 청약시에는 가입기간·예치금액 기준을 충족한 청약 통장이 필요하나, 2순위 청약신청시에는 청약통장 자체가 불필요

    ▪ 2순위는 청약통장이 없어도 청약신청금만 납입시 청약신청 가능

  ○ **(개선)** 조정 대상지역('9페이지의 표')은 2순위 청약신청시에도 청약통장 필요 (가입기간, 예치금액 기준은 없음)

    ▪ 청약통장을 활용하여 2순위 당첨시, 1순위 요건을 충족하기 위해서는 통장 재가입 후 수도권 12개월, 지방 6개월의 가입기간 필요

  ○ **(효과)** 2순위 청약신청도 신중히 하도록 하여, 과도한 투자목적의 2순위 청약신청 방지 및 2순위 청약시장도 실수요자 중심으로 유도

문제→해결을 넘어서 해결에 따른 기대 효과까지 제시한다면 설득력이 한층 높아진다. 해결을 통해 직접적으로 나타난 효과에 대해서는 성과로 표현하자. 계획 단계나 개선을 시행한 지 얼마 되지 않았다면 향후 기대 효과 또는 기대 성과 등을 제시해보자. 다만 지나치게 개념적, 정성적인 효과나 성과 제시는 지양하자. 구체적이고 계량적으로 측정 가능한 내용이라야 설득력이 높아진다.

---

51) 실수요 중심의 시장형성을 통한 주택시장의 안정적 관리방안(2016.11), 제17차 경제관계장관회의(기획재정부), https://bit.ly/2GnCbxi

✏️ **다음 예시를 보세요**[52] **인과적 흐름 4**

1. 겸업 활성화를 통한 시너지 제고
 (1) 업무위탁 금지규제 대폭 완화
 □ **(문제점)** 영업 관련 업무위탁을 엄격하게 금지하여 계열사 간 업무위탁을 통한 연계영업이 어려운 상황
 〈연계영업이 어려운 사례〉
   ○ 은행 창구를 통한 계열사 상품 판매위탁 곤란
    • 계열사의 다양한 금융상품을 판매채널이 가장 넓은 은행에 판매 (중략)
   ○ Two Bank 간에 입금·지급, 증명서 발급서비스 불가
    • 그룹 내 Two Bank 간 입금·지급, 예금·채무잔액증명서 발급 (중략)
 □ **(개선)** 계열사 간 업무위탁 규제의 대폭 완화로 연계영업 지원
   ○ 심사·승인을 제외한 대출, 할부·리스 등 각종 금융상품 계약체결을 위한 신청 및 서류접수 위탁을 허용
    * 다만, 금융투자상품은 자본시장법 시행령에 따른 위탁규제를 준용
   ○ 입금 및 지급서비스, 예금·채무잔액증명서 발급, 환전 등 본질적 업무가 (중략)
 □ **(기대효과)** 은행의 지점망과 인력을 그룹의 종합판매채널로 활용할 수 있게 되어 계열사 간 연계영업 활성화
   ○ 은행대출이 어려운 고객에게 은행창구에서 계열 저축은행, 캐피탈사에 대한 연계대출서비스 제공 가능
    • 고객은 대출상품 탐색비용과 대출사기에 노출될 위험 경감 (중략)
   ○ 은행창구를 통해 고객에게 One-Stop 종합금융서비스 제공 가능
    • 대출, 카드, 보험(방카), 할부·리스업무 등은 은행지점에서 (중략)

　　겸업 활성화를 위해 문제점을 발굴하고 개선계획을 제시했다. 그런데 여기서 그치지 않고 이를 통해 앞으로 예상되는 기대효과까지 구체적으로 기술하고 있다.

---

52) 금융지주 경쟁력 강화를 위한 제도개선 방안(2015.6), 금융위원회, https://bit.ly/2UtHuiJ

비교 패턴

디데리크 슈타펠(Diederik Stapel)의 연구팀은 한 가지 실험을 수행했다.[53] 대학생들을 두 그룹으로 나눠 컴퓨터 모니터를 응시하다 화면 왼쪽에서 사진이 나타나면 자판의 Q를, 오른쪽에서 나타나면 P를 누르라고 하고 어떤 사진인지는 알려주지 않았다. 사진은 0.1초만 보여줬기 때문에 학생들은 찰나에 무엇이 지나갔다는 정도만 느낄 뿐 어떤 사진인지 판단할 수 없다는 것이 이 실험의 포인트다. [A그룹] 학생들에게 보여준 사진은 '아인슈타인'이었고, [B그룹] 학생들에게 보여준 사진은 '광대'였다. 실험을 반복 시행한 후 학생들 스스로 자신이 얼마나 똑똑하다고 생각하는지를 평가하게 했다. 어떤 사진이었는지 알 수 없을 만큼 빠른 시간에 지나갔기 때문에 이번 실험 결과에 사진은 어떤 영향도 미치지 않았어야 한다. 그러나 놀랍게도 아인슈타인 사진을 본 학생들이 광대 사진을 본 학생들에 비해 자신이 덜 똑똑하다고 평가했다.[54]

----

53) 《프레임》(최인철 지음, 21세기북스, 2021년 3월)

54) 이 연구는 7점 만점으로 평가하도록 했는데, 아인슈타인 사진을 본 학생들은 평균 5.00점으로 평가했고, 광대 사진을 본 학생들은 평균 5.79점으로 평가했다. 7점 척도에서 0.79점은 꽤 큰 차이다.

인지심리학적 관점에서 볼 때 인간은 어떤 대상과 끊임없이 비교하는 심리가 있으며, 자동적이고 무의식적으로 비교 프레임을 사용하고 있다는 것을 실험을 통해 알 수 있다. 자신도 의식하지 못하는 사이에 아인슈타인 및 광대와 자신을 비교하고 있었던 것이다. 우리 뇌는 본능적으로 비교 프레임을 사용해 세상을 해석하는 데 익숙해져 있다. 즉, 적합한 비교 기준을 설정해 비교 결과를 보여준다는 것은 보고서 읽는 사람을 설득하는 데 매우 효과적인 방법이다. 보고서에 자주 등장하는 비교 패턴에 대해서 알아보자.

✎ 다음 예시를 보세요[55] 비교 패턴 : 정/반 1

제1차 계획은 지재교육에 대한 사회적 공감대를 형성하고, 기초적인 지재교육의 토대를 마련하였다는 점에서 **긍정적으로 평가**받은 반면, 한편으로는 그에 따른 교육의 체계성과 다양성이 떨어지고, 교육내용의 수준도 미흡하다는 **문제점도 지적**되었다. 또한 지식재산 교육 인력의 양성이 매우 미흡하였으며 실무형 지재인재의 양성과 국제적 지식재산 업무를 수행할 수 있는 국제적 지재인재의 양성 측면에서도 많은 한계가 있었음이 지적되었다.

□ **제1차 국가지적재산 교육의 평가**
　○ **긍정적 평가**
　　① 사회적 공감대 형성
　　② 기초적인 지재교육의 토대 마련
　○ **부정적 평가**
　　① 교육 체계성과 다양성 미흡
　　② 교육내용의 수준 미흡
　　③ 지식재산 교육 인력 양성 미흡
　　④ 실무형 · 국제적 지재인재 양성 미흡

제1차 국가 지적재산 교육의 결과를 평가한 보고서다. 교육 결과에 대한 ① 긍정적 평가와 ② 문제점을 지적하는 보고서임을 알 수 있다. 두 개의 핵심 키워드를 중심으로 관련 내용을 개조식으로 요약하면 왼쪽과 같다. 서술식 보고서보다 가독성이 한층 좋아졌다. 그

---

55) 융합적 지식재산 인재양성 방안 : 한일 간의 비교를 중심으로(2014.12), 특허청, https://bit.ly/2UPfdJt

동안 진행된 지적재산 교육의 장단점을 비교(분석)한 보고서다. 이로 인해 더욱 발전시켜나가야 할 점(긍정적 평가)과 보완해야 할 점(부정적 평가)에 대한 시사점을 얻을 수 있는 보고서가 되었다.

✎ **다음 예시를 보세요**[56)] **비교 패턴 : 정/반 2**

Ⅱ. 그간의 성과와 한계

◈ **인문 프로그램에 대한 관심이 증가했지만** 대부분 일방적 수혜에 머물러 **본질에 대한 깊은 탐구와 주체적인 소비는 부족**

☐ [성과 ①] 인문 프로그램에 대한 사회의 관심 증가
　○ 인문탐방, 독서토론 등 문체부 지원 프로그램 통해 연간 약 88만 명 참여, '길 위의 인문학' 등은 상당수가 생애 첫 경험자로 저변 확대에 일조 (중략)
☐ [한계 ①] 단순 지식 위주로 인문에 대한 본질적 성찰은 부족
　○ 입문유도 차원에서 수혜자 확대에 집중한 결과 단기 강의 위주로 진행, 심화 과정이 부족하고 수동적·단편적 지식 습득에 머무는 경향 (중략)

◈ **도서관·박물관의 인문 서비스가 늘어났지만** 인문 친화적 공간 적고 현장 인력의 한계가 있어 동아리 등의 자생적 활동 촉진은 미흡

☐ [성과 ②] 대표 매개기관인 도서관·박물관의 인문 서비스 확대
　○ 시설확충, 야간 연장운영 및 통합이용 서비스 확대, 다양한 프로그램 운영으로 도서관·박물관의 인문 서비스가 양적으로 확충
☐ [한계 ②] 인문 친화적 공간이 부족하고 현장의 기획역량 강화 요구
　○ 도서관·박물관 공간의 물리적 한계 및 이용시간 집중, 북카페 등 민간 공간의 운영 불안정으로 동아리 등의 안정적 활동 공간 부족 (중략)

인문정신문화 진흥 기본계획의 일부다. 'Ⅱ. 그간의 성과와 한계'를 통해 현재 상황을 객관적으로 바라보고자 [성과]와 [한계]를 비교 패턴으로 제시하고 있다. 기존에

---

56) 인문정신문화 진흥 기본계획(2017.1), 문화체육관광부, https://bit.ly/2Pm1tQl

추진했던 계획의 연속선상에서 잘한 점(성과)은 지속 발전시켜야 할 것이고, 문제점 (한계)은 보완해야 할 사항이라는 시사점을 얻을 수 있다. 이번 '진흥 기본계획'에 이를 반영하겠다는 의도를 엿볼 수 있다.

✏ 다음 예시를 보세요[57] 비교 패턴 : 정/반 3

□ (부품·부분품) 대중 수출의 41.4%를 차지하며 대부분 전자 및 기계 부품으로 수출 전망은 양호
  ○ **(기대요인)** 중국의 수요가 늘어나고 있고, 우리 기업의 경쟁력도 높으나,
    *반도체 호황 지속, 디스플레이 분야 경쟁력 유지 전망
  ○ **(우려요인)** 차이나 인사이드 확대, 베트남 등으로 생산거점 이전 등은 수출 확대 폭을 줄일 전망
□ (산업용 원자재) 대중수출에서 29.1%를 차지하며 석유화학제품, 철강, 비철금속 등을 포함하고 수출 전망 양호
  ○ **(기대요인)** 국제유가 상향 안정에 따른 수출단가 안정적 상승, 중국의 수요 확대, 일부 품목의 FTA 효과 확대 등은 수출 촉진요인으로 작용하나,
  ○ **(우려요인)** 중국 내 투자 확대에 따른 자체 공급 확대와 수입선 변화*는 우려 대상
    *중국은 그간 중동에서 원유를 도입해 왔으나 석유제품 및 석유화학제품 상태의 수입이 많아지고 있음

대중수출 평가와 전망에 관한 보고서 중 일부다. '전망'과 관련해서 진행 중이거나 계획된 사업(업무)에 대해 앞으로 예상되는 (기대요인)과 (우려요인)으로 비교해서 기술하고 있다. (기대요인)을 통해 긍정적인 측면을 강조할 수 있고, (우려요인)을 통해 철저한 대비 포인트에 대한 시사점을 얻을 수 있다.

57) 2017년 대중수출 평가와 2018년 전망(2018.1), KORTA, https://bit.ly/2VUNgRg

✎ **다음 예시를 보세요**[58] **비교 패턴 : 정 · 반 · 합**

▫ **기술발전과 미래 고용전망 논쟁**

　○**[비관론]** 기술발전이 일자리를 대체하는 속도가 빨라지고 있음

　　• 기술혁신에 따른 노동력 대체가 노동자의 재취업 속도보다 빠르다면 장기적 실업 발생 가능 (중략)

　○**[낙관론]** 비관론자들은 '노동 총량의 오류'에 빠져 있으며 기술 발전으로 오히려 일자리가 늘어날 수 있음

　　• 자동화에 따른 일자리 감소는 자동화의 1차 효과만 고려한 것으로 2차 효과 고려 시 다양한 고용창출 가능 (중략)

　○**[현실론]** 기술적 · 경제적 이유로 대규모 고용 대체는 당분간 어려울 수 있으나 흐름에 예의주시할 필요

　　• 인간을 대체할 수준의 로봇 · 인공지능은 기술적으로 구현하기 어려워 즉각적이고 대대적인 인간 대체는 쉽지 않을 것 (중략)

　　의견을 수렴하고 학자들의 이론을 정리해서 비교하다 보면 관점에 따라서 '그렇다', '아니다'를 이분법적으로 비교하기 어려울 때가 있다. 이럴 때 헤겔의 변증법적 논리 구성 방식인 정 · 반 · 합은 유용한 비교 기준으로 활용할 수 있다.

정반합과 정반합의 변증법

'정'은 어떤 것이 모순적인 면모를 지닌 상태로 있는 것을 말한다. 이 '정'을 부정하여 모순을 털어버린 상태를 '반'이라 한다. 하지만 '반'은 모순을 극복하였다고는 하나, 이 세상 모든 물체들은 모순적 면모를 지닐 수밖에 없으므로 그것에서 버릴 것은 버리고 취할 것은 취한 상태인 '합'으로 나아간다.

출처 : 위키백과, 정반합, https://bit.ly/3lXzylH

변증법은 정(긍정)–반(부정)–합(부정의 부정)의 형식이다. '이 컵이 둥글다'가

---

58) 대한민국 중장기 경제발전전략(15.10), 제5차 중장기전략위원회(기획재정부), https://bit.ly/2IKqgfR

정명제라면, '이 컵은 둥글지 않다'는 반명제가 된다. 마침내 '이 컵은 둥글다'와 '이 컵은 둥글지 않다'는 '이 컵은 원통형이다'라는 합명제가 된다.

출처 : 네이버 지식백과, 정반합의 변증법, https://bit.ly/3Edrytt

✎ 다음 예시를 보세요[59] 비교 패턴 : 기존/변화 1

1. 혁신과 창의에 기반한 기업 · 기술 · 인재 육성
   - 민간이 혁신을 통해 스스로 성장동력을 창출하도록 유도하고 정부는 **선도자→조력자**로 역할 전환
     - [기업] 추격형 성장→혁신을 통한 기업경쟁력 제고
     - [R&D] 정부 주도(Top-down)→연구기관 주도(Bottom-up)
     - [인재] 범용인력 양성→창의적 인재 양성 (중략)

3. 저출산 · 고령화 추세를 감안한 유연한 고용 · 복지 정책
   - 생산인구가 유지되도록 출산율 제고, 노동생애 연장 정책을 추진하고, 재정건정성이 유지되도록 복지 지출을 효율화
     - (저출산) 출산 · 보육위주 지원→주거 · 고용 · 교육 등 구조적 접근
     - (고용) 조기입직→원활한 전직→정년연장 지원
     - (복지) 지출 증가요인인 국민연금, 건강보험의 지속가능성 제고

비교 패턴 중 보고서에서 가장 많이 볼 수 있는 형태는 기존 대비 변화이다. 보고서 내용은 대한민국 중장기 경제발전전략의 일부다. 민간(기업)이 지속적인 성장을 하도록 정부가 조력자 역할로 전환해야 한다는 내용이다. ○ 수준 내용을 보면 분야별(기업, R&D, 인재양성 등)로 성장 방향의 변화를 기존 대비 변화로 표현하고 있다.

---

59) 대한민국 중장기 경제발전전략(15.10), 제5차 중장기전략위원회(기획재정부), https://bit.ly/2IKqgfR

✏️ **다음 예시를 보세요**[60) **비교 패턴 : 기존/변화 2**

---

2. 국제수준과의 격차 해소

◇ 외국에 비해 과도한 규제를 완화하고, 선진제도는 벤치마킹

> ① 금융회사 업무위탁 규제 선진화(전 업권 공통, 위탁규정 개정)
>
> > • (외국사례) 미국, 영국, EU 등 해외 주요국은 업무위탁을 원칙적으로 허용하며, 업무위탁에 대한 제한을 두지 않고 업무위탁 시 발생하는 리스크 관리 및 효과적인 감독·검사 수행에 중점
> > • (국내적용) 국내 금융회사의 내부통제 수준을 감안하여 단계적으로 국제수준과의 격차를 줄여나가는 방향으로 규제를 완화

☐ 본질적 요소 위탁 : **전면 금지→일부 허용**
   ○ 현재 업무위탁은 원칙 허용이지만, 본질적 업무는 위탁 불가
   ○ 본질적 업무 중 최종의사결정 등 핵심 사항 외에는 허용하되, 업무수탁은 법상 업무수행이 허용된 금융기관에 한함

☐ 업무 수탁 : **사전보고·사후보고→사후보고만 규정**
   ○ 업무 수탁의 관리책임은 위탁자가 부담하므로 사전규제 불필요
   ○ 제3자로부터의 업무 수탁 현황 파악을 위해 사후보고 규정

☐ 재위탁 : **규정 없음→단순 사실행위 재위탁 허용**
   ○ 재위탁 규정 불비로 사실상 재위탁이 금지되고 있었던 만큼, 위탁한 자의 동의를 얻어 사실행위의 재위탁 허용(규정신설) (중략)

    금융회사 영업 행위에 대한 규제개혁안에 관한 보고서 중 일부다. '규제개혁' 내용을 명확히 설명하기 위해 비교 패턴을 사용했다. ☐ 수준 제목을 보면 기존 대비 변화 내용이 무엇인지 명확히 알 수 있다.

---

60) 금융회사 영업행위 규제개혁안(2015.12), 금융위원회, https://bit.ly/2XqLovN

✏️ 다음 예시를 보세요[61] 비교 패턴 : 기존/변화 3

1-1. 국가과학기술 정보 및 콘텐츠 확대

□ 유관서비스 연계 강화를 통한 국가과학기술 지식.정보 및 콘텐츠 확대

　○ NTIS가 국가 과학기술 지식.정보(정부R&D정보포함)의 종합 관문 역할을 수행토록 개편
　　하여 수요자 정보접근 편의성 제고

　　▪ S&T 지식플랫폼과 연계하여 과학기술정보 원스톱 서비스 구현

　　▪ 콘텐츠 종류 및 범위를 대폭 확대('15년 470만 건→'17년 약 1억 1천만 건)

　▶ S&T(Science and Technology) 지식플랫폼 : KISTI가 구축하는 서비스로서 과학
　　기술 콘텐츠 및 기술의 상호 공유 · 융합을 지원하는 플랫폼

구분	변경 전	변경 후
콘텐츠 접근절차	정부R&D정보 ⇒ NTIS 과학기술정보 ⇒ NDSL	NTIS를 통해 국가 과학기술 지식 · 정보 종합 서비스(원스톱)
이용가능 범위	정부R&D정보(470만 건) · 사업/과제, 참여인력, 연구시설·장비, 성과	정부R&D정보(470만 건) ➕ 과학기술정보(1억 6백만 건) · 국내외 논문/특허, 연구보고서, 분석리포트, 동향정보, 표준정보, 사실정보
활용방법	개별검색	종합검색

국가과학기술 정보 및 콘텐츠를 확대하기 위해서 콘텐츠 접근 절차, 이용 가능 범위, 활용 방법을 개선하겠다는 내용이다. 이를 (기존)변경 전→(변화)변경 후로 일목요연하게 나타내고 있다.

위 예시를 포함해 이어서 등장하는 예시는 기존 대비 변화 패턴을 사용하고 있다. 표현 방식은 조금씩 다르지만, 변화된 사항을 강조하고 명확히 표현하기 위해 기존과 비교하는 패턴을 사용하고 있다.

---

61) NTIS 4.0 발전계획(2016.1), 미래창조과학부, https://bit.ly/2UujTzk

✏️ **다음 예시를 보세요** **비교 패턴 : 기존/변화 4**

☐ 공모펀드 성과 보수 요건 완화[62]

    ○ 투자자 간 형평성 확보를 전제로 합리적 기준에 의한 성과보수는 수취할 수 있도록 공모펀드 성과보수 요건을 대폭 완화

현 행	개 선 안
❶ 최소 투자금액(개인 5억 원, 법인 10억 원)	폐 지
❷ 환매금지형 펀드로 설립할 것	개방형(증권펀드), 환매금지형(실물펀드) 모두 허용
❸ 추가 투자자 모집금지	공정한 가격으로 추가투자자 모집 허용
❸ 성과지표로 증권시장에서 공인된 지수만을 활용할 것	·객관적 지표(지수) 활용 허용 ·절대수익률(예: 5%) 활용 허용
❹ 매년 1회만 성과보수를 지급	·개방형 : 자유롭게 수취 ·환매금지형 : 최소 지급기간 6개월
❺ 목표 수익률 미달 시 낮은 운용보수 수취	현 행 유 지
❻ 펀드 손실 시 성과 보수 수취 제한	현 행 유 지
❼ 신 설	·개방형 : 존속기한 없이 설정 ·환매금지형 : 1년 이상의 펀드 존속 기간

✏️ **다음 예시를 보세요** **비교 패턴 : 기존/변화 5**

☐ 디자인 주도 성장 유망기업 타깃팅 및 집중 지원[63]

    ○ 성장 유망 중소기업이 디자인 중심의 경영을 통해 글로벌 플레이어로 도약할 수 있도록 집중 지원('17~'20년 100개, 총 400억)

현 재 (낚시형)		개 선 (양식형)
·일회성 지원 ·분절적 사업 추진 ·공모 방식으로만 추진		·중장기 지원 (3년) ·비즈니스 전주기에 걸쳐 지원 ·선제적 발굴과 공모 투트랙으로 확대

---

62) 공모펀드 활성화 방안(2016.4), 금융위원회, https://bit.ly/2GyIAXN

63) 산업 고부가가치화를 견인하는 디자인 혁신전략(2016.8), 산업통상자원부, https://bit.ly/2GtouwH

✏️ 다음 예시를 보세요 **비교 패턴 : 기존/변화 6**

1. CSR 조사연구 및 전문가 양성[64]

□ 중소기업 맞춤형 CSR경영을 위한 조사연구

   ○ (실태조사 개선) 현재 실시하고 있는 '중소기업 CSR경영 실태조사'의 통계 품질·신뢰성 향상을 위한 개선책 마련 (중략)

구분	현 행	개 선
조사 대상	○ 300여 개 기업 ○ 무작위 구성	○ 1000여 개 기업 이상 ○ 업종·기업 규모별 분리 구성

조사
내용
	○ CSR경영 개념 정립 모호
	○ 20여 가지 기본항목
		○ CSR경영의 개념 구체화 및
		  조사범위 확정
		○ 심화항목 10여 가지 추가 조
		  사

조사 방식	○ 격년 실시 ○ 설문을 통한 기업데이터 조사	○ 年 1회 ○ 통합관리시스템(SIMS) 활용

✏️ 다음 예시를 보세요 **비교 패턴 : 기존/변화 7**

□ 일자리·성장동력 확충 등 80개 핵심사업 평가 실시[65]

> ◇ (기존) 1,415개('17년) 사업에 대한 부처 자체평가결과를 사후 확인·점검
> (개선) 80개 핵심사업을 선별→집행과정·결과를 중점관리

   ○ (평가대상) 일자리, 성장동력 확충, 안심국가 등 80개 핵심사업
   ○ (선정기준) 새 정부 역점사업, 대규모 재정사업, 유사중복 우려사업, 전문가·국민 의견 등을 종합 고려 선정

□ 현장 모니터링을 통해 집행률·성과목표 100% 달성 추진

> ◇ (기존) 1년에 한 번 전년도 성과를 서류 중심으로 확인·점검
> (개선) 3년 동안 분기별로 집행과정을 현장중심으로 지속 평가

   ○ 3년간 매분기 지표관리(집행률, 성과목표), 현장조사 등을 통해 대상사업의 집행률·성과

---

64) 사회적책임경영 중소기업 육성 기본계획(2016.10), 중소기업청, https://bit.ly/2GrXBcA

65) 재정혁신을 뒷받침하는 80대 "핵심사업 평가" 추진계획(2018.1), 기획재정부, https://bit.ly/2UtcnEX

< 핵심사업 평가 과정 >

평가단 구성 ('17.11월)		평가대상선정 ('17.11월)		집행과정관리* (매분기)		종합평가 · 환류 (매년 4월)
분야별 평가팀 (12개팀)	⇨	대상사업의 분기·연도·중장기 목표설정	⇨	분기별 성과목표 점검 (資표관리 현장조사)	⇨	목표달성 확인, 원인분석, 권고안 제시

✎ 다음 예시를 보세요 **비교 패턴 : 기존/변화 8**

2 인센티브 강화 및 제도개선을 통해 민간의 공급 확대 지원[66]

가. 인센티브 확대

□ 저축은행에 도입된 규제상 인센티브를 서민이 주요 고객인 여전·신협업권으로
확대하고, 공시 강화 등을 통해 경쟁 유도

　○ (규제 인센티브) 여전사 본업(할부리스 등) 대비 대출 규제와 신협 비조합원 대출 규제
　적용 시 우대(여전·신협법 시행령 개정, '18. 下)

구분	업권	규제내용 및 인센티브
현행	저축 은행	• (규제) 영업구역 내 개인·중소기업에 대한 신용공여액을 총 신용 공여액의 일정 비율(30~50%) 이상으로 유지 • (인센티브) 영업구역 내 중금리 대출은 150%로 인정 　→ 중금리 대출 취급이 규제 준수에 유리
확대	여전	• (규제) 본업자산 대비 대출자산 비중을 30% 이하로 유지 • (인센티브 예시) 중금리 대출은 80%로 축소 반영 　*예) [(중금리)30+(일반대출)5] / (본업)100→(중금리 24로 반영)→29%
	신협	• (규제) 비조합원에 대한 신규대출·어음할인이 전체 신규대출·어음 할인의 1/3 초과 불가 • (인센티브 예시) 조합원 중금리 대출은 150%로 확대 인정 　*예) (비조합원) 40 / [(조합원 중금리)50+(여타)50]→(중금리 75로 반영)→32%

---
66) 중금리 대출 활성화 추진 계획(2018.1), 금융위원회, https://bit.ly/2Zp55Wn

✐ **다음 예시를 보세요[67) 1:1 비교 패턴 1**

□ (기술) 5G 핵심기술 경쟁력 확보

  ○ 초고속 중심에서 저지연·초연결(무선) 및 지능성·보안성(유선) 분야 R&D를 확대 지원
('17년 911억 원)하고, 10대 유망품목* 육성 추진

    * (통신) 소형셀, RF칩셋, 이동형 기지국, 모바일에지컴퓨팅, 인빌딩솔루션 / (융합) 자
율주행차 부품, 스마트시티용 제어모듈, 원격제어솔루션, 초실감 디바이스용 부품, 재
난대응서비스

  ○ 국제공동연구*를 확대하고, 융합서비스 관련 상호운용성 검증 추진

    * 중국(채널모델링), EU(융합서비스), 미국(유선네트워킹)과 협력이 진행 중이며 확대 추진

<참고> 기존 이동통신(4G) 대비 5G 핵심 성능비교

구분		4G (IMT-Advanced)	5G (IMT-2020)
초고속	최대 전송속도	1 Gbps	20 Gbps
	이용자 체감 전송속도	10 Mbps	100~1000 Mbps
저지연	전송지연	10 ms	1 ms
초연결	최대 기기 연결수	10^5 /km^2	10^6 /km^2

예시 보고서는 5G 핵심기술 경쟁력을 확보해야 한다는 내용으로 기존 4G 기술과
의 차이점을 비교하고 있다. 이런 1:1 비교는 위 예시처럼 비교대상(4G vs 5G)과 비
교기준(전송속도, 전송지연 등)을 명확히 제시해야 한다. 또한 비교 대상과 비교 기준
이 명확할 때는 표를 이용해 정리하면 가독성이 높아진다.

---

67) 정부, 미래 지능정보사회를 대비한 주요 정보통신정책 발표(2016.12), 미래창조과학부(보도자료), https://bit.
ly/2UtIi8l

🖊 다음 예시를 보세요[68] 1:1 비교 패턴 2

□ 한·중 비상채널(HOT Line) 구축 등 기능 확대

 ○ 중국 비상상황 발생 시(적색경보, 화학사고 등) 중국 현지 오염 및 주요 대응상황 등을
 실시간으로 확보하여 국내 대응전략 수립 시 활용('17~)

< 한·중 대기질 비상채널 체계 >

구분	한국	중국
기관	환경부 (국립환경과학원)	환경보호부 (환경과학원연구원 한중 공동연구단)
임무	·국내 유입가능성 분석 ·피해 및 대응방안 마련 등 ↔	·중국 오염상황 변화정보 ·중국 정부 대책 및 피해상황
조치 상황	·분석결과 보고·대국민 제공 ·전문가 회의 등 대책마련	·중국과 연락체계 유지 ·한국 측 요청사항 협의 등

미세먼지 관리를 위한 한국과 중국의 공동 노력에 관한 보고서다. 한국에서는 환경부, 중국에서는 환경보호부가 관리 책임을 맡아 비상채널을 구축하겠다는 내용이다. 한국과 중국(비교 대상) 관리 책임 부서의 임무와 조치 상황(비교 기준)을 비교해서 명확히 제시하고 있다.

🖊 다음 예시를 보세요[69] 1:다수 비교 패턴

[참고 1] 서비스 산업의 국제비교

□ [고용·부가가치] 우리 서비스 산업의 고용 및 부가가치 비중은 선진국에 비해 낮은 수준

 ○ (고용) 음식·숙박업 고용 비중이 높은 반면, 전문·과학·교육·보건 등 고부가가치 업종의 고용 비중은 낮은 상황

---

68) 미세먼지 관리 특별대책(2016.6), 국무조정실, https://bit.ly/2UM0T4z

69) 경제활력 제고와 일자리 창출을 위한 서비스경제 발전전략(2016.7), 제11차 경제관계장관회의(기획재정부), https://bit.ly/2HvwnUr

< 서비스업 고용 비중('13년, 생산성본부, %) >

	제조업	서비스업	유통·운수 음식·숙박	정보통신	금융보험	전문·과학 관리·지원	공공·행정 교육·보건
한국	16.7	69.5	28.1	2.8	3.4	8.8	17.0
G7	12.9	76.6	24.3	3.1	3.3	12.8	22.6
OECD	13.9	72.9	24.7	2.9	3.0	11.1	23.8

○ (부가가치) 음식·정보통신·과학 분야 등 모든 서비스 분야에 걸쳐 서비스산업의 부가가치 비중이 OECD 평균에 비해 낮음

< 서비스업 부가가치 비중('13년, 생산성본부, %) >

	제조업	서비스업	유통·운수 음식·숙박	정보통신	금융보험	전문·과학 관리·지원	공공·행정 교육·보건
한국	31.0	59.3	15.1	3.9	5.6	7.3	16.7
G7	15.2	75.0	17.8	5.2	5.6	11.2	18.4
OECD	16.0	71.3	19.2	4.9	6.2	9.3	18.3

1:다수일 때도 비교 대상과 기준만 명확하다면 얼마든지 표현할 수 있다. '서비스 산업의 국제비교' 내용을 보면 한국 對 G7 국가 평균, OECD 국가 평균을 비교한 내용이다. 비교 대상 혹은 기준이 많더라도 표를 이용해서 정리하면 가독성이 높다.

✏️ 다음 예시를 보세요[70] **상대 비교 패턴**

2. 한국, 중국, 일본 및 아세안 간 무역과 분업구조 변화
  1) 가공단계별 교역 현황
    □ **한국의 對중국, 對일본 및 對아세안 교역**
      ○ (한국의 對중국 교역) 수출에서 중간재 비중이 감소한 반면 자본재 비중이 증가하였고, 수입에서는 중간재 및 자본재 비중이 모두 증가 (중략)
      ○ (한국의 對일본 교역) 수출에서 중간재 비중이 증가한 반면 소비재 비중이 감소하였고, 수입에서는 중간재 비중이 증가한 반면 자본재 비중은 크게 감소 (중략)
      ○ (한국의 對아세안 교역) 수출에서 중간재 비중이 다소 감소한 반면 자본재 비중이 증가하였고, 수입에서는 소비재 비중 크게 증가

---

70) 아시아 분업 구조의 변화와 시사점(2016.7), 현대경제연구원. http://www.hri.co.kr/

한·중·일 및 아세안 국가들과의 비교에 관한 내용이다. 비교 대상이 1:다수이기에 표를 이용해서 정리할 수 있지만, 이번 예시처럼 비교 기준을 통일하기 어려울 때도 있다. 그렇다면 이번 예시처럼 A 對 B, A 對 C, A 對 D··· 등 병렬적으로 비교하는 방식도 생각해볼 수 있다.

유형 패턴

일반적으로 감각을 통한 범주화를 '지각적 범주화'라고 한다. 하지만 인간은 지각적 범주화를 뛰어넘는 '개념적 범주화'가 가능하다.[71] 개념적 범주화는 좀 더 효율적으로 내용을 전달할 수 있는 중요한 요소가 된다.

보고서에서 목차 및 내용의 범주화가 중요한 이유다. 같은 내용이라도 어떻게 분류(범주화)하느냐에 따라 기억의 양과 질이 달라진다. 특히 중요한 내용을 전달하고자 한다면 분류에 대한 고민이 필요하다. 개념적으로 분류할 때 신경 써야 할 점이 있다. 첫째는 분류를 상징하는 키워드가 중요하다. 키워드만 보고도 어떤 분류인지 파악할 수 있어야 한다. 둘째는 분류 개수다. 최소 두 개에서 최대 네 개까지가 일반적[72]이다. 다섯 개 이상을 범주화하면 기억의 덩어리가 많아져 기억하기 어렵다.

71) 《완벽한 공부법》(고영성 · 신영준 지음, 로크미디어, 2017년 1월)
72) 절대적인 기준이 아니라 참고 기준이다.

✏ 다음 예시를 보세요 **유형화 패턴 1**

□ 지역특화형 시책 모델 개발·확산[73]
   ○ **(농촌형)** 젊은 세대 유입 및 지자체 인구규모 유지사업 추진
      ▪ 인구감소지역 新발전방안과 연계 추진
        ※ 일본사례 : 정주자립권구상, 연계중추도시권구축 등을 통해 인구유출 방지 '댐' 구성
      ▪ 임신, 출산, 육아, 교육, 교통 등 취약 인프라 보완·지원
   ○ **(도시형)** 젊은 세대의 결혼 지원 및 맞벌이 지원시책 집중
      ▪ 미혼남녀 만남, '작은 결혼식' 확산, 주거부담 완화
      ▪ 맞벌이 조손돌보미 등 실질적인 맞벌이 지원시책 추진

나. 준비된 고부가가치 기술형·숙련형 스타트업 활성화[74]

□ 성공 가능성이 높은 준비된 기술형·숙련형 스타트업 활성화를 위해 총 8,000억 원 규모의 특화 프로그램 마련(신·기보, 기은)
   ○ **(기술형 창업)** 대학·공공 연구소 등의 기술형 창업을 지원하는 총 5,000억 원 규모의 U-Tech 우대보증 도입 (기보)
   ○ **(숙련형 창업)** 1,000억 원 규모의 Expert 창업 프로그램 도입(기은), Blue-Elite 창업 보증 프로그램 확대(500억→1,000억 원)(신보)

□ 글로벌 ESS 경쟁력 확보를 위한 'Two-track R&D' 추진[75]
   ○ **(선도형 R&D)** 국내 리튬 배터리 경쟁력 기반으로, 다용도 활용이 가능한 하이브리드 ESS 기술 개발 및 실증 추진 ('16~)
        *비상발전-수요반응형 ESS, 보조시장-배전망 ESS, 멀티(2개 이상) ESS 등
   ○ **(추격형 R&D)** 전력 분야의 대용량 ESS 수요가 증가함에 따라, 장주기 대용량 특성의 非리튬계 배터리 기술을 조기 확보 ('16~)
        *(NaS) 모듈 대형화 기술 개발, 출력 15kW, (VRB) 스택 고출력화 기술 개발, 출력밀도 60W/l, (NaS/VRB) MW급 시스템 저가격화 기술 개발 및 실증

---

73) 지자체 저출산 시책 지원방안(2017.4), 행정자치부, https://bit.ly/2GopYbJ

74) 건강한 창업생태계 조성 지원방안(2017.4), 제7차 경제관계장관회의(기획재정부), https://bit.ly/2Uv7P0W

75) 2030 에너지 신산업 확산 전략(2015.11), 산업통상자원부, https://bit.ly/2ULgtgW

첫 번째 예시는 지역 상황을 고려해 저출산 정책을 펼치겠다는 내용이고, 두 번째 예시는 스타트업 유형을 고려해서 지원 정책을 펼치겠다는 내용이다. 세 번째 예시는 저장장치(ESS)[76) 개발을 위한 R&D 계획을 설명하고 있다. 각각 농촌형 vs 도시형, 기술형 vs 숙련형, 선도형 vs 추격형으로 분류해 범주별로 특화된 정책을 소개하고 있다. 개념적으로 재분류(범주화)한 키워드를 보면 운율을 고려해서 글자 수까지 통일했다.

✎ 다음 예시를 보세요[77) **유형화 패턴 2**

<유형별 진로교육 지원 주요내용>

☐ **(학업형)** 검정고시 공부, 대학입시 준비 등을 하는 청소년
   ○ 학교 밖 청소년 지원센터와의 연계를 통해 복교, 대안학교, 상급학교 진학 지원 및 검정고시 이수 등 학습역량 제고 및 학업진로 프로그램 운영
   ○ 학업형 학교 밖 청소년의 진학정보 제공 및 컨설팅 실시(대교협/전문대교협)
☐ **(직업형)** 직업기술을 배우거나 아르바이트 및 취업을 한 청소년
   ○ 산업체와 대학 및 전문대학과 연계한 직업교육 훈련 다양화
   ○ 학교 밖 청소년 지원센터와의 연계를 통한 적성검사 및 직업체험 기회 제공
☐ **(집중형)** 가출하거나 보호시설·사법기관 감독을 받는 비행형 청소년, 특정 목표 없이 아무것도 하지 않는 무업형 청소년, 사회적 관계를 맺지 않고 집에서 나오지 않는 은둔형 청소년
   ○ 진로상담을 통한 의사소통 갈등관리, 진로의식 고취
     ▪ 대학 및 전문대학의 청소년 관련 학과, 교육학과, 심리학과, 상담학과 등의 전임교원, 재학생, 졸업생 등을 상담인력으로 최대한 활용
   ○ 상담, 적성검사 및 진로탐색 프로그램 등을 통해 진로를 설정한 후 학업형·직업형 프로그램과 연계

제목을 통해서도 알 수 있지만 학생 특성을 고려해 맞춤형 교육을 실시하겠다는

---

76) ESS(Energy Storage System / 에너지 저장 시스템) : 발전소에서 과잉 생산된 전력을 저장해두었다가 일시적으로 전력이 부족할 때 송전해주는 저장장치를 말한다. (출처 : 네이버 지식백과, ESS, https://bit.ly/3CbZtlD)

77) 제2차 진로교육 5개년 기본계획(안)(2016.4), 교육부, https://bit.ly/2Plnuiq

내용이다. 학생 특성을 학업형, 직업형, 집중형으로 분류해서 정의하고 세부 내용을 기술했다.

✏️ 다음 예시를 보세요[78] **유형화 패턴 3**

2. 무역금융 사기대출 유형

① **가공수출 유형** : 실제 물품을 수출하지 않았음에도 수출 선적서류(B/L)를 허위로 발급받아 수출 선적한 것으로 대출신청서류 조작

　* 은행에서 수출신고 후 물품이 선적된 건에 한해 무역금융 대출

> ※ **(최근 적발 사례)** A사는 **자동차용 부품**을 미국으로 수출하는 것처럼 물류업체와 공모하여 허위 **선하증권(B/L)**을 발급받고 이를 국내 거래은행 대출심사 시 근거자료로 제시하여 **737억 원** 상당의 무역금융사기 대출

② **수출가격조작 유형** : 수출금액이 많을수록 고액대출이 가능함을 악용하여 수출신고 시 고가로 수출금액 부풀리기

> ※ **(최근 적발 사례)** B사는 개당 **2만 원** 상당의 플라스틱 TV 캐비닛을 개당 **2억원** 상당의 고가로 부풀려 수출신고(고가조작)한 후, 이를 근거자료로 **1,522억 원** 상당의 무역금융 사기 대출

③ **복합유형** : 가공수출(실제 미수출)+가격조작을 반복하여 허위 수출실적 증빙자료 구비

> ※ **(최근 적발 사례)** C사는 상품가치 없는 홈시어터PC 케이스의 수출 가격을 부풀리고(고가조작), 실물 이동 없이 자체 조작한 허위 선적서류(허위수출)를 대출근거 자료로 이용하여 **3조 2천억 원대** 무역금융사기 대출

78) 무역금융 사기대출 근절(2016.9), 행정자치부(보도자료), https://bit.ly/2Uu8ujd

무역금융 사기대출 사례를 이해하기 쉽도록 유형별로 정의했다. 세부 내용을 보면 유형 ③은 유형 ①+유형 ②의 '복합유형'으로 정의했다. 즉, 유형 ③은 유형 ①, ②의 교집합에 해당한다는 것을 알 수 있다.

✎ 다음 예시를 보세요[79] **유형화 패턴 4**

1. 유형별 투자전략 마련·추진
□ 산업화 속도가 높은 분야는 민간의 시장진출을 촉진
  ○ **(그룹1: 민간주도)** 민간의 제품·서비스 개발을 법·제도 개선 및 시범사업 추진 등으로 뒷받침하여 조기성과 창출에 주력
    *스마트카 : 자율차 안정성 평가기준 마련, 실도로 평가환경과 정밀도로지도 구축
  ○ **(그룹2: 정부+민간)** 상용화에 근접해 있는 국내기업의 경쟁력 제고를 위해 원천·실증 R&D 등에 선제적 투자
    *무인기 : 서비스 실증 인프라 구축, 보안기술 개발, 무인기 조종 면허·보험 제도 정비
□ 산업화에 시일 소요가 예상되는 분야는 발전 로드맵을 착실히 이행
  ○ **(그룹3: 민간+정부)** 일부 투자가 이루어지고 있는 민간의 기술개발 및 사업화 속도를 차질 없이 지원
    *웰니스케어 : 웰니스케어 서비스 가이드라인 개발, 웰니스기기 표준화·인증 지원
  ○ **(그룹 4: 정부주도)** 미래 글로벌 시장에서의 경쟁력 확보를 위해 중장기 R&D 및 실증을 지속적으로 추진
    *직류송배전 : 원천R&D 및 실증단기 구축 지원, 전문연구인력 양성

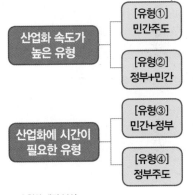

먼저 □ 수준을 보면 산업화 속도가 높은 분야와 산업화에 시간이 필요한 분야 두 개 유형으로 나누고 있다. 그런 다음 하위로 두 개씩 세분화해 총 네 개의 유형을 제시하고 있다. 유형이 계층을 이루고 있어 다소 복잡하지만 이해하기는 어렵지 않다.

▲ 유형화 패턴 분석

79) 미래성장동력 2016년도 종합실천계획(2016.3), 미래창조과학부(보도자료), https://bit.ly/2vahVds

3. BI[81] 전략적 혁신방향 도출

□ (창업보육모델 분석) 우리나라 창업보육센터의 운영모델을 분석하기 위해, "재정자립" (X축)과 "보육역량"(Y축)을 분석 변수로 설정

<BI 운영모델 분석 변수>

- ·재정자립 : 보육료 등 BI 수입*으로 지출액을 스스로 충당할 수 있는 정도
  * 중소기업청, 지자체 등 정부보조금 제외
- ·보육역량 : 공간 제공, 사업화·멘토링 지원, 투자연계, 액셀러레이팅 등
  BI가 제공하는 보육서비스 및 성과 수준
  * 창업보육모델(NBIA) : 1세대→2세대→3세대→4세대

○ 상기 변수에 따라 분석해보면, 크게 4가지 유형으로 구분 가능

<창업보육모델 4대 유형>

구 분	자립도	보육역량
(Ⅰ)선진형	자립형	3세대
(Ⅱ)성장형 ①	자립형	1·2세대
(Ⅲ)성장형 ②	의존형	3세대
(Ⅳ)일반형	의존형	1·2세대

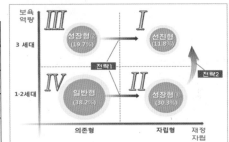

□ (유형별 현황 및 혁신전략) 우리나라의 선진형 BI 모델은 11.8%로, 나머지 BI는 재정자립이나 보육역량 측면에서 한계를 노정

구 분	1·2세대	3세대	합 계
자 립 형	54(30.3)	21(11.8)	75(42.1)
의 존 형	68(38.2)	35(19.7)	103(57.9)
합 계	122(68.5)	56(31.5)	178(100)

*BI 수입·지출 실태조사('16.9, 창업보육협회) 응답 178센터 기준으로 추정

○ 창업보육지원체계의 전면 혁신을 위해서는, 의존형 BI의 자립형 전환(『전략1』)과 창업보육역량 고도화(『전략2』)가 시급한 상황

---

80) 창업보육지원체계 전면 혁신방안(2016.12), 중소기업청, https://bit.ly/2GvZTbU

81) Business Incubator, 창업보육센터

다양한 유형화 패턴 중 으뜸으로 꼽히는 매트릭스 유형의 보고서다. 매트릭스 유형은 유형을 구분하는 변수를 기준으로 매트릭스를 만들어 각각의 유형을 정의하고 설명하는 방법이다. 처음 보면 내용이 어렵고 다소 복잡해 보일 수 있다. 그러나 제대로 정의한다면 많은 유형의 정보를 하나의 매트릭스로 표현할 수 있고, 논리적인 설명이 가능하다.

창업보육센터(BI, Business Incubator)의 혁신방향 도출을 위해 우리나라의 창업보육모델부터 분석하고 있다. 창업보육모델 분석을 위해 두 개의 변수(재정자립, 보육역량)를 선정했고, 이 변수를 XY 축으로 하는 2×2 매트릭스를 만들었다. 이렇게 만든 매트릭스를 활용해 창업보육모델을 네 개로 유형화(선진형, 성장형 ①, 성장형 ②, 일반형)해서 분석하고 시사점을 제시하고 있다.

이처럼 매트릭스 유형화 패턴을 사용하면 논리적이고 정교한 설명이 가능하다. 다만 주의할 점으로 매트릭스 유형화 방법은 X축과 Y축을 이루는 변수의 대표성과 신뢰성이 높아야 한다. 변수에 따라 전혀 다르거나 잘못된 방향으로 유형화가 이루어질 수 있기 때문이다.

✏️ 다음 예시를 보세요[82] 매트릭스형 유형화 패턴 2

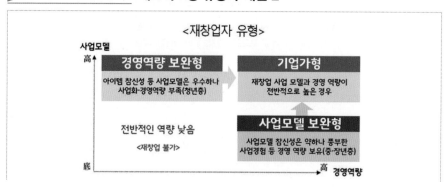

<재창업자 유형>

경영역량 보완형
아이템 참신성 등 사업모델은 우수하나 사업화·경영역량 부족(청년층)

기업가형
재창업 사업 모델과 경영 역량이 전반적으로 높은 경우

전반적인 역량 낮음
<재창업 불가>

사업모델 보완형
사업모델 참신성은 약하나 풍부한 사업경험 등 경영 역량 보유(중·장년층)

사업모델 高/底 · 경영역량 高

82) 실패 기업인의 재기를 한층 강화하여 지원한다(2017.1), 중소기업청(보도자료), https://bit.ly/2ZnQ1bL

> **<지원방향>**
> ① **경영역량 보완형**(기관 적극 개입) : 인사·특허 등 분야별 교육과 네트워킹 등 적극 개입·지원
> ② **사업모델 보완형**(부분 개입) : 시장분석, 마케팅 등 시장성 보완 지원
> ③ **기업가형**(자율성 보장) : 기업인 요청에 따른 측면 지원

예시 보고서는 중소기업청에서 실패 기업인들의 재기를 돕기 위해 다양한 정책적 지원 방안을 마련했다는 내용이다. 재창업하고자 하는 사업을 대상으로 경영역량(X축)과 사업모델(Y축) 평가를 통해 세 가지 유형으로 구분했고, 유형별로 차별해서 지원하겠다는 계획이 일목요연하게 드러난다. 예를 들어, 아이템의 참신성 등 사업모델은 우수하나 사업화·경영역량 등이 부족한 사업을 '경영역량 보완형'으로 정의하고 이에 적합한 지원을 하겠다는 의도가 잘 드러난다.

✎ 다음 예시를 보세요[83] 매트릭스형 유형화 패턴 3

2. 중소기업의 CSR경영 추진여건 진단
□ (기업유형 분석) 현황에서 나타나고 있는 CSR경영 도입여부 및 활동정도를 지표로 하여 기업들을 3가지 유형으로 구분

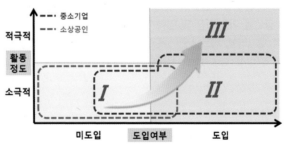

83) 사회적책임경영 중소기업 육성 기본계획(2016.10), 중소기업청, https://bit.ly/2GrXBcA

○ (유형Ⅰ) : CSR경영을 추진하지 않는 非 ideal type 기업群
  • CSR경영의 재무적 효과에 대한 기대가 높지 않거나, CSR에 대한 이해도가 낮아 참여하지 않는 그룹
  • 영세 소기업(소상공인)은 유형Ⅰ이 대부분 (중략)
○ (유형Ⅱ) : 소극적 활동 위주로 CSR을 추진하는 중간영역 기업群
  • CSR경영 추진의지는 있으나, 기업의 역량 부족으로 기업활동 전반에 CSR을 적용하는 데 있어 어려움을 느끼는 그룹
○ (유형Ⅲ) : 적극적으로 CSR활동을 실천하는 Ideal type 기업群

중소기업의 사회적 책임(CSR)[84] 경영을 유도하기 위해 'CSR경영 도입여부(X축)'와 'CSR경영 활동정도(Y축)'를 축으로 설정하고, 세 개 유형으로 구분해서 각각의 유형에 대해 정의한 후 비교 설명했다.

✎ 다음 예시를 보세요[85] 매트릭스형 유형화 패턴 4

1. 해외진출 유망국가 및 직종 선정
□ (진출유형) 해외 일자리 수요와 해외취업 희망 수요 등을 감안하여 진출유형을 도출하고, 이에 대응한 전략 수립
  ① (틈새공략형) 미국·일본·호주 등 선진국을 대상으로 IT, 경영·회계 등 주로 청년들이 선호하는 유망직종 진출 지원
  ② (교두보형) 홍콩·싱가포르 등 초급 경력직 진출이 용이한 국가를 대상으로 청년들의 글로벌 역량 증진 및 경력 형성 지원
  ③ (도전적 일자리형) 베트남·인니, 중남미 등 한국진출기업의 중간관리자로 취업 후 현지 창업 등 성장기회를 지원

---

84) CSR(Corporate Social Responsibility, 기업의 사회적 책임) : 기업의 이해 당사자들이 기업에 기대하고 요구하는 사회적 의무들을 충족시키기 위해 수행하는 활동으로, 기업이 자발적으로 사업 영역에서 이해관계자들의 사회적 그리고 환경적 관심사들을 분석하고 수용하여 기업의 경영 활동에 적극적으로 적용하는 과정을 통해 이해 당사자들과 지속적인 상호작용을 이루는 것이다. (출처 : 네이버 트렌드 지식사전, CSR, https://bit.ly/3GhPEoC)

85) 청년 해외취업 촉진 대책(2015.11), 고용노동부, https://bit.ly/2Gz8JpA

④ (신시장 개척형) UAE·카타르 등 중동지역을 대상으로 보건의료, 엔지니어 등 고급 전문인력 진출 확대

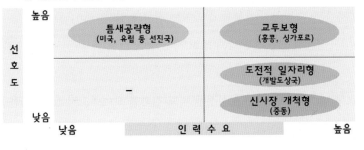

해외진출 유망국가 및 직종 선정을 위해 '인력수요(X축)'와 '선호도(Y축)'를 축으로 설정하고 총 네 개 유형(틈새공략형, 교두보형, 도전적 일자리형, 신시장 개척형)으로 구분해 각각의 영역을 정의했다.

📋 학습 정리

1. 논리적 구성 표현을 위한 3대 패턴 : 흐름, 비교 유형

2. 흐름 패턴 : 시간적 흐름, 절차적 흐름, 인과적 흐름

▶ **시간적 흐름** : 시간적 흐름은 과거~현재~미래 중 일정 기간의 단면을 시간적 순서로 구성한 것을 말한다.

▶ **절차적 흐름** : 업무 또는 일이 진행되는 절차를 처음(1단계)~중간(2단계)~끝(3단계)으로 구성한 것을 말한다.

▶ **인과적 흐름** : 문제를 정의하고 해결 방안을 탐색해 제시하는 보고서에 문제/

원인→해결/결과 형식으로 구성한 것을 말한다.

▶ 작성자가 직접 절차적 흐름을 정의하는 경우도 있다.

▶ 절차적+시간적 흐름의 혼합 구조도 자주 등장한다.

3. 비교 패턴 : 적합한 기준을 설정해 비교 결과를 보여주고자 할 때 사용한다.

▶ 기존 대비 변화 양상을 설명하기에 매우 적합하며, 정반 혹은 정반합의 변증 패턴을 주로 사용한다.

▶ 비교 대상 수에 따라 1:1로 비교, 1:다수 비교도 자주 등장한다.

4. 유형 패턴 : 보고서의 목차(구성)를 키워드, 주제별로 범주화하여 정리한다.

▶ 나열식 보다는 개념적인 범주화(2~4개 묶음)를 통해 가독성을 높인다.

▶ **매트릭스 유형화 패턴** : 많은 양의 데이터를 논리적이고 정교하게 설명할 때 사용한다. XY축의 매트릭스를 사용해 유형화하며 각 축을 상징하는 변수의 대표성과 신뢰성이 매우 중요하다.

논리적 내용 구성을 위한 3대 소스

논리적 보고서 구성을 위한 3대 패턴에 이어 3대 소스에 대해서 알아보자. '소스 (Sauce)'는 음식을 만들 때 풍미와 맛을 돋우기 위해서 넣는 양념이다. 즉, 3대 소스는 보고서를 풍성하고 돋보이게 하는 양념 같은 역할을 한다. 3대 패턴은 각각의 패턴 자체가 논리적으로 보고서를 구조화할 때 독자적으로 사용될 수 있으나, 3대 소스는 독자적 활용보다는 3대 패턴과 함께 활용할 때 그 효과가 더욱 크다. 그런 이유로 '소스' 라고 부르게 되었다. 3대 소스에 대해서 하나씩 알아보자.

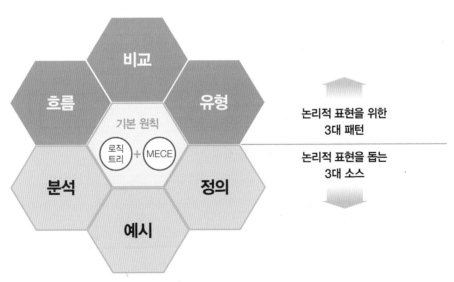

▲ 논리적 표현을 위한 3대 패턴과 논리적 표현을 돕는 3대 소스

분석 소스

3대 소스 중 첫 번째는 분석이다. 분석은 논리 구성의 시작이다. 예를 들어 개선 방안을 제시해야 한다면 무엇이 문제인지부터 정의해야 한다. 이때 분석을 통해 무엇이 문제인지를 제시할 수 있다.

① 현황→② 개선 방안으로 이어지는 보고서가 있다고 가정해보자. '현황' 부분에 문제점 분석 내용을 포함할 수 있지만 개선 방안에 좀 더 힘을 싣고 싶다면 분석을 별도의 목차로 구성할 수도 있다. '개선 방안'의 설득력은 명확한 분석의 논리적 근거에서 나온다. 따라서 분석은 주장하는 바의 근거가 되므로 객관적이고 정확해야 한다. 핵심을 찌르는 치밀한 분석일수록 개선 방안의 설득력이 증가한다. 저명한 기관이나 학자의 의견, 구체적인 데이터 등이 뒷받침될수록 신뢰성이 높아진다. '분석'을 제대로 활용하려면 별도의 목차로 제시하는 것이 바람직하다. ① 현황→② 문제점 분석 →③ 개선 방안으로 목차가 확장된다.

분석을 별도의 단독 목차로 다루든 다른 목차의 하위 목차로 다루든 보고서의 논리성과 객관성을 뒷받침하는 중요한 역할을 하는 소스가 된다.

✏️ **다음 예시를 보세요**[86] **하위 내용 수준에서 분석 제시**

나 | **독립투자자문업(IFA) 제도 도입**

1. 현황 및 문제점
☐ 현행 금융상품 판매채널은 자사·계열사가 제공하는 상품 중심의 일회성 판매 서비스를 위주로 하고 있어 소비자 입장 대변 미흡
　○ 자문업이 활성화되더라도, 제조·판매 등의 겸영이 제한되지 않아 자사상품 위주의 자문을 제공할 가능성이 상존
☐ 판매회사와 절연되어 중립적·전문적 자문을 제공함으로써 소비자가 신뢰할 수 있는 자문채널을 육성할 필요

2. 개선방안
☐ 금융상품 제조·판매회사에 소속되지 않고 중립적인 위치에서 금융상품 자문을 제공하는 독립투자자문업(IFA*) 제도를 도입
　　*IFA : Independent Financial Advisor
　○ (독립성 요건) 금융상품 제조·판매회사로부터 구조적으로 독립성을 확보할 수 있도록 엄격한 요건을 요구 (중략)
　○ (전문성·윤리성 확보) 자문업무에 필요한 전문성 유지와 윤리성 제고를 위해 기존 투자자문업자에 비해 사후교육 강화
　　*(현행) 2년에 10시간 이상 보수교육 이수→(개선) 연 10시간 이상 의무화
　○ (독립성 표시 등) 독립자문업자는 "독립성"을 표시하거나 홍보할 수 있도록 하여 여타 자문업자와 차별화하고 소비자가 인지할 수 있도록 유도 (중략)

　예시 보고서는 독립투자자문업(IFA) 제도를 도입하겠다는 내용이다. 왜 이런 제도가 필요한지를 '1. 현황 및 문제점'에서 설명(분석)하고 있다. 다양한 금융상품을 소비자에게 소개하고 판매할 경우 정확한 정보 제공이 중요하다. 그런데 자사(혹은 계열사) 상품 중심의 일회성 판매 서비스 활동으로 인해 소비자 입장에서 객관적이고 신뢰성 높은 정보를 얻기 어렵다는 것이다. 이런 문제점 개선을 위해 독립투자자문업 제도를 도입하겠다는 것이다.

---

86) 금융상품 자문업 활성화 방안(2016.3), 금융위원회, https://bit.ly/2GvOUiB

✏️ **다음 예시를 보세요**[87] **단독 목차 수준에서 분석 제시 1**

I. 공공기관 예비타당성 조사 현황
  1. 제도 개요
  2. 공공기관 예타 실시 현황
II. 문제점
III. 개선 방안

공공기관이 해외 신규 사업을 추진할 때 관련 규정에 따라 사업 타당성을 조사해야 한다. 그런데 이러한 타당성 조사와 관련된 규정에 문제점이 있어 이를 개선하겠다는 내용의 보고서다.

공공기관의 예비타당성 조사의 문제점 분석 내용을 별도의 목차(II. 문제점)로 다루고 있다. 문제점을 분석한 세부 내용은 다음과 같다.

II. 문제점

☐ 해외입찰사업의 신속한 예타 절차 필요

  ○ 현재 우선협상대상자 선정 이후 예타를 착수하고 있으나,
    계약체결까지 예타 수행기간(4개월) 확보가 어려운 경우 발생 가능성

  < 입찰형 사업 진행 절차 > 사업 발굴 및 선정→기관 리스크 심의위
  →입찰 참여→**우선협상대상자 선정**→계약협상→**계약체결**
   * 우선협상대상자 선정부터 계약체결 전까지 2~3개월 소요되는 경우 다수

☐ 貸主團 중심의 수익성, 리스크 등 사전타당성 검토를 거친 해외 PF사업의 경우,
  예타와 일부 조사내용 등 중복 가능성

☐ 해외사업 예타 조사기준 합리화 필요

  ○ 해외사업의 경우 할인율 적용 시 국가 리스크 프리미엄을 가산하나, 국제기구에서 보증
    시 이를 고려할 필요

  ○ 민간기업과 동반 해외 진출하는 경우 고용, 연계산업 시너지효과 등 국내경제에의 파급
    효과 고려 필요

☐ 자원개발 탐사 사업의 타당성 검증 절차 미비

  ○ 그간 탐사 사업은 예타 제외하였으나, 자원개발사업의 성패를 좌우하는 탐사 단계부터
    외부의 객관적인 타당성 검토 필요성 제기 (중략)

---

87) 공공기관 예비타당성조사 제도 개선 방안_해외사업을 중심으로(2016.10), 기획재정부, https://bit.ly/2KRRzHT

✏️ **다음 예시를 보세요**[88) **단독 목차 수준에서 분석 제시 2**

Ⅰ. 추진배경
Ⅱ. 기존 지역계획의 한계
Ⅲ. 기본방향
Ⅳ. 추진방안
Ⅴ. 향후 추진계획

해안에 위치한 관광산업 발전 거점 조성을 위한 시범사업 추진 관련 보고서의 목차다. 'Ⅱ. 기존 지역계획의 한계' 목차에서 알 수 있듯이 기존 계획의 문제점을 분석해 별도의 목차로 제시했다. 문제점 분석은 'Ⅳ. 추진방안'의 논리적 근거가 되고 분석의 명확성과 구체성은 보고서 설득력에 큰 영향을 끼친다. 문제점을 별도의 목차로 구성한 내용은 다음과 같다.

Ⅱ. 기존 지역계획의 한계

□ '콘텐츠 경쟁력' 및 실행력 부족
  ○ 지역 특성을 반영한 차별화된 콘텐츠가 부족하고, 체계적인 운영 프로그램이 미흡한 물리적 시설 위주의 계획 수립
    ▪ 지자체는 독창적 콘텐츠 발굴을 위한 전문성 등 제반여건 미흡 (중략)
  ○ 계획에 포함된 사업들은 백화점식으로 나열되어 있고, 사업 간 유기적 연계 및 장·단기 실천 전략이 미흡하여 실행력 확보도 어려움
□ 지역의 '발전거점' 조성에 한계
  ○ 기존의 행정구역 단위 계획은 계획의 효율성이 저하
    ▪ 市·郡 단위 지역계획은 인근 지역 자원을 공유·활용하지 못하고, 道 단위 지역계획은 계획 범위가 넓어 거점 조성에 부적합 (중략)
□ 중앙부처·지자체·분야별 전문가 간 '연계·협력' 부족
  ○ 문화, 산업, 관광, 교통, 환경 등 다양한 분야가 계획에 포함되나,
    ▪ 분야별 전문가·부처 간 협업이 미흡하고, 개별사업 간 추진시기도 상이하여 지역계획이 목표하는 사업성과 도출에 한계
  ○ 지자체 간 연계·협력도 부족*하여 유사사업 유치를 위한 과열경쟁 및 사업 중복**으로 인한 비효율(규모의 불경제) 초래 (중략)

  ☞ 관광·특화산업 등 지역자원과 기반시설을 체계적으로 연계하고, 협력적 거버넌스 구축, 규제완화 등을 담은 **지역계획 수립·시행 필요**

---

88) 해안권 발전거점(관광형) 조성을 위한 지역계획 시범사업 추진방안(2016.7), 제11차 경제관계장관회의(기획재정부), https://bit.ly/2Vh10V9

예시 소스

3대 소스 중 두 번째는 예시다. 보고서에서 예시는 ① 현장감을 높여주고, ② 구체적인 부연 설명이 가능하며, ③ 실증의 역할도 한다. 이처럼 다양하게 활용할 수 있는 예시는 보고서의 신뢰성, 객관성 및 현장감을 높여준다.

"뜬구름 잡는다."는 지적과 함께 보고서가 반려되었다면 구체적인 예시를 추가하는 것이 하나의 방법이다. 다만 주의할 점은 꼭 적합하고 대표성을 띠는 예시를 사용해야 한다는 것이다. 대표성이 떨어지는 예시를 사용하면 마치 전체가 그런 것처럼 사실을 왜곡할 여지가 있기 때문이다. 이처럼 중요하고 다양한 소스 역할을 하는 예시에 대해서 알아보자.

✍ **다음 예시를 보세요**[89) **예시 1**

---

1. 글로벌 혁신·창업 거점의 성공요인

☐ 혁신에 열중할 수 있는 저렴한 창업공간을 충분히 확보

    ○ 혁신을 이끌어가는 주요 클러스터는 창업기업이 부담 없이
       아이디어를 구상하고 사업화할 수 있는 기업육성공간을 확보

> ▪ **英 테크시티**(Tech-City) : 연방·지방정부가 합동추진한 창업 클러스터로
> 저렴한 임대료로 공동작업을 할 수 있는 TechHub 공급(창업기업 5천 개 밀집)
> ▪ **中 중관촌** : 창업거리에 40개의 '차고카페'를 조성하여 1일 4,000원으로
> 사무집기와 공간을 사용할 수 있는 오픈공간 구성(2만 개의 혁신기업 밀집)

☐ 공공주도의 지원과 민간의 역량이 결합

    ○ 중앙.지방정부가 혁신공간을 조성하고, 민간 행위자들 간 자생적 노력에 따른 상호협력,
       연계를 통해 시너지 효과를 창출

> ▪ **佛 소피아 앙티폴리스** : 지방정부와 함께 입주기업으로 구성된 각종 클
> 럽이 참여하는 자발적 협의체를 통해 기업 간 상호협력(1,500개社, 3.6만 명)

☐ 문화.정주여건이 갖춰진 최적의 혁신환경 조성

    ○ 클러스터 내에 창업자와 근로자들이 소통.교류할 수 있는
       환경을 조성하여, 협업 생태계 활성화

> ▪ **싱가포르 One-North 지구** : 사무공간, 호텔, 문화시설, 미디어광장을
> 복합하여, 일과 생활, 놀이가 조화를 이루는 융복합단지로 조성

☐ 과감한 지원과 One-Stop 서비스 제공

    ○ 클러스터에 정부의 지원(예산.세제)을 집중하고, 혁신기업들에게 사업.생활 관련 원스톱
       서비스를 제공하여 창업부담 해소

> ▪ **美 코넬테크** : 뉴욕시에서 현금 1억 달러와 시유지 5.6만 평 무상제공
> ▪ **대만 신축과학단지** : 국가 과학위원회 소관 지원사항을 원스톱 서비스

    혁신·창업 거점의 성공을 위한 중요한 요인을 설명하고 있다. 성공요인별로 예시를 제공하고 있다. 성공요인에 대한 구체성과 객관성을 높이기 위해 예시 소스를 사용한 것이다.

---

89) 판교 제2테크노밸리 활성화 방안(2017.12), 중소벤처기업부, https://bit.ly/2GwumH5

3. 학생의 성장을 지원하는 평가 체제 조성

□ 중간·기말고사 등 학교 단위의 총괄 평가의 비중을 축소하고, 형성평가, 과정 평가 등을 확대하는 등 수시·상시평가 비중을 확대

  ○ 학기 중 교과와 관련된 모든 학습 활동(형성평가, 과제, 수업참여도 등)에 대해 평가하고, 이에 따른 학습 처방을 제시하여 학생의 성장 지원

> **< 해외의 수시·상시 평가 운영 사례 : 미국 A 중학교 >**
> - (평가 방식) 각 교과목별로 모든 학습 활동을 모두 점수로 환산하여 성적 반영
>   ※ 예 : 출석 10%, 과제 5회 30%, Quiz 5회 30%, 발표·토론 참여도 10%, 중간·기말고사 20%
> - (성적 보완) 평가에서 원하는 성적을 받지 못한 경우, 과제 혹은 재시험 기회 부여
> - (성적 관리) 온라인 학생 관리 시스템을 통해 매일 각종 형성평가 및 과제 제출 등에 대한 성적을 업데이트하고 부족한 부분을 보완할 수 있는 기회 부여

  ○ 과목별 특성 및 수업 활동과 연계하여 학생의 능력과 적성에 맞는 최적화된 평가 방식은 교사 재량으로 결정

    ■ 모든 과목에 대한 평가는 성취평가(절대평가)를 원칙으로 하되, 평가의 신뢰도와 타당도를 제고할 수 있도록 평가 방법과 과정 등에 대한 검증 강화

> **< 해외의 학교단위 학생 평가 사례 >**
> - (이스라엘) 학생들 간 상호비교를 중시하는 규준지향평가(상대평가)보다는 개별 학생의 성취 정도에 관심을 갖는 준거지향평가(절대평가) 방식을 채택
>   ※ 교육과정 운영과 학생평가에 있어 학교장과 교사에게 넓은 재량권이 부여되고 있어 학생들의 학업성취도를 표기하는 방식도 학교마다 다름
> - (미국) 미국은 학생의 수강 과목 평균점수(GPA)를 산출할 때에 학교마다 그 기준을 다르게 설정하는 등 대입에서 중요하게 고려되는 GPA 계산에서도 학교의 자율성이 인정됨

지능정보사회에 필요한 인재를 양성하는 데 기존 평가 방식으로는 한계가 있어 이를 개선하고자 한다는 내용이다. 이에 적합한 선진 사례를 소개하며 주장하려는 논리를 보완하고 있다. 이처럼 벤치마킹을 통한 예시는 단순히 현장감을 높이는 소스의 역할을 넘어 주장하는 바를 뒷받침하는 강력한 객관적 증거 역할을 한다.

---

90) 지능정보사회에 대응한 중장기 교육정책의 방향과 전략(2016.12), 교육부, https://bit.ly/2W2eD81

✏️ **다음 예시를 보세요[91] 예시 3**

---

3. 전략과 기업문화를 조화시킨 기업들 사례

□ 문화는 성공 기업에 숨어 있는 비밀! 전략은 모방할 수 있어도, 문화는 모방할 수 없음

  ○ 특허 기술은 서로 모방할 수 있고, 스타급 직원은 경쟁사에 빼앗길 수도 있지만, 기업문화는 모방하기 힘듦. 강력한 기업문화는 인재와 기술을 유인하는 힘을 발휘함

□ **[사례 ①] 뉴코어(Nucor)의 혁신전략과 특유의 기업문화**

  ○ 미국 철강산업은 기업 인수를 통해 덩치를 키워 규모의 경제를 실현하고 이를 통해 원가절감 및 경쟁력을 제고하는 전략을 오랫동안 구사해 왔음. 이것이 철강산업의 표준이었음 (중략)

  ○ 뉴코어의 성장에 독특한 기업문화가 큰 역할을 했음. 뉴코어는 다섯 가지를 차별화된 문화적 요소로 가지고 있음

    (1) 분권화와 경영철학, (2) 성과에 기반한 보상, (3) 평등주의적 복리후생
    (4) 고객 서비스 및 품질 최우선, (5) 기술 리더십 (중략)

□ **[사례 ②] 라이언항공사(RyanAir) vs 이지제트(EasyJet)항공**

  ○ 유럽의 두 항공사 라이언에어와 이지제트는 SWA를 벤치마킹하여 항공서비스 시장을 공략하고 있음. 이들은 닮았지만 다른 전략과 문화를 구축하고 있음

  ○ 라이언에어는 핵심서비스에 집중하는 전략으로 정시 도착, 수화물 분실 최소화, 부대 서비스 유료화, 고객 서비스 최소화를 목표로 함 (중략)

  ○ 이지제트가 저가전략을 구사하는 것은 SWA와 동일함. 다만 이지제트는 고객 서비스 최소화 전략을 구사했던 SWA와 달리 고객 서비스를 포기하지 않음. 브랜드 이미지 구축에 노력하고, 철저한 승무원 교육을 통해 …(중략)

□ **[사례 ③] 넷플릭스(Netflix), 기업문화 핵심 요소를 명확히 정의해 인터넷에 공개**

  ○ 넷플릭스는 문화와 관련된 내용을 파워포인트 126쪽짜리 문서로 만듦. 이것이 이 회사의 실질적인 사업 계획서이며 이에 기반하여 모든 경영이 이루어짐 (중략)

전략과 기업문화가 조화를 이루어야 한다는 내용이다. 이와 같은 내용은 정량적인 데이터를 통해 입증하기 어려운 주제다. 그 때문에 다양한 기업의 사례를 통해 어떻게 실천해나가고 있는지 설명하고 있다. 단순히 하나의 사례를 소개하는 수준이 아니고, 우수사례를 통해 벤치마킹 시사점을 도출하는 중요한 역할을 하고 있다.

---

91) DNA를 바꾸면 전략이 살아난다(2014.10), 포스코경영연구원, https://www.posri.re.kr

> **네트워크 경쟁시대를 살아가는 5가지 전략**
> 1. 일본 네트워크를 보는 관점
> **2. 네트워크 경쟁시대: 사례와 교훈**
> 3. 5가지 네트워크 전략
> 4. 시사점

초연결 사회를 움직이는 핵심인 네트워크를 기업에서 어떻게 활용할 것인지에 대한 방안(전략)을 제시한 보고서다. 여기서 주목할 목차는 2.네트워크 경쟁시대: 사례와 교훈이다. 하위제목을 보면 다음과 같다.

> 2. 네트워크 경쟁시대: 사례와 교훈
> ○역사적 사례 : 생존과 흥망을 가른 네트워크
> ○제조업계의 사례 : 산업 융합화로 네트워크 경쟁이 더욱 가열됨
> ○철강업계의 사례 : 확산되는 경쟁사 및 고객 협력 네트워크
> ○서비스업계의 사례 : 협력 네트워크 선점효과

역사적 사례부터 서비스업계의 사례까지 소개하고 있다. 사례를 별도의 목차(2.네트워크 경쟁시대: 사례와 교훈)로 편성해 보고서 주장을 뒷받침하고 있다. 다양한 사례는 파급력이 큰 의사결정을 앞두고 있을 때 중요한 참고자료가 된다. 선진사례만 담긴 '벤치마킹 보고서'를 별도로 만드는 경우도 있다.

---

92) 네트워크 경쟁시대를 살아가는 5가지 전략(2016.4), 포스코경영연구원, https://www.posri.re.kr

정의 소스

기업 혹은 조직의 임무, 비전, 핵심가치 등은 한 문장 혹은 몇 개의 단어로 제시된다. 기업 로고(Logo) 역시 기업이 지향하는 바를 상징적인 이미지로 함축해서 표현한다. 하지만 함축적인 의미가 포함된 단어(혹은 짧은 문장)나 이미지를 처음 본 사람이 그 깊은 뜻에 감춰진 의미까지 헤아리기는 어렵다. 이런 상황이라면 그 내용을 풀어서 설명해야 한다. 이것이 정의다. 정의 소스는 용어나 개념을 명확히 하는 것을 말한다. 보고서를 읽는 사람이 잘 모를 만한 새로운 용어나 어려운 개념이 등장할 때, 주장하는 바를 명확히 하고자 할 때, 누구나 알고 있을 거라 생각하지만 세부적인 해석에서 혼선이 있을 때 등 다양한 상황에서 사용할 수 있다.

✎ **다음 예시를 보세요**[93) **정의 1**

---

1. 협업(Collaboration), 무엇인가?

☐ '협업'이란 진부함이 느껴질 정도로 익숙한 주제임에도 불구하고, 의외로 협업에
  대한 이해는 두루뭉술한 경우가 대부분

  <협업의 정의>

  ○ 국립국어원 : 많은 노동자들이 협력하여 계획적으로 노동하는 일

  ○ 위키피디아 : '모두 일하는', '협력하는 것'이라는 의미로 공동 출연, 경영, 합작, 공동 작
    업을 가리키는 말

  ○ 웹스터 : 지적인 노력을 하면서 다른 사람들과 공동으로 또는 함께 일하는 것

  > [구글 회장 에릭 슈미트]
  > "누가 '협업'이란 단어를 말하면 평균 45세 직장인들이 함께 둘러앉아 멋진
  > 취지와 태도로 고상한 대화를 나누는 팀을 연상한다"고 언급. 협업은 단순히
  > 일을 함께하는 것이 아니라는 점을 시사

'협업'이란 단어의 의미를 모르는 사람은 없을 것이다. 새롭게 등장하거나 어려운
용어는 아니지만, 협업 대상이나 협업 범위 등 세부적인 내용에 대해 해석하는 정도는
다를 수 있다. 그래서 협업에 대한 정의를 살펴보는 것으로 보고서를 시작하고 있다.

---

93) 성과를 창출하는 협업이 '협업'이다(2013.12), 포스코경영연구원, https://www.posri.re.kr

✎ 다음 예시를 보세요[94] **정의 2**

Ⅰ. 종합계획 수립 배경

　◆ 소공인은 **제조업의 모세혈관**으로 국내 제조업의 성장 기반이었으나, **3D 업종으로 인식되어** 그 역할과 중요성이 저평가
　◆ '15년 '**도시형소공인 지원에 관한 특별법**(이하 소공인법)' **시행**을 계기로 전담조직의 신설, 예산의 획기적 확대 등 독자적인 **지원체계 마련**
　◆ 중국 심천(深圳)의 **다품종 소량생산 활성화**, 일본의 모노즈쿠리 우대 환경을 벤치마킹하여 소규모 제조업 **재성장의 계기로 활용**

도시형소공인의 개념

□ (개념) 높은 노동집약도와 숙련기술을 기반으로, 일정지역에 집적하는 특성이 있는 10인 미만의 소규모 제조기술기업(소공인법 제2조)

　*표준산업분류(중분류) 24개 제조업종 중 자본집약도가 높은 5개 업종을 제외한 19개 업종

□ (경제적 위상) 소공인은 산업의 **뿌리이자** 부가가치 창출의 원천

　○ (B2B 기반) 제조의 전방공정에 주로 참여, 시제품 제작, 부품 및 반제품 제작·납품 등을 통해 완제품의 제작에 기여 (중략)

'도시형소공인'의 뜻을 명확히 알고 있는 사람은 많지 않을 것이다. 보고서에서는 다품종 소량 생산을 하는 전문 직종에 종사하는 사람들을 일컫는다고 정의하고 있다. 이런 전문가들의 산업 내 중요성이 증대되고 있기에 이에 대한 정책적 지원을 하겠다는 내용이다.

---

94) 소공인 경쟁력 강화 방안(2017.3), 중소기업청, https://bit.ly/2UJduW9

> 1. 비전 : 행복한 아동, 존중받는 아동
>   ○ (행복) 아동이 생애주기에서 가장 행복한 시기로 아동기를 누리고 체감할 수 있도록 아동 친화적 발달환경을 제공
>   ▪ 이를 위해 아동을 행복하게 키울 수 있도록 가정을 포함해서 영유아 돌봄 공간, 교육 공간 등 발달환경에 대한 근본적인 변화전략 마련
>   ○ (존중) 발달·생존·보호·참여 등 모든 영역에서 아동을 권리의 주체로 인정하고, 아동의 권리를 온전하게 실현
>   ▪ 이를 위해 아동권리 실현에 있어서 발달주기별·분야별 취약 요인을 진단하고 근본적인 해소전략 마련

'행복한 아동, 존중받는 아동'이라는 비전을 제시하고 있다. 보통 슬로건 형식의 비전은 몇 개의 단어나 짧은 문장으로 되어 있다. 그래서 비전 문구만 봐서는 함축적인 의미까지 파악하기는 어렵다. 이런 경우 중요 키워드가 의미하는 바를 정의할 필요가 있다. 그래야 비전이 지향하는 바를 명확히 이해하게 된다. 비전 키워드 자체가 어려워서가 아니라, 키워드에 담긴 함축적인 의미를 명확히 전달하기 위해 정의가 필요한 것이다.

---

95) 제1차 아동정책 기본계획(2016.6), 보건복지부, https://bit.ly/2GzNEeF

---

2. 법적근거 및 범위

□ 법적근거

   ○ 「크루즈산업의 육성 및 지원에 관한 법률」 제5조에 따른 크루즈 산업 육성 기본계획 수립

> ＊ **크루즈산업의 육성 및 지원에 관한 법률 제5조**
> ① 해양수산부장관은 크루즈산업을 체계적이고 효율적으로 육성하기 위하여 5년마다 대통령령으로 정하는 바에 따라 크루즈산업 육성 기본계획을 수립
> ② 기본계획에는 크루즈산업 육성의 기본방향, 동향 분석, 기반 조성, 경쟁력 강화, 전문인력의 양성, 투자 확대, 국제행사 등의 유치, 외국적 크루즈선의 기항 확대, 국가 간 크루즈산업의 협력

□ 계획의 범위

   ○ (시간적 범위) 2016~2020년(5개년)
      ▪ 세계 크루즈 시장의 연 5% 이상 성장과 급성장하는 아시아 크루즈 시장의 변화에 적기 대처하고자 5년마다 기본계획 수립
   ○ (공간적 범위) 대한민국의 주권이 미치는 영해, 관할 해역 및 바다와 인접한 연안지역
   ○ (내용적 범위) 크루즈 기반조성, 해외 크루즈 관광객 유치, 국적 크루즈 선사 육성, 연관 산업 활성화 등
      ▪ 크루즈 산업과 관련된 산업의 법, 제도, 기본계획 등을 포함

    크루즈산업을 육성하겠다는 정부 계획 중 일부다. 크루즈산업 육성은 관련 법률에 따른 것이라는 점을 먼저 정의한 다음 이번 계획의 시간적 · 공간적 · 내용적 범위를 명확히 정의하고 있다.

---

96) 제1차 크루즈산업 육성 기본계획(2016.3), 해양수산부, https://bit.ly/2L1GBjc

3대 패턴과 3대 소스의 결합

지금껏 살펴본 3대 패턴과 3대 소스를 육각형으로 표현한 이유가 있다. 각각의 패턴과 소스를 레고 블록처럼 붙일 수 있다. 마치 벌집 모양처럼 말이다.

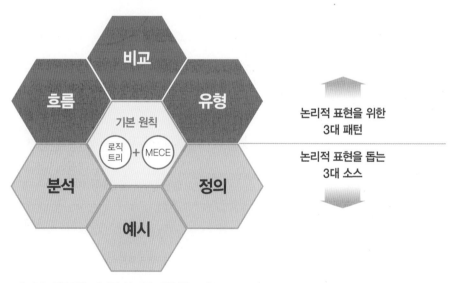

▲ 논리적 표현을 위한 3대 패턴과 논리적 표현을 돕는 3대 소스

이것은 각각의 패턴과 소스를 독립적으로 사용할 수도 있지만 이를 결합하면 다양한 표현이 가능하다는 것을 의미한다. 3대 패턴과 3대 소스를 다양하게 결합하면 어떠한 논리적인 표현도 가능하다.

논리적인 표현을 위해 3대 패턴과 3대 소스를 결합하면 무한 확장 가능

▲ 논리적 표현을 위한 3대 패턴과 논리적 표현을 돕는 3대 소스의 확장 방법

논리적 구성을 위해 3대 패턴 중 하나를 기본 구성 기준으로 삼고 보고서를 작성한다. 그런 다음 논리 보완을 위해 다른 패턴이나 소스를 덧붙여서 보고서를 확장하는 것이다.

📑 **학습 정리**

---

1. 논리적 내용 구성을 위한 3대 소스 : 분석, 예시, 정의

2. 분석 소스 : 개선 방안을 제시해야 하는 보고서에서 무엇이 문제인지 설명해야 한다면 분석을 주로 사용한다.

▶ 핵심을 찌르는 치밀한 분석일수록 개선 방안의 설득력이 증가한다.

▶ 분석은 주장하는 바의 근거가 되므로 객관적이고 정확해야 한다.

▶ 저명한 기관이나 학자의 의견, 구체적인 데이터 등이 뒷받침될수록 신뢰성이 높아진다.

▶ 분석을 다루는 부분은 하위 목차로 다룰 수 있으나 분량과 중요도를 고려해 별도로 제시할 수 있다.

3. 예시 소스 : 예시를 사용하면 보고서의 신뢰성, 객관성 및 현장감을 높일 수 있다.

▶ 예시는 보고서의 현장감을 높여주고, 구체적인 부연 설명이 가능하며 사례를 통한 실증의 역할도 겸한다.

▶ 예시는 적합하고 대표성을 가진 것을 사용한다. 잘못된 예시는 전체 내용을 왜곡할 수 있다.

4. 정의 소스 : 새로운 용어나 어려운 개념, 주장하는 바를 명확히 하고자 할 때, 누구나 알고 있을 거라 생각하지만 세부적인 해석에서 혼선이 있을 때 등 다양한 상황에서 사용한다.

▶ 모두가 익숙하게 쓰는 단어라도 세부적인 내용, 해석하는 범위가 다를 수 있다. 이때 단어의 정의를 명확하게 하여 이해를 도울 수 있다.

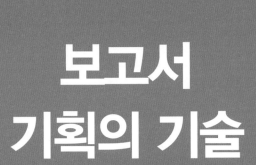

보고서
기획의 기술

기획이란
무엇인가

    기획과 계획의 차이가 무엇일지 생각해보자. 언뜻 보면 말장난 같기도 하고 비슷하면서 다른 것 같기도 하지만 중요한 차이점이 있다.

    필자는 어릴 때 방학이 시작되면 큰 종이에 원을 그리고 24등분해 하루 일과를 적어 넣었다. 그 종이의 맨 위에는 큼지막하게 생활 계획표라고 적었다. 물론 잘 지켰던 것은 아니다. 하지만 가만히 생각해보면 생활 계획표를 생활 기획표라고 부르지 않는다. 생활 기획표라고 하지 않는 것은 그만한 이유가 있어서다. 먼저 두 단어의 정의를 통해 그 이유를 살펴보자.

계획 計劃 Plan	구분	기획 企劃 Planning
셀 계計+계획할 획劃 (꼼꼼히 헤아려 작정하는 것)	한자	도모할 기企+계획할 획劃 (도모하여 계획하는 것)
명사 : Plan 계획 그 자체	영어	동명사 : Planing 계획^{Plan}하기 위한 모든 과정, 활동^{ing}
할 일을 잘 배치/배열하는 것	풀이	새로운 것을 일으켜 변화를 도모하기 위해 계획하는 것

▲ 계획과 기획의 정의 1

계획의 계計는 꼼꼼히 헤아린다는 뜻이다. 일을 실수 없이 올바르게 하려고 꼼꼼히 가늠해본다는 의미다. 방학에 책도 읽고, 미진한 과목의 보충 공부도 하고, 운동도 빠짐없이 하기 위해 시간을 꼼꼼히 헤아려 정해놓는 것이 계획이다. 보통 계획은 큰 틀에서 해야 할 일이 정해져 있다. 그 범위 내에서 빠짐없이 일을 어떻게(How) 수행하는 것이 가장 바람직한지 고민하는 것이 계획의 핵심이다.

그렇다면 방학에는 꼭 책도 읽고, 공부도 하고, 운동도 해야 하는 이유가 뭘까? 이런 활동(How)이 내 인생에 어떤 의미(Why)일지를 생각하는 것이 기획의 출발점이다.

> 기획은 어떤 대상에 대해 그 대상의 변화를 가져올 목적을 확인하고, 그 목적을 성취하는 데에 가장 적합한 행동을 설계하는 것을 의미한다. 계획은 기획을 통해 산출된 결과를 의미한다.
>
> 출처 : 네이버 지식백과, 기획, https://bit.ly/2Zfn9XP

어떤 일을 할 때 그 일을 왜(Why) 해야 하는지에 대한 의미와 목적부터 고민하고, 목적을 달성하기 위해 무엇을(What), 어떻게(How) 할 것인지를 고민하는 것이 기획이다. 영어 단어를 봐도 기획(Planing)은 계획(Plan)을 포함하고 있다.

계획 Plan	기획 Planning
Do things right 일을 옳게 하는 것	Do right things 옳은 일을 하는 것
옳은 방법과 순서로 일을 하는 것	옳은 일을 하기 위해 목적과 방향부터 찾는 것
How 중심 사고력 필요 How ⇒ 일하는 방법	Why+What+How 통합 사고력 필요 Why ⇒ 일하는 목적과 의미 What&How ⇒ (목적 달성) 방향과 방법

▲ 계획과 기획의 정의 2

기획의 2요소 What&How

아인슈타인은 1시간을 주며 세상을 구하라고 한다면 55분 동안 문제를 분석하고 나머지 5분은 해결책을 찾는 데 쓰겠다고 했다. 분석보다 해결책이 덜 중요하다는 말이 아니다. 적확한 해결책을 찾으려면 철저한 분석을 통해 문제의 본질을 파악하는 데 집중해야 한다는 말이다. 문제 해결의 열쇠는 문제 정의에 있다.

일을 처리할 때 '어떻게(How) 할까?'를 먼저 생각한다면 계획 중심 사고에 익숙한 사람이다. 방법과 수단을 먼저 생각한다는 의미다. 반면 '무엇이(What) 문제인가?'를 먼저 생각한다면 기획 중심 사고에 익숙한 사람이다. 일하는 이유, 목적, 본질을 먼저 생각하는 것이다. '무엇이 문제인가?'는 문제의 본질에 다가가기 위해 질문하는 것이다.

기획 2요소	질문	탐색해야 할 중심 내용	요약
What	무엇이 문제인가?	목적, 목표 달성을 방해하는 문제와 문제점 탐색	문제를 찾는 것
How	어떻게 해야 하는가?	방법(과제) 탐색	해결하는 것

▲ 기획의 2요소

기획하는 사람은 항상 의문을 품고 문제의 본질에 다가가기 위해 노력해야 한다. 그런 다음 어떻게(How) 할 것인지를 생각하자.

기획의 출발점은
문제의 정의다

"하늘 아래 새로운 것은 없다."

필자는 이 말에 동의한다. 여기서 새로움이란 과거로부터 농축된 인류의 경험과 지식의 산물이라고 생각한다. 따라서 완전한 새로움이란 없다고 본다.

기획할 때도 마찬가지다. 과거로부터 농축된 경험을 살펴야 한다. 과거에 어떤 문제가 발생했고, 어떻게 대처했는지를 살피는 것에서 시작하자. 이것만으로도 문제에 접근하는 중요한 열쇠를 찾을 수 있다. 본격적인 문제 분석 전에 그동안의 추진 경과부터 살피는 경우가 있는데 여기에는 세 가지 장점이 있다.

첫째, 문제 파악에 도움이 된다. 기획의 출발점은 문제와 문제점[1] 파악이지만 결코 쉬운 일이 아니다. 문제의 범위가 너무 넓거나 다양한 경우가 그렇다. 과거에 발생한 사례가 없는 생소한 문제라서 정의를 내리기 어려울 수도 있다. 이때는 가설을 세

---

[1] 기획에서 문제와 문제점은 다르므로 구분이 필요하다. 이는 [문제점 탐색의 기술 03]에서 자세히 설명하기로 한다. 여기서 말하는 '문제'는 문제와 문제점을 포괄하는 뜻으로 사용한다.

우고 문제의 범위를 좁혀나가기도 하는데, 그간 어떤 일이 있었는지 추진 경과를 살펴보면 문제 파악에 도움이 된다.

둘째, 현 수준 파악에 도움이 된다. 기획은 문제를 정의하고 해결하는 일이다. 문제 해결은 현 수준(상태)과 요구(기대) 수준 사이의 차이를 줄이는 것이다. 요구 수준에 맞추기 위해서는 현 수준이 어느 위치인지 정확히 알아야 한다. 추진 경과를 살펴봄으로써 현재 어느 수준인지, 어떤 상태인지를 가늠해볼 수 있다.

셋째, 레퍼런스(Reference) 파악에 도움이 된다. 유사한 문제를 다룬 보고서를 참고하면 목차만 봐도 큰 도움이 된다. 객관적인 분석을 위해 어떤 자료와 데이터를 인용했는지 알 수 있고, 문제 정의에서 해결 방안(과제)의 도출 과정까지 논리적인 흐름도 참고할 수 있다.

✏️ **다음 예시를 보세요**[2] **추진 경과 1**

□ **추진경과**

ㅇ 「**다문화가정 자녀 교육지원 대책**」을 처음으로 수립('06)

ㅇ 다문화학생 교육권 보장을 위한 「**초·중등교육법 시행령**」 개정('08~)

  - 편·입학 증빙서류 개선('08, '10), 다문화학생 특별학급 운영 및 학력인정 근거 마련('13), **중학교 진입 절차** 개선 등('19)

ㅇ 다문화교육 지원을 위한 각종 **정책·사업** 추진

  - 한국어교육과정 도입 및 한국어교육 지원('12~), **다문화교육 정책 학교**＊ 운영('12~), 다문화학생 **대학생 멘토링** 실시('09~)

---

2) 2021년 다문화교육 지원계획(2021. 2), 교육부, https://bit.ly/2TpyTnE

* ('12~'18) 다문화 예비학교 → ('19~) 한국어학급 /
  ('14~'18) 다문화교육 중점학교 → ('19~) 다문화교육 정책학교(초·중등)

- 교과 보조교재 개발(15종, '15~'20), 이중언어교재 개발(9종, '16~'18),
  한국어교재 개발(17종, '19~'20), 한국어교육 영상콘텐츠 제작(222차시, '20~)

○ 다문화교육 추진체제를 위한 **중앙다문화교육센터 지정·운영**('12~)
  및 지역다문화교육지원센터 운영 지원('15~)

○ **코로나19 대응**하여 온라인 개학 지원을 위해 중앙·지역센터를 통한
  통·번역 지원, 원격수업을 위한 영상콘텐츠 및 우수사례 확산('20.)

다문화교육 지원을 위한 기본계획 중 일부다. 그동안 어떤 지원을 해왔는지 파악

할 수 있다.

✏️ 다음 예시를 보세요[3] 추진 경과 2

☐ (계획의 경과) '01년「여성농어업인육성법」제정 후, 지금까지 4
차례 여성농업인육성 기본계획」수립·추진

○ (제1차, '01~'05)「여성농업인의 전문인력화·지위향상·삶의 질 제고를
  통한 건강한 농촌가정의 구현과 농업·농촌사회의 발전」을 목표로
  4개 부문* 8개 과제 추진

  * 여성농업인의 경영능력 강화, 여성농업인의 지위향상 촉진, 여성농업인의
    삶의 질 제고, 여성농업인 정책시스템 구축

○ (제2차, '06~'10)「남녀 농업인이 책임과 성과를 공유하는 지속가능한
  농업·농촌」을 비전으로 **4개 부문*** 23개 과제 추진

  * 여성농업인 지위향상, 여성농업인 전문인력화, 여성농업인 복지증진, 정책
    추진 인프라 구축

---

3) 제5차 여성농업인 육성 기본계획(안)(2020. 12), 농림축산식품부, https://bit.ly/369oCin

○ (제3차, '11~'15)「창조성·전문성·리더십을 겸비한 여성농어업인 육성, 생애주기별 맞춤형 지원으로 여성농어업인의 삶의 질 향상」을 비전으로 **5개 부문** 17개 과제 추진

  * 직업적 지위와 권리 향상, 전문 농어업 경영역량 강화, 지역개발 리더 및 후계인력 육성, 여성농어업인 삶의 질 향상, 정책추진 인프라 강화

○ (제4차, '16~'20)「실질적 양성평등으로 여성농업인의 행복한 삶터, 일터 구현」을 비전으로 **5개 부문** 15개 과제 추진

  * 양성이 평등한 농업·농촌 구현, 여성농업인 직업역량 강화, 여성농업인 지역 역할 확대, 복지·문화 서비스 제고, 다양한 농촌여성 주체 양성

여성농업인 육성 기본계획 보고서 중 일부다. 2001년 관련법 제정 후 총 4차에 걸쳐 육성 기본계획을 수립해 추진했음을 알 수 있다. 특히 최근 추진한 육성 기본계획을 중점적으로 살펴보고 잘한 점과 미흡한 점을 파악한다면 지속 및 확대할 과제와 개선이 필요한 과제를 탐색할 수 있을 것이다.

✏ **다음 예시를 보세요**[4] **추진 경과 3**

I. 추진배경

□ 과거 두 차례 위기('97년, '08년)를 겪으며 **외환분야의 취약성을 보완하기 위해 외환건전성 제도를 지속 정비·보완**

○ ('97년) 기업 부실화와 함께 경상수지 적자, 외화자산·부채 만기 미스매치, 외환보유액 고갈 등이 외환위기 촉발

4) 외화유동성 관리제도 및 공급체계 개선방안(2021. 2), 관계기관 합동, https://bit.ly/3dDPyLa

→ 외환보유액 확충 및 외채 관리 노력과 함께 만기 불일치 축소를 위해 외화유동성 비율('97.7월), 갭비율('99.1월) 규제 도입

○ ('08년) 글로벌 금융시장 불안 속에 은행권 단기외채 증가, 경상수지 흑자 축소 등이 취약요인으로 부각

→ 단기외채 축소, 자본이동 변동성 완화를 위해 선물환 포지션 ('10.10월), 외환건전성 부담금('11.8월) 등 거시건전성 조치 도입

→ 외화유동성 관리 강화를 위해 외화유동성 비율 규제를 정비 ('10.10월)하고, 은행에 대해서는 외화LCR 규제 시행('17.1월)

□ '20.3월 외환·외화자금시장은 '08년 위기 수준의 극심한 불안 경험

○ 외환시장에서 원/달러 환율은 급격한 수급쏠림 등으로 '09.7월 이후 처음으로 1,290원대(3.19일 장중 최고치 1,296.0원)까지 급등

○ 외화자금시장도 보험사 환헤지 수요 등으로 구조적 불균형이 상존하는 상황에서 증권사 수요 등이 급증하며 유동성 경색 발생 (1개월물 스왑레이트(3.23일 △4.3%) '08.12월 이후 최저)

○ 특히, 韓美 통화스왑(3.19일) 이전 원화 약세폭 등 감안시 대외 요인 외에 국내요인도 상당한 영향을 미친 것으로 평가

'20.3.4일~3.19일(韓美 통화스왑 체결) 중 주요통화 절상률

한국	달러	일본	유로	영국	호주	중국	대만	싱가폴	인니	남아공	러시아
△7.6	+4.0	△1.0	△1.9	△9.7	△13.8	△2.2	△1.4	△4.1	△10.7	△11.8	△17.9

외화유동성을 관리하고 공급하는 체계를 개선하기 위한 보고서의 도입부다. 역사는 반복된다고 했다. 과거에 두 차례('97년, '08년) 외환위기를 겪으면서 취약점을 발견해 보완했지만 여전히 미흡한 부분이 있다. 과거 사례 분석을 통해 보완할 점을 탐색할 수 있다.

□ 정책 추진경과

○ '90년대 진료기록 관리, 건강보험 청구 전산화에서 시작되어, '15년 까지 데이터 교류, 표준화 등 의료기관 정보화 위주로 추진

○ 이후, 건강보험 데이터 개방, 보건의료빅데이터 플랫폼(공공기관 데이터 결합) 구축으로 데이터 활용 논의 본격화

- 데이터 3법 개정(가명정보 활용), 보건의료분야 5대 빅데이터 플랫폼 가동 등 보건의료데이터 활용 여건 및 기반 조성 단계 진입

시기별 정책추진 경과

□ 평가

○ 데이터3법 개정 후 보건의료데이터 활용 가이드라인 제시와 결합 전문기관 지정*에도 불구하고, 구체적 활용전략 부재

• 건강보험공단, 건강보험심사평가원, 보건산업진흥원 등 3개 기관

- 5대 플랫폼은 초기단계, 분절적·산발적 추진으로 체감형 성과창출 미흡

▶ 보건의료빅데이터 플랫폼 시범사업 인지도(전문가 FGI, '20.11): "잘모름" 25.8%
▶ 데이터중심병원 CDW 구축시 병원간 표준 부재로 변환에 애로

○ 민간 주도 보건의료데이터 활용 생태계 조성에는 한계

- 데이터 품질, 2차 활용근거, 활용지원 인력 등 활용 활성화 기반 조성 미흡 등으로 국민·기업이 체감할 수 있는 성과 창출 제약

- 데이터 활용에 대한 사회적 공감대 형성과 일관성·통일성 있는 정책추진을 위한 총괄·조정 거버넌스 미흡

---

5) 보건의료 데이터 · 인공지능 혁신전략(2021. 6), 보건복지부, https://bit.ly/3e3Uv0h

보건의료 데이터 · 인공지능 혁신전략 보고서 중 일부다. 1990년대부터 최근에 이르기까지 보건의료 분야 데이터를 어떻게 활용해왔는지 '시기별 정책 추진 경과'로 분석했다. 예시 보고서에서 주의 깊게 볼 부분이 바로 평가다. 그동안 정책을 추진하며 잘한 점도 있지만 ① 구체적인 활용전략 부재, ② 데이터 활용 생태계 조성 한계는 아쉬운 점으로 평가했다. 경과를 살피며 미흡한 점을 파악해 명확히 제시했다.

외부 요인과
내부 요인을 살핀다

정확한 현황 진단을 통해 문제를 정의하기 위해서는 객관적이고 논리적인 분석이 선행되어야 한다. 분석分析의 한자 뜻을 그대로 풀이하면 '나누고 가른다'라는 의미다.

> **분석(나눌 분分, 가를 석析) ⇒ 나누고 가른다**
>
> 복잡한 현상을 다양한 각도로 풀어서 논리적으로 해명함.
> 얽혀 있거나 복잡한 것을 풀어서 개별적인 요소나 성질로 나눔.

한 가지 이유로 문제가 발생하는 경우는 드물다. 복잡하고 다양한 현상의 불균형이 원인인 경우가 대다수다. 이러한 현상을 제대로 파악하기 위해서는 나누고 갈라야 한다. 다시 말해 나누고 가르는 현상 파악의 범위와 수준을 결정해야 한다.

먼저 기획의 목적과 목표를 생각해보자. 현안 해결인지, 중장기 관점의 미래 대비

인지에 따라 현상 파악의 범위와 수준이 달라진다. 현안 해결이 목적이라면 시급히 해결해야 할 문제에 초점을 맞추자. 이때 현상 파악 범위를 좁혀서 깊게 분석해 족집게 해결책을 찾아야 한다.

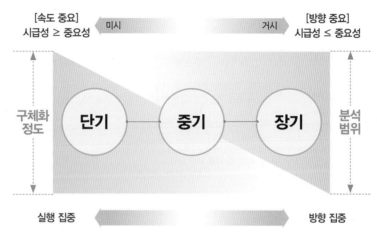

▲ 현상 파악의 범위와 수준

반대로 미래를 대비해 중장기적으로 접근해야 한다면 분석 범위를 넓혀 거시적이고 종합적으로 현상을 파악해야 한다. 미시적으로 접근해 특정 사안에 매몰되면 안 된다.

현상 파악 범위와 수준을 제대로 가늠하지 못하면 현상이라는 숲에서 길을 잃고 만다. 현상을 파악하는 데 많은 시간을 허비해 개선책 탐색에 소홀한 경우를 많이 봤다. 현상이라는 숲을 잘 나누고 잘 가늠할 때 도움이 되는 틀(프레임)을 살펴보자.

먼저 문제에 영향을 미치는 현상을 외부 요인과 내부 요인으로 나눌 수 있다. 만약 국가 수준에서 현상을 분석해야 한다면 외부 요인은 글로벌 환경이고, 내부 요인은 국내 환경이 된다.

구분		외부 요인	내부 요인
거시 ↓ 미시	글로벌/ 국가 수준	글로벌 PEST [6] 요인, 글로벌 트렌드, 해외 상황, 대륙별 상황, 주요국 상황	국내 PEST 요인, 국내 트렌드, 국내 상황
	산업/시장 수준	글로벌 ○○산업(시장) 트렌드 및 일반 현황	국내 ○○산업(시장) 트렌드 및 일반 현황
	기업 수준	글로벌 선도 기업 현황	국내 선도 기업 현황
		국내 선도 기업 현황	자사 현황
	사업 (업무) 수준	글로벌 ○○사업 트렌드 및 현황, 글로벌 주요 기업 ○○사업 현황	국내 ○○사업 트렌드 및 현황 국내 주요 기업 ○○사업 현황
		국내 ○○사업 트렌드 및 현황 국내 주요 기업 ○○사업 현황	자사 ○○사업 현황
시사점		**기회 및 위협 요인 탐색**	**강점 및 약점 요인 탐색**

▲ 외부 요인과 내부 요인의 분석 차이

현상 분석 수준에 따라서 글로벌/국가 수준, 산업(시장) 수준, 기업 수준, 사업(업무) 수준으로 구분할 수 있다. 현상을 수준별로 구분해서 분석하는 이유는 누락되는 요소 없이 현상을 파악하기 위해서다. 수준별로 구분하면 탐색해야 하는 외부 요인과 내부 요인이 달라진다. 예를 들어 국내 화장품 기업[7]이 국내시장 점유율 확대에 한계가 있어 '해외시장 진출'을 검토한다고 가정해보자.

구분	외부 요인	내부 요인
① 글로벌/국가 수준	글로벌 및 주요국별 미용 트렌드 분석 국내 미용 트렌드 분석	·

---

6) PEST는 Political 정치, Economic 경제, Social 사회/문화, Technological 기술을 의미한다. 주로 거시환경을 파악하는 주요 요소(프레임)로 활용한다. 여기에 Legal 법적 요소를 포함해 SLEPT로 부르기도 하고, Environmental 환경 요소를 추가해 STEEP로 부르기도 한다.

7) '기업'이라고 해서 ③ 기업 수준'만 탐색해서는 안 된다. 기업이 사업을 영위하는 국가, 산업(시장)에서도 직·간접적으로 영향을 받으므로 빠짐없이 확인해야 한다.

② 산업/시장 수준	글로벌 화장품 산업 및 시장 분석 국내 화장품 산업 및 시장 분석	•
③ 기업 수준	글로벌 선도 기업 벤치마킹 국내 선도 기업 벤치마킹	자사 분석[8] (사업 현황, 사업 타당성 분석, 핵심 역량 분석 등)
④ 사업/업무 수준		

▲ 해외시장 진출 검토 예시

①글로벌/국가 수준과 ② 산업/시장 수준에서는 국내외 미용 트렌드 파악, 주요 국별 화장품 산업 및 시장에 대한 동향 파악과 분석이 필요하다. 특히 '해외시장 진출' 을 고민하는 만큼 진출 타당성이 높은 국가 중심으로 면밀히 탐색해야 한다. ① 글로 벌/국가 수준과 ② 산업/시장 수준 분석을 통해 해외 진출 시장에 대한 기회와 위협 요인을 파악한다.

③기업 수준 및 ④ 사업/업무 수준에서는 국내외 선도 기업 동향 파악 및 벤치마 킹[9]과 자사 분석이 필요하다. 이를 통해 해외 진출에 필요한 사항과 자사의 역량을(선 도기업 및 경쟁사와 비교해) 객관적으로 진단해야 한다. 해외 진출에 필요한 핵심 역 량을 갖추고 있는지(강점), 무엇이 더 필요한지(약점)를 파악한다.

이처럼 체계적이고 논리적으로 외부 기회 요인과 내부 강점 요인을 활용할 방안 이 무엇인지 살피고, 외부 위협 요인과 내부 약점 요인을 극복할 방안을 살피는 것이 중요하다.

---

8) 기업 입장에서는 자사 분석을 제외한 '국내 분석'도 외부 요인으로 봐야 한다.

9) 선도기업 및 경쟁사의 일반적인 기업 현황을 넘어 '해외 사업(업무)' 추진 동향(현황) 수준까지 파악할 수 있다면 자사 전략을 수립하는 데 큰 도움이 된다.

✎ 다음 예시를 보세요[10] 글로벌/국가 수준

□ 국제사회 동향

○ UN 우주위원회(COPUOS)와 주요 우주개발국을 중심으로 안전한 우주 환경 보호를 위한 **규범화 논의**[*], 우주쓰레기 능동 제거 **기술개발**이 **활발**

　** (예시) Long-Term Sustainability 가이드라인('19.6월 채택) : 안전한 우주환경 조성을 위한 우주물체 궤도·감시정보 공유, 잔해물 제거 기술 촉진, 충돌평가 등의 이행 권고 지침

　- 특히 美 등 **우주 선진국** 20여 개국은 **가이드라인을 적극 준수**하면서, 관련 **혁신기술**[*]의 **개발**을 통한 **세계시장 선점 기회**를 확보 중

　　* (예시) 랑데뷰·도킹, 궤도상 위성수리·재급유, 우주쓰레기 포획기술(로봇팔 그물, 정전기 견인 등)

○ **(미국)** 전세계에서 유일하게 우주물체의 감시·추적을 위한 독자 역량을 갖춘 국가로, 최근 상무부는 우주의 교통법규 서비스[*]를 마련하는 중(~'24.9.)

　　* 우주교통관리(STM, Space Traffic Management) : 물리적·전파적 간섭없이 우주로 발사, 우주에서 활동·귀환하는 우주비행체의 기술·규제 등을 위한 교통 체계

○ **(일본)** 미국과의 동맹을 기반으로 우주감시를 위한 전담 레이더를 개발 중[*]이며, 최근에는 프랑스와도 우주상황인식 관련 기술약정을 체결함

　　* 정지궤도까지 감시가 가능한 고성능 장비로 '23년부터 활용할 예정(약 1조원 규모)

안전한 우주환경 보호를 위해 우주위험대비 기본계획을 수립했다. 우주환경 보호를 주도하고 있는 UN 및 주요 우주개발 선진국들의 동향은 매우 중요한 외부 요인이다. 이를 통해 우주 개발에 어떤 위험이 존재하고 어떻게 대비해야 하는지, 동향 파악을 넘어 가이드라인까지 얻을 수 있다.

---

10) 제1차 우주위험대비 기본계획('14~'23) 2021년도 시행계획(안)(2021. 1), 관계부처 합동, https://bit.ly/2UnlYTj

✏️ **다음 예시를 보세요[11) 글로벌 및 국내 산업(시장) 수준**

Ⅱ. 로봇산업 동향

☐ **(해외시장)** '19년 세계 로봇시장 규모는 전년대비 **3%** 성장한 **305억불** (약 35조)로 서비스용 로봇이 성장을 주도

<세계 로봇시장 매출액(단위 : 백만달러)>

구분	2014년	2015년	2016년	2017년	2018년	2019년	연평균
전 체	16,371	17,988	19,476	26,474	29,666	30,533	13.3%
제조용 로봇	10,196	11,162	13,125	16,306	16,502	13,712	6.1%
서비스용 로봇	6,175	6,826	6,351	10,168	13,164	16,821	22.2%

* 출처 : World Robotics 2020('20.9월, IFR)

○ **(제조용 로봇)** 전기·전자(△15%), 자동차(△19%), 식음료(△7%) 등 주요 수요분야 설비투자 축소로 **전년 대비 17% 감소한 137억불**

* (전기·전자) '18년 105,153대 →'19년 89,052대(△15%), (자동차) '18년 125,581대 → '19년 102,043대(△19%)), (식음료) '18년 12,326대 → '19년 11,496대(△7%))

○ **(서비스용 로봇)** 탐사·유지*(+131%), 물류(+110%) 및 의료로봇(+28%) 수요의 대폭 증가로, **전년대비 28% 성장한 168억불**

* 시설·공장, 탱크·튜브·파이프·하수구, 기타 검사 및 유지 시스템
** 주요 서비스용 로봇 세계시장 규모('19년, 출처: IFR) : 의료(52억불), 가정(42억불), 물류(18억불), 국방(17억불), 엔터테인먼트(12억불), 탐사·유지(2억불) 등

다음 페이지까지 이어진 예시를 보자. 지능형 로봇 산업을 활성화하기 위한 정부 정책을 담은 보고서 중 일부다. 국가 차원에서 산업을 활성화하려는 방안을 강구하기에 해당 산업을 살펴보는 것은 매우 중요하다. 보고서에서는 '해외시장'부터 동향을 살펴보고 있다. 전체 해외시장 규모를 파악한 뒤 제조용과 서비스용으로 구분해 시장을 분석했다. 그런 다음 '국내시장'을 파악했다.

---

11) 2021년 지능형 로봇 실행계획(2021. 4), 관계부처 합동, https://bit.ly/3BZvBco

□ (국내시장) '19년 기준 국내 로봇시장은 5.3조원으로 연평균 13.3%의 성장 추세이나, 전년대비 8.0% 감소하여 다소 위축

    * '19년 기준 실태조사의 경우, 전년대비 개정된 로봇산업 특수분류 적용

< 국내 로봇시장 매출액(단위 : 억원) >

연도	'14년	'15년	'16년	'17년	'18년	'19년	연평균
전 체	28,540	42,169	45,972	55,255	58,019	53,351	13.3%
제조용 로봇	21,013	25,831	27,009	34,017	34,202	29,443	7.0%
서비스용 로봇	3,565	6,277	7,464	6,459	6,650	6,358	12.3%
로봇부품	3,962	10,061	11,499	14,779	17,167	17,550	34.7%

    * 출처 : 2019 로봇산업실태조사('21.1월, 한국로봇산업진흥원)

○ (제조) '19년 제조용 로봇시장은 전년 대비 13.9% 감소한 2.9조원

- 주요 수요산업*의 신규 설비투자 감소 및 중미 무역 분쟁으로 인한 글로벌 경기침체 등의 요인으로 성장세 둔화

    * 19년 설비투자 증감율 : 자동차(△15.1%), 반도체(△0.2%) (KDB 미래전략연구소)

- 전체 525개사 중 대규모 수요처를 확보한 매출 1천억원 이상 기업은 4개사*, 100억원 미만 중소기업은 486개사로 92.6%를 차지

    * 한화정밀기계(3,534억원), 고영테크놀로지(2,095억원), 현대로보틱스(1,892억원), 로보스타(1,706억원)

【 매출규모별 기업 현황 】

구분	1,000억원 이상	500억원 이상	100억원 이상	50억원 이상	50억원 미만
개수	4	7	28	19	467
분포	0.8%	1.3%	5.3%	3.6%	89.0%

- 제조로봇 도입 대수는 전년(30만대) 대비 7.9% 증가한 32만대로 금속(22%↑), 식음료(28%↑), 전기전자(9.2%↑) 업종의 로봇 활용 증가

【 국내 제조로봇 도입 현황(단위 : 대) 】

구분	자동차	전기전자	금속	플라스틱화학	식음료	섬유·목재·종이	기타제조업	기타	합계
대수	95,561	172,488	9,029	9,053	1,557	105	3,432	32,824	324,049
비중	29.5%	53.2%	2.8%	2.8%	0.5%	0.03%	1.1%	10.1%	100%

    * 출처: IFR 2020, WR Industrial Robots ('19년말 누적기준)

국내시장 규모를 파악한 뒤 제조 부문부터 분야별[12]로 자세히 분석했다.

---

12) 지면의 한계로 예시에 넣지 않았으나 '서비스-부품-수출-수입-사업체-고용' 분야별 순서로 현황을 파악했다.

✎ **다음 예시를 보세요[13)] 국가 및 기업 수준**

Ⅱ. 글로벌 반도체 산업 동향

1 **[美・中・EU] 자국 중심 반도체 공급망 구축 추진**

☐ **(美)** 공급망 조사 행정명령과 함께 자국 반도체 경쟁력 강화를 위한 보조금, R&D 지원 등이 포함된 국방수권법(NDAA) 발효.('21.1월)

> * ①반도체 생산시설 구축 시 건당 최대 30억불 지원(2021 국방수권법)
> ②3.31일 인프라 투자 발표 시 반도체 제조시설에 500억불(약 56.5조원) 지원 추가

☐ **(中)** '제조 2025'를 통해 반도체 내재화 노력을 지속 추진, 미국 정부의 對中 제재 이후 자립(自立) 가속화

> * 반도체 기업의 공정 난이도에 따라 세제혜택 차등 지원
> → (28nm↓, 15년↑) 처음 10년간 기업소득세 면제, (65nm↓, 15년↑) 처음 5년간 기업소득세 면제

☐ **(EU)** 10나노 이하 초미세공정 기반 반도체 생산거점을 마련하고, 글로벌 반도체 점유율 20%를 달성하기 위한 정책을 추진 중

> * 반도체 기업 투자금액의 20~40% 수준의 보조금 지원 등을 추진

2 **[민간] M&A를 통한 규모 확대 및 대규모 투자 추진**

☐ 엔비디아-ARM, AMD-자일링스, SK하이닉스-인텔 등 반도체 산업 內 주요 기업간 인수·합병(M&A) 활발

> * '20년 글로벌 반도체 M&A 추진 금액은 1,050억불 상회, 사상 최고 기록

☐ 각국 정부의 글로벌 반도체 공급 확대 요청에 부응하여 TSMC·인텔 등 주요기업은 대규모 투자계획을 발표 중

○ **(TSMC)** 최근 TSMC는 향후 3년간('21~'23년) 1,000억불 투자 발표, 미국 內 6개 Fab 신설에 360억불, 중국 난징에 28억불 투입 예정

○ **(인텔)** 파운드리 분야 진출을 위해 200억불 투자 계획을 발표

> ◆ 각국은 자국 內 반도체 공급망 강화, 미래기술 확보 속도전 진행 중,
> 주요기업은 M&A와 대규모 투자를 통한 미래시장 선점에 집중

---

13) 종합 반도체 강국 실현을 위한 K-반도체 전략(2021. 5), 관계부처 합동, https://bit.ly/2TaSCHQ

반도체 산업 활성화를 위한 보고서 중 일부다. '국가 수준'에서 반도체 선진국들의 동향을 파악했다. 그런 다음 '기업 수준'에서 국내외 선도 기업들의 동향을 살폈다.

마지막에는 주요 국가 및 선도 기업들의 동향을 분석해 시사점을 명확히 제시했다. 외부 요인을 살펴보는 이유는 기회 요인과 위협 요인을 파악하기 위해서다. 기회 요인은 적극적으로 활용할 방안을 마련하고, 위협 요인은 회피하거나 극복할 방안을 찾기 위함이다.

✏️ 다음 예시를 보세요[14) **내부 요인(현 수준 평가)**

5　국내 나노기술 기술수준평가

□ **(기술수준)** 전체 나노기술의 최고기술국은 미국이며, 한국은 미국 대비 85.7%(선도그룹)로 2014년 조사 대비 약 4.2%p가 향상되었으나 여전히 4위의 기술수준을 보유하고 있는 것으로 평가

　* 미국(100%) > 일본(92.0%) > 독일(90.2%) > 한국(85.7%) > 중국(81.4%) 순

　○ 5대 나노분야(중분류) 기준으로 5대 분야의 최고기술국은 미국이며, 한국은 5대 분야의 모든 기술수준이 4위

□ **(기술격차)** 한국과 미국간 기술격차는 2.5년으로 2014년 대비 0.5년 감소하여 기술수준과 연계된 결과로 판단

　○ 일본과 독일은 각각 미국 대비 1.3년, 1.6년 열위로 2014년 대비 격차는 동일

　○ 5대 나노분야(중분류)* 기술격차는 최고기술국인 미국 대비 상대적 기술격차가 3년 내외로 평가

---

14) 제5기 나노기술종합발전계획 글로벌 미래선도 나노 2030(2021. 4), 관계부처 합동, https://bit.ly/3i4spD9

* 미래수요 대응 차세대 나노소자 기술, 건강한 삶을 구현하는 나노바이오 기술, 지속가능한 사회를 위한 나노에너지·환경 기술, 미래산업의 기반이 되는 나노소재 기술, 제조업을 선도하는 나노공정·측정·장비 기술

- 5대 분야 중 '미래수요대응 차세대 나노소자 기술'이 가장 격차가 작은 것으로 평가되어, 한국의 반도체 산업 경쟁력의 위상 재확인

구분	2014년 기준			2016년 기준			2019년 기준		
	기술 수준(%)	기술수준 그룹	기술 격차(년)	기술 수준(%)	기술수준 그룹	기술 격차(년)	기술 수준(%)	기술수준 그룹2)	기술 격차(년)
미국	100(1)	최고	0.0	100.0(1)	최고	0.0	100	최고	0.0
한국	81.5(4)	선도	3.0	83.1(4)	선도	2.7	85.7	선도	2.5
일본	91.9(2)	선도	1.3	93.4(2)	선도	1.0	92	선도	1.3
중국	71.0(5)	추격	4.4	75.6(5)	추격	3.8	81.4	선도	3.1
독일	89.4(3)	선도	1.6	91.4(3)	선도	1.5	90.2	선도	1.6

(출처: 나노기술 수준평가, 국가나노기술정책센터(2019))

6 제4기 계획 목표 대비 현재 수준

☐ (과학기술발전지표) 투자규모는 목표달성 가능, 나노기술수준은 상위로 향상될수록 수준 차이를 좁히는데 더욱 많은 투자와 노력 필요
  ○ 핵심연구인력 및 미국특허청 등록 수는 이미 성과 목표에 도달함

☐ (산업화발전지표) 기업수와 매출비중은 2025년 목표 달성이 예상되나, 이에 수반되는 종사자 인력은 목표 달성이 요원

구분	2015	2019[현재]	2025	비고
나노 과학기술수준	81%	85.7%	92%	2019년 미래나노기술30 기술수준평가 결과기준
나노기술분야 정부 R&D 투자 (정부 R&D 투자 비중)	5,457억 원 (2.9%)	6,994억 원 (3.4%)	8,800억 원 (4%)	2020년 나노기술발전 시행계획 기준

과학기술발전지표	핵심연구인력	9,142명	12,007명	12,000명	나노기술연감 기준
	미국특허청 등록수	985 (세계3위)	1,121 (세계3위) 5,298건 ('15~'19누적, 세계 3위)	5,000건 ('15~'24누적)	주요국 실적 ('15~'19누적) 미국: 36,262 일본: 7,551 독일: 3,290 중국: 3,767 대만: 3,075 2020년 나노기술발전 시행계획 기준
		2015	2019	2025	
산업화발전지표	나노융합제품 매출비중 (국내 제조업 100%)	9.3%	9.7% ('18년)	12%	산업통상자원부, 2020 나노융합 산업조사('20년)
	나노융합 기업 수	609	809	1,000	
	나노융합산업 종사자 수(명)	149,529	152,807	250,000	

※ 2025년 목표치는 제4기 나노기술종합발전계획 상 목표

나노기술 발전을 위해 종합계획을 수립한 보고서 중 일부다. 보고서 특성상 중장기 관점에서 대책을 수립했다. 기술발전계획을 수립한 보고서라서 현재 내부 요인 가운데 우리의 기술 수준에 대한 정확한 분석과 평가가 중요하다. 예시 보고서 '5 국내 나노기술 수준'을 보면 경쟁 대상 대비 기술 수준과 기술 격차[15]를 제시하고 있다. 이뿐만 아니라 '6 제4기 계획 목표 대비 현재 수준'을 보면 알 수 있듯이 과거 대비 현재 수준과 비교하는 것도 방법이다.

5 국내 나노기술 수준	6 제4기 계획 목표 대비 현재 수준
경쟁 대상과 비교 (경쟁국가, 경쟁기업 등)	과거 대비 현재 수준 비교 (과거 수준 vs 현재 수준)

▲ 내부 요인(현 수준 평가)에 따른 수준 비교

15) 예시 보고서는 계량평가가 가능한 경우다. 현실에서는 정량평가가 어려운 경우가 많다. 이럴 때는 정성평가를 통해 상대적 비교 우위를 판단해야 한다.

✎ **다음 예시를 보세요**[16] **내부 요인(추진과제 평가)**

---

1 **성과목표 점검 결과**

☐ **점검방법**

○ 「2020년 '사람투자 10대 과제' 관리 계획」('20.3월, 사회관계장관회의)을 기준으로, 세부과제별 성과목표 달성 여부 확인

- (대상) 61개 세부과제 중 「한국판 뉴딜」 관련 '21년 신규 과제를 제외하고, 총 48개 세부과제 목표 달성도(57개 지표)* 점검

 * '20년 말 기준 확인할 수 없는 국가직종 및 일반직종 취업률, 신산업분야 혁신 전문교과목 개설 수, 사회맞춤형 학과 채용약정 학생 수는 추후 재점검 실시

- (기준) ●양호('20년 목표치 대비 달성률 100% 이상), ◐보통(90% 이상), ●미흡(90% 미만)으로 구분('21년 신규과제는 '미설정' 표기)

 ※ 과제카드를 통해 신호등 체계로 관리 중(【붙임2】): ●양호, ○보통, ●미흡, ○미설정

☐ **결과 : 대부분 정상 추진(양호 55개), 일부 미흡(2개)**

분류	개수	해당 지표(예시)
양호 (달성률 100% 이상)	55	후진학 선도형 전문대학 운영학교(25개교)·수혜자 만족도(85.1점) 인공지능 대학원 수혜인원(444명)·이수자 만족도(4.37점) 고숙련·신기술훈련 과정 수(296개)·참여자 만족도(82.25점)
미흡 (달성률 90% 미만)	2	폴리텍 스마트공장 특화캠퍼스 구축(2개소, 목표치 대비 66.7%) 산업계 공동훈련센터 훈련인원(1,909명, 목표치 대비 77.8%)

○ 미흡 지표는 '20년 점검 결과와 비교하여 동일한 개수이며(2개), 코로나19로 인한 추진시기 지연 및 예산 감액이 주요 요인

【 미흡 지표 점검 결과 상세 】

과제번호/과제명	목표	실적	사유
㊶ 폴리텍 스마트공장 특화캠퍼스 구축	구축 수(신규) 3개소	2개소 (66.7%)	'20년 예산감액에 따른 물량조정
㊾-1 산업계 공동훈련센터 훈련	훈련인원 2,454명	1,909명 (77.8%)	코로나19로 심사·훈련 개시 지연에 따라 훈련 참여 저조

---

16) 「제6차 사회관계장관회의 겸 제2차 사람투자인재양성협의회」, 사람투자 10대 과제 핵심성과 및 향후계획(2021. 4), 관계부처 합동, https://bit.ly/3icKMFZ

예시 보고서를 보면 추진한 과업(과제)별로 목표 달성 여부를 평가했다. 정량평가가 어렵다면 정성평가를 통해 그동안 추진한 과업을 평가하는 것도 내부 요인을 탐색하는 하나의 방법이다.

내부 요인을 탐색하는 목적은 강점과 약점을 파악하기 위해서다. 강점은 지속적으로 추진하거나 더욱 확대할 수 있다. 또한 강점을 활용해 새로운 사업이나 업무를 발굴해 추진할 수도 있다. 약점은 개선 및 보완, 제거하기 위해 노력해야 한다.

 학습 정리

---

1. 기획과 계획은 다르다.

▶ 계획은 옳은 방법과 순서로 일을 하는 것이고, 기획은 옳은 일을 하기 위해 목적과 방향을 찾는 것이다.

▶ 기획은 분석과 해결책이 중요하다. 무엇이 문제인지 파악하고, 문제를 해결할 방법을 찾는 것이 기획의 본질이다.

2. 문제 해결을 위해 추진 경과를 먼저 살핀다.

▶ 추진 경과를 살피는 것만으로도 문제 파악에 큰 도움이 된다.

▶ 문제 해결에 기준이 되는 현 수준을 파악하는 데 도움이 된다.

▶ 유사한 문제를 다룬 보고서를 참고한다면 문제 해결의 단초를 발견할 수도 있다.

3. 문제 탐색을 위해 범위와 수준을 결정한다.

▶ 시급성과 중요성에 따라 단기/중기/장기로 나눌 수 있으며, 단기일수록 실행에, 장기일수록 방향에 집중한다.

▶ 외부요인 분석을 통해 기회와 위협요인을 탐색한다. 또한 내부요인 분석을 통해 강점과 약점요인을 탐색한다.

▶ 외부와 내부요인 분석으로 도출한 기회요인과 강점요인을 적극 활용할 수 있는 방안을 살핀다. 또한 위협요인과 약점요인은 회피하거나 극복할 수 있는 방안을 살핀다.

문제와 문제점은
다르다

기획의 출발점은 문제 정의라고 했다. 추진 경과, 외부 요인 및 내부 요인 등을 종합적으로 살펴 문제를 정의해야 한다. 그런데 여기서 짚고 넘어가야 할 문제가 있다. 바로 문제와 문제점이다. 기획과 계획처럼 비슷해 보이지만 다르다. 무엇이 다르고 왜 구별해야 하는지를 알기 위해 문제와 문제점의 정의[17]부터 살펴보자.

문제 問題	문제점 問題點
① 해답을 요구하는 물음 ② 논쟁, 논의, 연구의 대상이 되는 것 ③ 해결하기 어렵거나 난처한 대상 또는 그런 일	① 어떤 사물이나 현상에서 해결해야 하거나 개선해야 할 점 ② 문제가 되는 점

▲ 문제와 문제점의 차이

해결하기 어렵거나 난처한 대상을 '문제'라고 한다. 즉, 문제는 해결해야 할 대상이다. 그러나 문제를 해결하기 어렵거나 해결할 수 없는 경우가 많다는 것이 문제다.

....

17) 출처 : Daum 한국어 사전, Naver 한국어 사전

중요한 일로 고객을 만나기 위해 외출했는데 갑자기 비가 내리기 시작했다고 가정하자. 여기서 '문제'는 무엇인가?

[문제] 비가 온다.

'비가 온다'를 문제로 정의해보자. 해결할 수 있는가? 비를 멈출 수 없으니 당연히 불가능하다. 그렇다면 '문제'를 해결해야 할 지점, 즉 '문제점'을 찾아보자.

[문제] 비가 온다.

[문제점 ①] 우산이 없다. [문제점 ②] 약속 장소가 야외다.

취소할 수 없는 중요한 약속이라서 꼭 가야 한다. 그런데 우산도 없고, 만나기로 한 장소가 야외라는 문제가 되는 점을 해결해야 한다. 이렇듯 해결해야 하는 지점이 바로 문제점이다. 그럼 다양한 해결 방법을 찾을 수 있다. 이 가운데 최선의 방법을 결정하고 실행하는 것이 기획의 핵심이다.

문제점	대안
① 우산이 없다	[대안 1] 우산을 구매한다. [대안 2] 우산을 빌린다. [대안 3] 집으로 돌아가 우산을 가지고 온다.
② 야외다	[대안 1] 그칠 때까지 기다린다. [대안 2] 약속 장소를 근처 커피숍으로 바꾼다. [대안 3] 약속 장소를 근처 식당으로 바꾼다.

▲ 문제점 분석에 따른 대안 제시 예시

목적과 목표 달성을 방해하는 문제는 해결하기 어렵거나 불가능한 경우가 많다. 불가항력이거나 자원(시간, 예산, 역량 등)의 한계로 해결에 제한이 따르는 경우도 적지 않다. 먼저 문제를 객관적으로 분석하고 현실성을 고려해서 문제점을 정의한 다음 이를 해결할 다양한 방법을 찾아야 한다. 문제점 가운데 가장 중요하고 시급하게 해결해야 할 지점에 자원과 역량을 집중해야 한다. 바로 그 문제 해결의 근원이 되는 지점을 문제점이라 한다. 문제는 같아도 문제점을 어떻게 정의하느냐에 따라 해결 방법은 완전히 달라진다.

시간을 거슬러 2002년 6월 4일로 가보자. 2002 한일 월드컵 조별 리그 첫 경기에서 한국은 폴란드를 2:0으로 이겼다. 단순한 1승이 아니었다. 1954년 스위스 월드컵에 처음 출전한 것을 시작으로 본선에 진출한 총 다섯 번의 월드컵 본선 경기 성적은 4무 10패(11득점 43실점)였다. 월드컵 본선에서 1승을 거두기까지 무려 48년이 걸렸다. 2002 한일 월드컵 유치가 결정된 뒤 대한축구협회는 '16강 진출'이라는 목표를 세웠다. 목표 달성을 위해 세계적인 수준의 감독부터 찾았다. 그렇게 찾은 사람이 1998년 프랑스 월드컵에서 네덜란드를 4강까지 이끈 거스 히딩크였다. 얼마나 간절했으면 프랑스 월드컵 당시 예선전에서 대한민국[18]을 5:0으로 이긴 감독을 찾았겠는가.

한국 대표팀을 맡은 히딩크 감독은 문제점을 하나둘 고쳐나갔다. 그런데 히딩크 감독이 지적한 문제점은 조금 달랐다. 그동안 '문제점'이라고 생각하지 않았거나 알고 있었지만 쉬쉬하고 넘어간 것들이었다.

히딩크 감독이 지적한 한국 대표팀의 문제[19]는 '세계 수준과 실력 차이'였다. 쉽게 말해 축구 실력이 문제였다. 아시아에서는 최고 수준이었지만 세계 수준에서의 실력 차이로 강팀이 즐비한 유럽팀만 만나면 힘을 쓰지 못했다. '아시아 호랑이'라고 불리던 한국 대표팀은 유럽의 강팀만 만나면 '아시아 종이호랑이'로 전락했다. 한국 축구의 문제에 대해서는 누구나 비슷하게 말했지만, 문제점을 해결(개선)하기 위한 히딩

---

18) 이 경기 직후 차범근 감독은 한국 월드컵 역사상 처음으로 경기 중에 경질되었다.

19) 2002 한일 월드컵을 다룬 다큐멘터리 및 당시 언론 등 히딩크 감독의 인터뷰 내용을 토대로 필자가 요약함.

크 감독의 생각은 조금 달랐다.

문제	문제점	해결책(과제)
세계 수준과 실력 차이	첫째, 유럽 강팀 울렁증	• 장기 합숙 및 유럽 전지훈련 • 유럽 강팀과 평가전 추진 • 과학적이고 체계적인 분석을 위한 비디오 분석관 영입
	둘째, 연고주의 및 서열 중심 문화, 선수 차출 제한	• 연고주의 및 연공서열이 아닌 실력으로(신인) 선수 발탁 • 원활한 선수 차출을 위한 K리그 구단 설득 (축구협회) • 식당에서 자리를 섞어 앉고 경기장 내에선 '이름' 부르기
	셋째, 후반 20분 이후 급격히 떨어지는 체력	• 체력 관리 전담 트레이너 영입 • 과학적인 체력 훈련 실시

▲ 한국 축구의 문제점과 히딩크 감독의 해결책 분석

첫째, 세계 수준과 실력 차이를 줄이기 위해 유럽 강팀 울렁증을 문제점으로 정의했다. 분명히 유럽팀과 실력 차이가 컸고 이로 인해 울렁증까지 더해져 제 실력을 발휘하지 못했다. 이에 장기 합숙 훈련을 통해 전술을 가다듬고 조직력을 키웠다. 유럽 강팀과의 경기에서도 주눅 들지 않도록 수차례 평가전을 치르며 담금질했다. 이 과정에서 프랑스와 체코에 5:0으로 지는 수모도 겪었다. 오죽하면 당시 언론에서 히딩크 감독을 '오대영 감독'이라 칭하기도 했다. 심지어 월드컵 개막을 열흘 앞둔 상황에서 치른 최종 평가전 상대는 당시 세계적인 선수들이 즐비했던 잉글랜드와 프랑스였다. 그동안은 최종 평가전에서 지고 월드컵에 출전하면 선수들의 사기가 떨어진다는 이유로 실력이 비슷하거나 한 수 아래인 팀과 평가전을 치렀다. 그러나 히딩크 감독은 이런 관례를 깨고 지는 한이 있더라도[20] 세계 최고 수준의 국가대표팀과의 평가전

---

20) 당시 평가전에서 잉글랜드와 1:1로 비겼고, 프랑스와는 2:3으로 아쉽게 역전패했다.

을 원했고, 대한축구협회는 이를 성사시켰다. 적당히 발만 담근 게 아니라 제대로 담금질한 것이다.

둘째, 축구계에 뿌리 깊게 자리 잡은 연고주의와 서열주의 문화를 문제점으로 정의했다. 테스트를 통해 주목받지 못했던 선수들[21]을 발탁했고, 기존 붙박이 대표 선수들도 경쟁을 통해 선발[22]했다. 대한축구협회와 K리그 구단들의 적극적인 지원 아래 선수 차출도 원활하게 이루어졌다.

셋째, 축구 기술 및 조직력은 미흡해도 정신력과 체력만큼은 강하다는 편견을 깨고, 후반 20분 이후 급격히 떨어지는 체력을 문제점으로 정의했다. 전·후반 90분을 전력으로 뛰면서 지고 있더라도 끝까지 밀어붙이는 체력을 만들고자 했다. 그래야 연장까지 가더라도 해볼 만하다.[23] 대표적으로 '공포의 삑삑이'라 불리는 20m 왕복달리기를 비롯한 체계적이고 과학적인 파워 프로그램을 적용해 선수들의 체력을 높였다. 이를 위해 네덜란드 출신 체육생리학 박사인 페르헤이연 트레이너도 영입했다.

해결책은 문제점이 좌우한다!

이처럼 '문제점'을 어떻게 정의하느냐에 따라 해결책이 완전히 달라진다. 만약 골 결정력 부족과 수비 불안을 문제점으로 정의했다면, 아마도 중요성과 시급성을 고려한 최우선 해결책(과제)은 '실력이 검증된 외국인 용병의 귀화 추진'이었을 것이다.[24] 그랬다면 당시 크게 주목받지 못했던 박지성, 이영표, 송종국, 김남일, 최진철 같은 선

---

21) 대표적인 선수가 박지성, 이영표다. 이 외에도 송종국, 김남일, 이을용 선수가 월드컵을 통해 크게 주목받았다.

22) 1990년, 1994년, 1998년 3회 연속 월드컵에 출전한 대표적인 공격과 수비수였던 황선홍, 홍명보 선수도 치열한 경쟁을 통해서 한일 2002 월드컵 대표팀에 합류할 수 있었다.

23) 한일 2002 월드컵에서 연장까지 치른 16강전(이탈리아), 8강전(스페인)에서 모두 승리했다.

24) 당시 K리그에서 뛰던 브라질 용병 선수의 귀화 가능성에 대한 소식이 보도되었다.

수를 월드컵에서 보지 못했을 것이다. 또한 축구계에 암암리에 만연했던 '연고주의와 서열주의 타파를 통한 실력 중심의 선수 선발 미흡'을 문제점으로 정의하자 숨어 있던 진주가 보였던 것일 수 있다.

문제점 해결을 위해 실행 가능한 형태로 정의한 것을 과제[25]라고 한다. 근본적으로 해결할 수 없거나 통제 범위 밖의 사안을 '문제점'으로 정의하면 이를 해결할 '과제'를 찾기 어렵다. 반대로 지나치게 사소한 사안을 '문제점'으로 정의하면 해결해봤자 실효성이 떨어진다. 적확한 문제점 정의가 문제 해결의 실효성을 결정하는 첫걸음이다.

미국의 34대 대통령 아이젠하워가 시간을 효율적으로 관리하기 위해 사용한 방법이 있다. '중요도'와 '시급성'을 척도로 2×2 매트릭스를 구성해 삶(일)의 우선순위를 관리하는 기법이다. 문제점 해결도 마찬가지다. 가장 중요하고 시급한 문제점을 찾아서 1순위로 해결하려고 노력해야 한다.

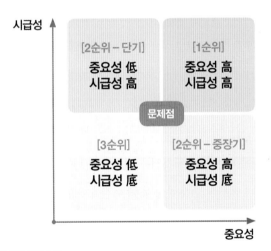

▲ 시급성과 중요성에 따른 해결 과제 순위

25) 위계 및 상황에 따라 전략과제, 실행과제, 세부과제 등 여러 이름으로 불린다. 여기서는 이를 통칭해서 '과제'라고 표현한다.

✏️ **다음 예시를 보세요**[26] **문제**

> ## ① 판로확보는 기업의 성장·생존과 직결되는 가장 중요한 문제
>
> ○ 중소기업은 대기업 대비 물적·인적자원 부족으로 판로개척 역량 미흡
>
> - 그 결과, 뛰어난 아이디어 및 기술력을 토대로 제품화에 성공해도 **판로를 확보하지 못해 파산 등 실패에 직면***하는 경우가 빈번
>
>   * (사례) 영상보안장비 제조업체 A사는 소형 빔프로젝트 개발에 성공했으나, 판매처 확보 부진 및 매출감소 등으로 대출금을 상환하지 못해 폐업에 직면
>
> ○ 정부는 자금·인력·R&D·수출 등의 기업애로에 대해서는 적극 지원해왔으나 판로는 시장 영역(한정된 파이 나누기)이라는 이유로 **조달시장 진출, 수위탁 관계개선 등 제한적으로 접근**
>
>   * 중소기업 지원예산 분야별 비중('20년기준, 중소기업통합관리시스템) : (자금) 48.2%, (인력) 21.2%, (R&D) 15.7%, (수출) 2.6%, (판로) 0.2%
>
> - 반면, 중소기업은 판로를 **최대 애로 분야***로 호소하면서, 자신의 제품·서비스에 적합한 판로를 개척하는데 있어 **실효적 지원 요구**
>
>   * 중기 경영애로사항 조사결과(중기중앙회, '20.11월) : (판로확보) 51.1%, (운영자금) 33.5%, (경기불황) 26.2%, (업체간 경쟁심화) 23.4%, (인력부족) 9.1%

중소기업이 제품을 판매하거나 서비스를 제공할 판로 확보가 쉽지 않다는 점을 '문제'로 지적하고 있다. 그렇다고 정부가 중소기업 제품을 매번 직접 구매해줄 수는 없다. 중소기업을 돕는다고 일부(또는 특정) 기업 제품만 구매한다면 정부가 시장에 개입해 공정거래 질서를 훼손했다는 지적을 피하기 어렵다.

'문제'를 알았으니 객관적인 분석을 통해 해결을 위한 '문제점' 정의가 필요하다.

---

26) 중소기업 판로혁신 지원방안(2021. 2), 관계부처 합동, https://bit.ly/3zci1Ah

✏️ **다음 예시를 보세요**[27] **문제점**

---

② [판로개척 현황] 유통채널 확대 등 추진 중이나 신규채널 발굴관리에 취약

○ **(현황)** 중소기업은 기술개발·제품화보다 판로확보 부담을 더 크게 인식하고 있으며, 판매처 개발 및 유통채널 관리에 가장 취약

　* 기술개발·제품화 부담을 100으로 가정시 판로확보 부담을 105.8로 답변(중소기업 판로실태 조사결과)

< 판로개척 시 가장 취약한 분야 >

구 분	판매처 개발 및 유통채널 관리	제품개선 기획·개발	수요예측 등 시장정보 수집	전문인력 등 인재 수급	브랜드 홍보 및 광고능력
답변 비중	29.9%	19.0%	16.7%	12.2%	10.1%

○ **(문제점①)** 한정된 예산을 활용한 일부 기업 단순지원*만으로는 다수 기업 판로 애로에 대한 근원적 해결에 한계

　* 중소기업제품 전용판매장(정책매장) 운영, 공동A/S 지원, 마케팅페어 개최 등

- 특히, 중소기업제품 전용판매장은 시장에 안착할 수 있는 규모와 브랜드화·특성화 등을 갖추지 못해 본연의 기능* 수행에 곤란

　* 우수중기제품 대상 테스트베드 제공, 소비자 홍보 지원 등으로 시장진출 원활화

○ **(문제점②)** 특정 시장 우수제품의 타시장 진출을 통한 성장 지원 미흡

　* 공공구매제도를 통해 **837개 공공기관**이 **22만개 중기제품을 연간 36.9조원** 구매

- 특히, 조달제품은 다수거래를 통해 신뢰도를 확보했음에도 기업·소비자 인지도 및 구매편의성 미흡으로 신규판로 개척에 어려움

보고서 기획의 기술

　앞선 예시 보고서와 연결해서 살펴보자. 중소기업은 기술개발과 제품화보다 신규 판로 개척 및 관리에 부담을 느끼는 것으로 조사되었다. 구체적으로 정부 주도 중소기업 제품 전용 판매장을 통한 지원으로는 한계가 있다는 '문제점①'과 특정 시장 우수 제품의 타 시장 진출 지원이 미흡했다는 점을 '문제점②'로 정의했다. 예시 보고서는 '문제'를 객관적으로 분석해 해결해야 할 지점, 즉 '문제점'을 명확히 정의했다. '문제점' 정의는 문제 해결의 '시작점'이다.

---

27) 중소기업 판로혁신 지원방안(2021. 2), 관계부처 합동, https://bit.ly/3zci1Ah

문제도 종류가 있다

흔히 '문제'는 현재 수준과 요구 수준의 차이를 말한다. 그런데 요구 수준의 기준에서 차이가 발생한다. 원하는 수준에 따라서 문제를 세 가지 유형으로 분류할 수 있다.

과거에 발생한 문제가 현재까지 영향을 미쳐 해결해야 한다고 가정해보자. 즉, '일어난 문제'에 대한 해결이 필요하다. 이를 발생형 문제라 한다. 발생형 문제는 현재 요구 수준에 미치지 못하는 문제다.

지금은 괜찮지만 앞으로 일어날 수 있는 문제가 있다. 미래에 일어날 문제에 대한 대비가 필요하다. 이를 탐색형 문제라 한다. 탐색형 문제는 미래의 기대 수준을 충족시키기 위해 사전에 대비하는 성격이 강하다.

발생형 문제와 탐색형 문제 성격을 동시에 지닌 문제도 있다. 발생형 문제를 해결하지 않거나 임시방편으로 해결하면 (가까운) 미래에 더 큰 문제로 나타날 수 있다. 이런 문제를 혼합형 문제라 한다. 사실 우리가 현실에서 마주하는 문제는 대부분 혼합형이다.

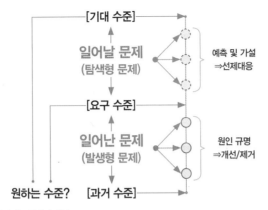

▲ 각 수준별 간극에서 발생하는 문제점 예시

[혼합형 문제]=[발생형 문제]+[탐색형 문제]

발생형 문제	• 일어난 문제 ⇒ 원상회복 추구 • 바람직한 상태로 되돌려야 하는 문제 • 정확한 원인 규명을 통한 재발 방지 중요
탐색형 문제	• 일어날 문제 ⇒ 이상 추구 • 앞으로 어떻게 대처할지를 고민하는 문제 • 명확한 예측 및 가설 설정에 따른 대책 마련 중요
혼합형 문제	• 발생형 문제+탐색형 문제 ⇒ 현실 안정 및 이상 추구 • (과거↔현재) 현재 상태보다 더 개선해야 하는 문제 • (현재↔미래) 목표를 현재보다 높게 설정하고 달성하려고 의도적으로 만들어낸 문제

▲ 각 문제 유형별 분석과 해결책 예시

문제를 구분하는 이유는 무엇일까? 문제의 종류에 따라 해결 방법이 다르기 때문이다. 불이 났다(발생형 문제)면 빨리 꺼야 한다. 발생형 문제의 해결은 중요하다. 그러나 발생형 문제에만 집중하면 사후 처리밖에 안 된다. 피해자가 발생할 수밖에 없다. 불이 난 원인을 철저히 분석해 재발 방지를 위한 탐색형 문제를 해결하면 피해자가 없거나 대폭 줄일 수 있다.

문제를 바라보는 관점에 따라 현재와 미래가 달라진다. 문제 종류별 예시를 보면서 함께 고민해보자.

문제 1 :
일어난(발생형) 문제

　지금의 문제는 지금 생긴 것이 아니다. 1920년대 미국의 한 여행보험 회사 관리자였던 허버트 하인리히(Herbert W. Heinrich)는 고객들이 일으키는 사고를 분석해 1:29:300 법칙을 발견했다. 1회의 대형 사고가 발생했을 경우 이미 그전에 비슷한 29회의 가벼운 사고가 있었고, 그 주변에서는 300회가 넘는 징후가 감지되었다는 것이다.[28]

　대개 심각한 문제는 하루아침에 생긴 것이 아니다. 일어난 문제, 즉 발생형 문제는 현재 큰 영향을 미치는 심각한 문제를 말한다. 이를 해결하지 않으면 당장 우리 삶에 커다란 영향을 미치는 문제다. 일반적으로 완벽한 해결책을 찾으면 좋겠지만 이는 쉬운 일이 아니다. 그래서 발생형 문제는 완벽하지 않더라도 시급한 조치를 우선하는 경우가 많다.

---

28) 출처 : 이것을 '하인리히 법칙'이라고 부른다, 네이버 지식백과, https://bit.ly/2T71gH8

✏️ **다음 예시를 보세요**[29) **발생형 문제**

---

① [수급 동향] 차량용 반도체 부족 문제 심화 및 완성차부품사 생산 차질

□ TSMC(臺)의 차량용 반도체 증산, 인텔(美)의 파운드리 진출 선언 등에도 불구하고 르네사스(日) 화재 등으로 차량용 반도체 부족문제가 심화

o **TSMC**는 최근 생산공정 조정을 통해 차량용 반도체 생산율을 **2~3%** 확대하였음에도 불구하고, 생산설비 부족으로 추가 생산에 한계

o **인텔**은 파운드리 재진출 선언*(3.23) 및 금년 내 차량용 반도체 생산 계획(4.12)**을 밝혔으나, 실제 생산까지는 **6~9개월** 가량 소요 예상

   * 3년간 200억불 투자(연간 66억불 수준)를 통해 '24년 반도체 공장 완공 예정
   ** 상대적으로 여유가 있는 22nm 공정을 재조정하여 차량용 반도체 생산

o 차량용 반도체 3위 업체인 **르네사스**(3.19) 및 **TSMC** 공장 화재(3.31) 및 정전(4.14) 발생으로 인해 **차량용 반도체 생산 차질**

□ 이에 따라, 폭스바겐·포드 등 다수 글로벌 자동차기업이 생산을 감축하였으며, 국내 업계도 생산 차질 발생*
   * 현재 반도체 수급난이 가전 등 전방위적으로 확산되고 있어, 수급 안정화는 3분기보다 늦어질 가능성

o 완성차 생산 차질 여파로 인해 자동차 부품회사 역시 감산, 운영 자금 부족난 등 애로 발생*
   * 자동차 부품회사(1~3차) 53개사 대상 설문조사 결과(자동차산업협회 주관, 4.6)
     : ① 차량용 반도체 수급 차질에 따른 **생산 감소 여부: 48.1%** 업체가 감산
     ② 생산감소 업체의 **감산 수준: 20% 이내** 감산 **64%**, **50% 이내** 감산 **36%**
     ③ 운영자금 부족난 원인: **완성차 감산 33%**, 코로나19 유동성 위기 29%, 원자재 가격 상승 19%

< 국내·외 완성차사 생산 차질 현황 >

국 내	현대차	①**울산 1공장**(코나, 아이오닉5 생산) : **4.7~14일**까지 일시 휴업 ②**아산공장**(그랜저, 소나타 생산) : **4.12~13일**까지 일시 휴업 ③**울산 3공장**(아반떼 생산) : **4.10**(토) 특근 미실시
	쌍용차	·**4.8~16일**까지 평택공장 일시 휴업
	한 국 G M	·'21.2.8일부터 부평2공장(말리부, 트랙스 생산) 조업 **50%** 감축 중, **4.19~23일** 부평1(트레일 블레이저 생산)·2공장 일시 휴업
해 외		·**(GM)** '21.2~'21.5.10까지 美 캔자스, 캐나다 온타리오 공장 조업 중지, 美 테네시·미시간 공장도 조업 중지 또는 감산 검토 중 ·**(포드)** 1분기 10~20% 감산, 켄터기 공장 조업 중지 ·**(폭스바겐)** 1분기 중·북미·유럽 생산량 10만대 축소 ·**(아우디)** 1분기 고급모델 생산 연기, 1만명 단기 휴직 ·**(도요타)** 중·미·일 공장 생산량 일시 조정

---

29) BIG3 산업(미래차) 중점 추진과제(2021. 4), 관계부처 합동, https://bit.ly/3rcqiS3

자동차의 핵심 전장 부품인 차량용 반도체 수급에 문제가 생겨 대책이 필요하다는 내용이다. '[1] 수급 동향' 중 '국내외 완성차사 생산 차질 현황'을 보면 '일시 휴업'이나 '조업 감축'을 할 만큼 시급하고 중대한 사안임을 알 수 있다. 중장기 관점에서 차량용 반도체 수급 안정화를 위한 완벽한 대책도 중요하다. 하지만 당장 조치하지 않으면 국내 완성차 생산 및 공급에 큰 차질이 발생하기 때문에 신속한 대처가 필요해 보인다.

문제 2 :
일어날(탐색형) 문제

탐색형 문제는 발생형 문제와 달리 현재는 큰 위협이 아니지만 예상되는 문제를 뜻한다.

일어난 문제 ⇒ 발생형 문제	구분	탐색형 문제 ⇒ 일어날 문제
과거에 발생해서 지금 당장 조치하지 않으면 큰 위협이 되는 문제	정의	미래에 발생할 가능성이 큰 문제. 현재는 큰 위협이 아니지만 앞으로 큰 위협이 될 문제
시급성 ⇒ 즉각 조치, 해결	해결 목표	중요성 ⇒ 사전 대비, 준비

▲ 탐색형 문제에 따른 정의와 해결 목표

발생형 문제와 탐색형 문제를 구분하는 이유는 해결 목표가 다르기 때문이다. 발생형 문제는 시급성을 우선시해 즉각 조치해서 해결하는 것을 목표로 한다. 반면 탐색형 문제는 방지, 사전 대비의 중요성을 우선시한다. 철저하고 완벽한 사전 대비를 통해 문제 발생 소지를 원천 차단하거나 줄이는 것을 목표로 한다.

Ⅰ. 추진배경	Ⅳ. 비전, 목표 및 추진전략
Ⅱ. 미래 환경 변화와 도전 요인	Ⅴ. 세부 추진과제
Ⅲ. 우리나라 인재 경쟁력 진단	Ⅵ. 추진과제별 소관부처

과학기술인재 육성 및 지원을 위한 중장기 계획의 목차다. 중장기 계획이라서 미래에 어떤 인재가 필요한지 탐색하는 것이 출발점이 되어야 한다. 해당 목차에서는 '미래 환경 변화와 도전 요인'에서 일어날 문제, 즉 탐색형 문제를 어떻게 정의했는지 살펴보고 있다.

앞의 목차와 연결된 다음 예시를 보자.

Ⅱ. 미래 환경변화와 도전요인

1 산업·기술 변화

◇ **일자리 변화 가속화, 불확실성 증가 ➡ 기초·핵심역량 중요성 확대**

○ 4차 산업혁명 시대 첨단기술의 발전으로 상당수의 기존 일자리는 사라지고 새로운 일자리들이 생겨날 것으로 예상

 ※ 신기술 도입·활용이 확대되면서 전 세계적으로 '20-'25년 간 8.5천만개 일자리는 자동화 등으로 대체되고, 9.7천만개의 새로운 일자리가 창출될 것(WEF, '20)

○ 미래 불확실성이 증대되면서 환경 변화에 유연하게 대응할 수 있는 기본 역량과 변화대응력을 갖춘 인재 확보가 더욱 긴요

 ※ 50대 글로벌 기업 요구능력 1위(고용정보원, '19) : (과거) '열정' → (미래) '위기대처능력'

> **< 미래 과학기술인재 핵심역량(WEF('20), OECD('18) 등)>**
> ❖ 유연성·변화대응 역량 : 전공기초·디지털 역량, 자기주도 학습역량 등
> ❖ 문제발견·해결 역량 : 창의·비판적 사고, 융합역량, 디자인씽킹 등
> ❖ 기업가적사고 역량 : 공감·소통·협업, 글로벌·개방적 사고, 실행·추진력 등
> ❖ 사회적책임·인간중심사고 : 윤리의식, 인문학적 소양, 포용적 사고 등

---

30) 제4차 과학기술인재 육성 · 지원 기본계획('21~'25)(안)(2021. 2), 관계부처 합동, https://bit.ly/3hpt3L3

◇ **산업지형과 업무 방식의 개편 ➡ 평생교육 수요 증가**

○ 혁신적인 기술·서비스가 보편화되면서 기존 전통 산업의 성장세는 감소하고 디지털 신기술 기반 기업을 중심으로 산업구조가 재편

< 세계 시가총액 상위 10대 기업 변화 >

구분	1위	2위	3위	4위	5위	6위	7위	8위	9위	10위
'09.12월	PetroChina	ExxonMobil	Microsoft	ICBC	Walmart	중국공상은행	BHP	HSBC	PETROBRAS	Alphabet
'19.12월	aramco	Apple	Microsoft	Alphabet	amazon	facebook	Alibaba	Berkshire Hathaway inc.	Tencent 腾讯	J.P.Morgan

○ 기술의 수명주기가 짧아지고 지식의 발전속도가 가속화됨에 따라 기존 인력의 지속 역량 개발 및 평생교육 수요 확대

※ 향후 15년~20년 사이 현재 일자리의 32%는 직무가 개편될 것(OECD, '19)

---

2 **인구구조 변화**

◇ **저출산에 따른 학령인구 감소 ➡ 미래 인재 부족 위기 직면**

○ 저출산 심화로 인해 향후 10년간 우리나라 이공계 인력의 신규 유입은 큰 폭으로 감소할 전망

※ '19년 합계출산율(0.92) 세계 최저 / 학령인구 급감 전망 : ('20) 7,821천명 → ('30) 6,076천명

○ 과학기술인력의 수요와 공급 간 격차가 점차 확대되어 과학기술 분야의 중장기 인력수급 문제 심화 예상

※ 과기분야 신규인력 수급전망(학사 이상) : ('19-'23) 0.8천명 부족 → ('24-'28) 47천명 부족

<이공계 대학입학가능 자원 전망>

이공계열 대학입학가능 자원(추정치, KISTEP)
이공계열 입학정원(19.2만명, 2019 기준)

199천명
181천명
159천명
141천명
154천명
144천명
151천명
'19 '20 '22 '24 '26 '28 '30

<과기분야 신규인력 중장기 수급전망(학사 이상)>

■공급 ■수요

'19 ~ '23	305.6천명	0.8천명 부족
	306.4천명	
'24 ~ '28	234.3천명	47천명 부족
	281.4천명	

◇ **사회구성원의 다양화 ➡ 특성에 맞는 성장·활동 기반 필요**

○ 디지털친화적·도전적 특성 갖는 Z세대 및 알파세대가 등장

○ 디지털 친화적·도전적 특성 갖는 Z세대 및 알파세대가 등장

> (Z세대) 1990년대 중반 이후 출생, 실용적 소비를 추구하며 디지털 기기 친화적
> (알파세대) 2010년 이후 출생, 디지털 네이티브(native) 세대로 도전적·혁신적 성향 보유

○ 사회 변화에 따라 여성의 경제활동 참여와 리더 역할이 확대되고,
고령화로 인해 신중년 세대(50~60대)가 주요 인구집단으로 부상

※ 여성관리자 비중 : ('09) 14.1% → ('19) 21.1% / 신중년인구비중 : ('20) 29.1% → ('25) 32.0%

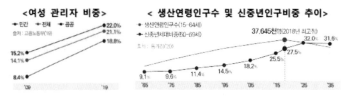

'Ⅱ. 미래 환경 변화와 도전 요인'을 크게 '**1** 산업·기술 변화'와 '**2** 인구구조 변화'로 구분해서 문제를 예측했다.

미래 변화 요인	예상되는 문제	시사점
1 산업·기술 변화	일자리 변화 가속화, 불확실성 증가	기초·핵심 역량의 중요성 확대
	산업 지형과 업무 방식 개편	평생교육 수요 증가
2 인구구조 변화	저출산에 따른 학령인구 감소	미래 인재 부족 위기 직면
	사회 구성원의 다양화	특성에 맞는 성장·활동 기반 필요

▲ 예상되는 문제에 따른 시사점 분석

산업·기술 측면에서는 일자리가 변하고 있고 산업 지형이 대폭 변할 것이며, 인구구조 측면에서는 저출산에 따라 학령인구 감소와 사회 구성원의 다양성이 증대될 것으로 예상된다.

발생형 문제에 비해 시급하게 해결할 문제는 아니고, 예상되는 위협 요인에 대비한다는 점에서 탐색형 문제로 볼 수 있다. 탐색형 문제는 대부분 단기에 해결하기 어려워 중장기 관점에서 단계별 해결을 목표로 하는 경우가 많다.

탐색형 문제는 앞으로 일어날 일을 방지하고 대비한다는 측면에서 예측의 정밀함이 무엇보다 중요하다. 따라서 정량적이며 객관성이 높은 데이터가 뒷받침되어야 한다. 정성적이며 주관적인 예측으로는 설명의 객관성이 떨어져 설득하기 어렵기 때문이다.

✎ 다음 예시를 보세요³¹⁾ 탐색형 문제 1

□ (인력수급 분석) 향후 5년간 SW분야 신규 인력수요는 **35.3만명***

　* (SW정책연구소, '21년) 다만, 동 분석은 '20년 IT분야 기업 조사자료를 토대로 하고 있어 **코로나19 영향 및 이후 기술·산업 발전**은 반영되지 않아 <u>실제 수요는 35.3만명 + α</u>

○ 향후 5년간 정규과정에서 배출되는 인력 **11만명**과 정부 **SW** 인재양성 사업의 **21.4만명*** 고려시 공급규모는 약 **32.4만명**

　* ①디지털·신기술 핵심 실무인재 18만명 ②AI·SW 핵심인재 7만명(대학교육과정 중복 3만명 제외) ③기타 전부처 38개 SW인재양성 사업 등 **총 30.5만명에 취업률 70% 반영**

○ 수급차(수요-공급)는 5년간 약 **2.9만명 + α**로 예상(취업률 고려시 4만명 + α)

⇒ 디지털 대전환 시대, 국가의 미래에 투자한다는 관점으로, 정책의 우선순위를 높여 적극적인 인재양성이 필요한 시점

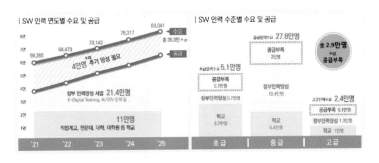

해당 보고서는 객관적인 데이터를 근거로 소프트웨어 분야 인력 수급을 예측했다. 수요와 공급의 격차로 향후 인력 수급에 불균형 문제가 발생할 수 있다는 점을 설명하고 있다.

---

31) 민·관 협력 기반의 소프트웨어 인재양성 대책(2021. 6), 관계부처 합동, https://bit.ly/3yW9JfR

탐색형 문제라고 해서 항상 미래의 위협만 대비해야 하는 것은 아니다. 다음 예시를 보자.

✏️ **다음 예시를 보세요**[32] **탐색형 문제 2**

> ☑ **(기회요인)** 비대면 서비스, '홈코노미' 확산 등 **기회요인도 창출**
>
> ❶ (비대면 확산) "**사회적 거리두기**" 등으로 불가피하게 **비대면 경제·사회활동**이 늘어나면서 서비스산업 디지털 전환 가속화
>
> - 비대면 서비스에 익숙하지 않던 개인들도 불가피하게 **디지털 경제**에 적응을 시작하는 등 **혁신저항**(innovation resistance) 약화
>
> ⇒ 분야와 업종을 가리지 않고 비대면 서비스 비즈니스 확산 계기
>
> ❷ ('홈코노미' 부상) 1인가구 확산과 결합하여 소비·문화·여가 등을 집에서 해결하는 홈코노미(Homeconomy)* 서비스 부상 가속화
>
> * 집(Home)+경제(Economy)의 합성어로, 홈코노미 서비스는 음식 및 생활용품 배달업, 대여업, 홈 엔터테인먼트(게임, 콘텐츠), 홈 케어(출장청소) 업종 등이 해당
>
> - '20년 이후 게임, 전자책, 스트리밍 서비스 등 수요 급증
>
> * 주요 게임사 영업이익 두자리수 급증, 넷플릭스 '20.1분기 매출 28% 증가(무협, '20.6)
>
> ⇒ 하나의 소비형태로 정착되면서 투자·시장규모 지속 확대 예상
>
> ❸ (융복합 가속화) 제조업 스마트화 및 비대면 서비스업 확대로 콘텐츠·플랫폼·네트워크 등 ICT 서비스업 중심 융복합 확산 전망
>
> * (구글) 검색→동영상→AI·자율주행차 (아마존) 온라인 서적→전자상거래→클라우드 (네이버) 검색→부동산/교통→물류 (카카오) 메신저→이커머스, 결제→은행/증권

4차 산업혁명 물결로 인한 '기회 요인'도 분명 존재한다. 기회 요인을 선점하기 위한 대책을 준비하는 것도 중요한 일이다.

---

32) 서비스산업 코로나19 대응 및 발전전략(2021. 3), 관계부처 합동, https://bit.ly/3epp3cV

문제 3 :
혼합(발생+탐색)형 문제

발생형 문제는 '과거~현재'의 시점을 다루고, 탐색형 문제는 '현재~미래'의 시점을 다룬다. 그런데 과거에 발생해 현재는 물론 미래에까지 영향을 미치는 문제도 많다. 당장 조치를 취한다 해도 제대로 해결하지 않으면 언제든 다시 발생할 수 있는 문제들이다.

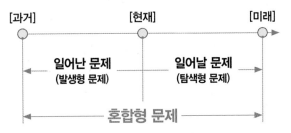

▲ 혼합형 문제의 문제 발생 양상

그래서 현실에서는 발생형 문제와 탐색형 문제의 성격을 다 지닌 '혼합형 문제'가 훨씬 많다. 즉시 대처(발생형 문제)가 필요할 뿐만 아니라 동시에 문제가 재발하지 않도록 대비(탐색형 문제)해야 하는 문제다. 그래서 발생형 문제는 태생적으로 혼합형 문제의 성격을 띠고 있다. 그런데도 이를 구분한 이유는 해결 목표가 약간 다르기 때문이다.

일어난 문제 ⇒ 발생형 문제	구분	일어난+일어날 문제 ⇒ 혼합형 문제
과거에 발생해서 지금 당장 조치하지 않으면 큰 위협이 되는 문제	정의	과거에 발생해서 조치하지 않으면 위협이 되는 문제. 조치하더라도 미래에 유사한 문제 때문에 위협받을 만한 문제
시급성 중요 ⇒ 즉각 조치, 문제 해결	해결 목표	적시성 중요 ⇒ 문제 해결 및 사전 대비

▲ 혼합형 문제 정의와 해결 목표

✎ 다음 예시를 보세요[33] 혼합형 문제(현황→발생형, 전망→탐색형)

참고 **2020년 코로나19 피해현황 및 수요회복 전망**

□ 코로나19 장기화로, 기존 직항 운항 45개국(19년) 중 20개국 입국금지 조치, 해외방문 시 자가격리의무 등에 따라 국제여객 97% 이상 감소

○ (국제) 3월('20년) 전년 대비 큰 폭 감소(△91.5%) 후 약 △97%대 유지, '20년 국제여객은 <u>전년 대비 84.2% 감소한 14백만명</u>

  * 월별 국제선 여객실적 추이 (단위: 천명, 전년대비%, 출도착여객 기준)

구 분	1월	2월	3월	4월	5월	6월	7월	8월	9월	10월	11월	12월
여 객	7,882	3,972	644	153	137	182	218	234	197	196	195	226
전년대비	△1.8%	△46.6%	△91.5%	△97.9%	△98.2%	△97.8%	△97.3%	△97.1%	△97.1%	△97.3%	△97.2%	△97.0%

○ (국내) 4월('20년)부터 상승 추세 였으나 9월, 12월 큰폭 하락, '20월 국내여객은 <u>전년 대비 23.7% 감소한 25백만명</u>

  * 월별 국제선 여객실적 추이 (단위: 천명, 전년대비%, 출발여객 기준)

구 분	'20.1	2월	3월	4월	5월	6월	7월	8월	9월	10월	11월	12월
여 객	2,739	1,529	1,098	1,201	1,887	2,161	2,469	2,827	1,848	2,747	2,938	1,714
전년대비	7.4%	△37.9%	△55.8%	△55.4%	△34.2%	△23.2%	△10.2%	△6.1%	△27.8%	△9.3%	2.3%	△38.0%

---

33) 「제31차 비상경제 중앙대책본부 회의」, 항공산업 코로나 위기 극복 및 재도약 방안(2021. 3), 관계부처 합동, https://bit.ly/3hPuELT

○ (화물) 3월('20년) 전년 대비 소폭 감소(△7.4%) 후 **상승 중**(수하물 제외 순화물 기준), '20년 화물은 **전년 대비 0.6% 감소한 291만톤**

  * 월별(만톤) : 23(2월) → 24(3월) → 22(5월) → 24(7월) → 26(9월) → 27(11월) → 28(12월)

☞ **'20년 국적항공사 약 11조원 매출 피해**('19년 실적 대비)

□ (수요회복 전망) 코로나19 이전 수요 회복시까지 2~4년 소요 예상

○ (ICAO) '20년 국제항공 이용객 최대 **13억명 감소**, 좌석공급량 **67% 감소**(4월, △75% 예측)할 것으로 예측하는 등 부정적 전망(11.18)

  * 국제항공여객 수 : '16년 15억4천만명 / '17년 16억5천만명 / '18년도 17억6천명

  - '21년 중, 코로나 이전 국제여객 대비 **최대 60%**(최저 30%) 회복 전망

○ (IATA) 내년 중 백신 보급에 따른 단계적 입국제한 완화조치가 기대됨에 따라, '20년 대비 '21년 기업손실은 개선될 것으로 전망(11.24)

  * 전 세계 항공운송산업 손실 예측치 : ('20) $1,200억불 → ('21) $390억불

  - 승객 수는 '24년이 되어서야 '19년 수준으로 회복될 것으로 전망

예시 보고서는 '항공산업 코로나 위기 극복 및 재도약 방안'을 다룬 보고서 중 일부다. 예상치 못한 코로나19로 인해 국적항공사의 경우 2020년도 매출액 기준 11조 원의 피해가 있었다. 국제/국내/화물 여객이 대폭 감소해 항공산업이 당장 큰 위기에 봉착했다. 시급한 해결이 필요한 '발생형 문제'다. 하지만 여기서 그치지 않고 코로나19 장기화로 수요를 회복하기 전까지 중장기 대책이 필요하다는 '탐색형 문제'에 대한 대비가 요구된다.

보고서 제목으로도 혼합형 문제라는 걸 짐작할 수 있다. '항공산업 코로나 위기 극복'은 시급히 해결해야 하는 '발생형 문제'를 다루고, '재도약 방안'은 중장기 관점에서 지속적으로 대비하고 해결해나가야 하는 '탐색형 문제'를 중점적으로 다룬다는 의미다. 발생형 문제와 탐색형 문제를 동시에 다루는 '혼합형 문제'의 전형적인 예시다.

1. 기획의 출발은 문제 정의고, 문제와 문제점을 구별해야 한다.

▶ 목적과 목표 달성을 방해하는 문제는 해결하기 어렵거나 불가능한 경우가 많다.

▶ 이때 문제점을 객관적으로 분석해 문제점을 정의하고, 이를 해결할 방법을 찾아야 한다.

▶ 문제점을 해결하기 위해 실행 가능한 형태로 정의한 것을 과제라고 한다.

▶ 문제점은 중요성과 시급성에 따라 분류해서 가장 중요하고 시급한 것을 먼저 해결하는 방식으로 처리해야 한다.

2. 문제를 바람직한 방향과 방법으로 해결하기 위해 문제의 종류를 확인한다.

▶ 대부분의 문제는 현재 수준과 요구 수준의 차이에서 발생한다.

▶ 문제는 미래 기대 수준과 현재 요구 수준의 차이에 따른 탐색형 문제(선제 대응, 준비), 과거 수준과 현재 요구 수준의 차이에서 생긴 발생형 문제(개선, 제거)로 나눌 수 있다.

▶ 발생형 문제는 완벽하지 않더라도 시급한 조치를 우선해 처리하는 것을 중점으로 기획한다.

▶ 탐색형 문제는 철저한 사전 대비를 통해 문제 발생 소지를 차단하거나 줄이는 것을 목표로 기획한다.

▶ 혼합형 문제는 발생형 문제와 탐색형 문제가 혼합된 것으로, 과거에도 발생했고 미래에도 발생할 가능성이 있는 문제를 의미한다. 현실에선 발생형 문제와

탐색형 문제 성격을 둘 다 지닌 혼합형 문제가 훨씬 많다.

___

문제점이 명확하면
해결 방법도 명확하다

문제점을 명확히 정의할수록 해결 방법도 명확해진다. 하지만 문제점이 매우 다양할 수 있다는 또 다른 문제점을 극복해야 한다. 필자는 다양한 보고서를 분석해 자주 등장하는 문제점을 세 가지 유형으로 구분했다.

첫째, 속도와 위상 차이에 따른 문제점이다. 대표적으로 급격한 성장 혹은 쇠퇴로 인해 발생한다. 둘째, 균형(불균형)과 공백에 따른 문제점이다. 대표적으로 자원이나 역량의 불균형으로 인해 발생한다. 셋째, 구조와 관계 때문에 발생한 문제점이다. 대표적으로 비합리적이고 비효율적인 구조나 절차로 인해 발생한다.

[적시성 측면] 속도와 위상	성장, 쇠퇴, 정체 등 상대적인 속도 및 위상(수준 및 역량) 차이로 인한 문제점
[적절성 측면] 균형과 격차	자원 배분, 역량, 규모, 경쟁력, 사각지대 등 상대적 불균형으로 인한 문제점
[적확성 측면] 구조와 관계	일방적, 폐쇄적, 단절 등 비합리적이고 비효율적인 구조와 절차로 인한 문제점

▲ 문제점 발생 양상에 따른 문제점 정의

유형별 대표적인 문제점을 예시를 통해 하나씩 살펴보자.

문제점 1 : 속도와 위상을 살핀다

수많은 디지털 및 아날로그 계기판으로 둘러싸인 비행기 조종석을 영상이나 사진으로 본 적이 있을 것이다. 비행기의 속도, 높이, 위치 및 상태 등 모든 상황을 알 수 있도록 정보가 실시간으로 업데이트되며 계기판에 표시된다. 비행기는 계기판에 나타나는 모든 데이터가 정상 조건일 때 문제없이 비행할 수 있다. 이처럼 속도와 위상은 다양한 데이터의 상승(급증)이나 하락(급감)으로 인해 발생하는 문제점을 말한다.

이슈	자주 등장하는 문제점 키워드
상승 이슈	급증, 급속, 확산, 확대, 최대, 최고…
하락 이슈	급감, 둔화, 하락, 감소, 축소, 약화, 최저, 최소…
파생 이슈	소멸, 소진, 정체, 악순환, 변곡점, (수준 및 역량) 차이…

▲ 속도와 위상에 따른 문제점 발생 양상

기본적으로 상승 혹은 하락 자체가 문제점인 경우가 많다. 더불어 상승과 하락에 따라 파생되는 문제점도 적지 않다. 정체가 길어지거나, 하락 끝에 소멸하거나, 유지되는 게 바람직한데 상승과 하락의 악순환이 반복되는 상황이 대표적이다.

속도와 위상 이슈는 시계열 데이터가 뒷받침되어야 증명할 수 있다. 과거부터 현재까지의 비교로 상승 이슈 혹은 하락 이슈가 있는지 파악해 발생형 문제점을 정의할 수 있다. 또한 과거~현재 데이터를 토대로 미래를 예측해 탐색형 혹은 혼합형 문제점도 정의할 수 있다. 신뢰할 만한 데이터가 뒷받침되면 문제점 정의에서 설득력이 배가 된다.

다양한 예시를 통해 '속도와 위상' 관련 문제점을 살펴보자.

✎ 다음 예시를 보세요[34] 상승 혹은 하락 이슈

□ **4차 산업혁명**과 함께 코로나19로 인한 **비대면** 트렌드가 사회·경제 全 분야로 확산됨에 따라 **IT기술을 활용한 비즈니스 모델 증가**

⇨ IT기업 뿐만 아니라 일반 기업에서도 SW분야 인력수요 급증

* SW분야 기업에 종사하는 SW인력은 '17년~'19년 연평균 9.2% 증가
  타 산업에 종사하는 SW인력은 '17년~'19년 **연평균 19.5% 증가**

⇨ 단순 개발자 부족만이 아니라 **디지털·신기술**이 적용 가능한 기획· 운영·마케팅 등 다양한 분야에서 전문인력 품귀현상

> ■ **현장의 목소리**
> ■ "현재 SW 개발인력 뿐만이 문제가 아님. 서비스를 기획하고 시장에 내놓는데 필수적인 PM(Product Manager), GM(Growth Marketer) 등 **분야 구분 없이 디지털·신기술에 대한 지식을 갖춘 인재가 부족** "(스타트업 대표)

---

34) 민·관 협력 기반의 소프트웨어 인재양성 대책(2021. 6), 관계부처 합동, https://bit.ly/3yP7xq5

소프트웨어 인재양성 대책 관련 보고서 중 일부다. 통계를 보면 최근 소프트웨어 분야 인력 수요가 급증했음을 알 수 있다. 개발자뿐만 아니라 소프트웨어 관련 기획, 운영, 마케팅 등 다양한 분야에서 전문 인력이 부족하다는 것이다. 이는 4차 산업혁명 이라는 큰 파동으로 인해 촉발된 상승형 문제점이다. 이처럼 통계 데이터를 통해 현재 문제를 명확히 확인할 수 있다.

✏️ 다음 예시를 보세요[35) 상승 혹은 하락 이슈 → 파생 이슈

Ⅱ. 현황 및 평가
1. 협동조합의 현황 (…중략…)

◇ **매년 2천여개씩 증가 + 최근 사협 중심으로 증가세 가속화**

○ 협동조합 설립 수(신고·인가 기준)가 매년 2천여개 씩 지속적으로 증가하여, '21.3월 2만개 돌파

 • '17년이후 증가세가 가속화되고 있으며, 특히 기존 사회서비스 전달 체계를 보완 가능한 **사회적협동조합** 설립이 빠르게 증가

< 협동조합 설립인가(수리) 현황 >

(단위: 개, %)

구 분	'12년	'13년	'14년	'15년	'16년	'17년	'18년	'19년	'20년	'21.3	누계(비중)
(일반)협동조합	50	2,928	2,582	2,134	1,814	1,664	1,768	1,863	1,963	500	17,266(85.6)
사회적협동조합	1	97	111	167	200	230	338	548	867	235	2,794(13.9)
협동조합연합회	0	15	18	15	9	4	13	20	10	2	106(0.5)
연도별설립현황	51	3,040	2,711	2,316	2,023	1,898	2,119	2,431	2,840	737	20,166(100)
누 계	51	3,091	5,802	8,118	10,141	12,039	14,158	16,589	19,429	20,166	

* 설립 신고·인가 누계 기준, 해산·인가취소 등의 사유로 일부 변동 있음

(…중략…)

2. 평가 및 시사점

◇ **협동조합이 양적 증대되었으나 전통 분야에 상대적으로 집중
→ 코로나19 이후 새로운 유형의 협동조합 모델 발굴·우수사례 확산**

---

35) 협동조합 경쟁력 강화 방안(2021. 5), 관계부처 합동, https://bit.ly/36E5WY5

○ 협동조합이 **양적으로** **확대**되었으나, 주로 도소매·교육·문화·
농림어업 등 **전통분야 중심으로** 설립 활성화

* 업종별 비중(%): 도소매업(19.2), 교육서비스업(15.1), 예술·스포츠(9.3), 농림어업(8.9),
보건·사회복지(8.3), 제조업(8.1), 협회 및 단체(5.9), 출판·영상(3.8), 과학·기술(3.8) 등

⇒ **돌봄·프리랜서·한국판뉴딜 협동조합 등 새로운 시장 진출
및 우수사례 확산·지원**

협동조합 경쟁력 강화 방안 관련 보고서 중 일부다. 2017년까지 감소세이던 협동
조합 수가 2018년부터 증가세를 보인다. 매년 2,000여 개씩 지속 증가했고 갈수록 가
속화되고 있다. 여기서 급격한 양적 증가 자체는 큰 문제점이 아니다. 설립된 협동조
합이 전통분야에 집중되어, 다변화된 현대 사회에 적합한 새로운 유형의 협동조합 모
델 설립이 필요하다는 것을 문제점으로 설명하고 있다. 양적 증가라는 상승 이슈에 따
른(특정 분야 집중이라는) 대표적인 파생형 문제점이다.

✏️ **다음 예시를 보세요**[36) **상승 혹은 하락 이슈 → 파생 이슈**

□ **글로벌 경쟁력 분석**

○ 수소전기차 연료전지 시장은 한국이 주도하고, 美·日·中 3국이 추격 중

※ 기업별 시장점유율(승용) : ①**현대차(韓, 83.4%)**, ②토요타(日, 14.0%), ③혼다(日, 2.6%)

○ 우리나라 수소전기차의 **연료전지시스템 효율**이 세계적으로 가장 높은
수준이며, 해외 완성차社에 연료전지 공급 검토 중

* 연료전지시스템 효율 : 韓 60%(가변압력형), 日·美·獨·中·加 55%(가압형)

36) BIG3 산업(미래차) 중점 추진과제(2021. 4), 관계부처 합동, https://bit.ly/3rcqiS3

□ **R&D 추진방향 : 세계시장 선점을 위한 기술고도화 및 주도권 유지**

❶ (단기) 내연기관차 수준의 경제성·내구성 향상을 위한 기술고도화 추진

　- 차량가격 인하(승용 기준, (현)7천만원대→(목표)5천만원대, 세계최초)를 위한
　　연료전지시스템 부품가격 저감 및 내연기관차 수준의 내구성 확보

　　※ 연료전지 가격 30% 이상 저감, 내구성 2배 이상 개선(승용 16→30만km, 상용 10→50만km)

❷ (중기) 주도권 유지를 위한 수소저장량 증대 및 여타 수송수단(선박, 철도 등) 적용 확대

　　※ 수소 저장량 2배 이상 증대(30kg→60kg 이상), 연료전지 스택 에너지밀도 2배 증대(2.5→5kW/kg)

❸ (장기) 고가·희소 소재 의존도 저감 및 에너지 효율 초격차 유지

　- 연료전지 스택 백금사용량 저감(0.5→0.1g/kw 이하) 기술 및 스택 내 저항
　　최적화를 통한 연료전지시스템 효율 향상(60→70%) 기술 확보

　　한국의 대표 BIG3 산업 발전을 위한 정책보고서 중 일부다. 수소전기차 연료전지 시장은 지속적으로 성장해 한국이 시장 점유율 83.4%로 압도적 1위를 차지하고 있다. 최고 수준이기에 큰 문제가 없어 보이나 이런 상황에서는 최고 수준을 어떻게 유지할 것인지를 문제점으로 정의하고, '기술고도화 및 주도권 유지'라는 중장기 방안을 마련하고 있다. 역시 상승 이슈(최고 수준)에 따른 파생형 문제점(주도권 유지)이다.

문제점 2 : 균형과 격차를 살핀다

인류의 전쟁사를 들여다보면 공통으로 발견되는 원인이 바로 '불균형(Unbalance)' 문제다. 동서고금을 막론하고 대표적인 전쟁의 불씨는 '자원[37]의 불균형'이었다. 15~16세기 유럽은 향신료에 열광했다. 인도산 후추를 구하기 위해 유럽 국가들은 경쟁적으로 배를 띄웠고, 대항해시대의 서막이 열렸다. 17세기 들어서는 부족한 자원의 확보 및 선점을 위해 식민지를 차지하기 위한 제국주의 열강들의 전쟁이 본격화되었다.

이는 20세기에 벌어진 1·2차 세계 대전까지 이어졌다. 천연자원, 인적자원 등 사회적으로 필요한 자원의 수요와 공급 불균형으로 인한 격차를 줄이기 위한 수단으로 침략 전쟁이 본격화되었다.

---

37) 여기서 '자원'은 복합적인 의미로 사용한다. 시대적 흐름에 따라 중시되었던 자원을 의미하며 대표적으로 금, 석탄, 철강 등 천연자원 및 기술자원을 뜻한다.

이처럼 다양한 사회적 불균형으로 개인, 조직, 사회, 국가 레벨에서 틈이 생겼다. 균형과 격차는 이런 틈이 벌어지면서 발생한 문제점이다.

이슈	자주 등장하는 문제점 키워드
수요↔공급 이슈	부족, 불평등, 독점, 불일치, 과도, 과다, 편중…
현재→기대 수준 이슈	한계, 요구, 수준, 격차, 차이, 필요, 편차…
파생 이슈	사각지대, 부재, 공백, 편차, 제약, 소멸, 전무…

▲ 균형과 격차에 따른 문제점 발생 양상

수요와 공급, 현재 수준과 기대 수준의 불균형으로 인한 문제점이 대표적이다. 이로 인해 사각지대가 발생하는 등 파생되는 문제점도 있다. 다양한 예시를 통해 '균형과 격차' 관련 문제점을 살펴보자.

✎ 다음 예시를 보세요[38] **불균형 1**

□ **(인력수급 분석)** 향후 5년간 SW분야 신규 인력수요는 35.3만명*

    * (SW정책연구소, '21년) 다만, 동 분석은 '20년 IT분야 기업 조사자료를 토대로 하고 있어 **코로나19 영향 및 이후 기술산업 발전**은 반영되지 않아 실제 **수요는 35.3만명 + α**

○ 향후 5년간 정규과정에서 배출되는 인력 **11만명**과 정부 **SW 인재양성 사업의 21.4만명*** 고려시 공급규모는 약 **32.4만명**

    * ①디지털·신기술 핵심 실무인재 18만명 ②AI·SW 핵심인재 7만명(대학교육과정 중복 3만명 제외) ③기타 전부처 38개 SW인재양성 사업 등 **총 30.5만명에 취업률 70% 반영**

○ 수급차(수요-공급)는 5년간 약 **2.9만명 + α**로 예상(취업률 고려시 **4만명 + α**)

⇒ **디지털 대전환 시대**, 국가의 미래에 투자한다는 관점으로, 정책의 우선순위를 높여 적극적인 인재양성이 필요한 시점

38) 민·관 협력 기반의 소프트웨어 인재양성 대책(2021. 6), 관계부처 합동, https://bit.ly/3yP7xq5

소프트웨어 인재양성 대책을 담은 보고서 중 일부다. 앞으로 신규 인력 수요는 35.3만 명+α인데 정규 과정을 통해 배출되는 인력은 약 32.4만 명으로 수급 차이 발생이 예상된다는 것이다. 이처럼 수요와 공급 차이는 대표적인 불균형을 초래한다.

✏️ **다음 예시를 보세요**[39] **불균형 2**

---

2. 공공보건의료 현황 및 문제점

① 공공의료기관의 양적 부족 및 지역 간 의료 공급, 건강 격차 심화

○ 우리나라는 경제협력개발기구(OECD) 평균 대비 상대적으로 낮은 의료비 지출로 높은 건강 수준 유지 중

　＊ <한국 vs OECD 평균> GDP 대비 경상의료비('18) 7.6% vs 8.8% / 기대수명('18) 82.7세 vs 80.7세 / 10만 명 당 암 사망('17) 160.1명 vs 195.8명 등

－ 그러나 민간 위주 의료 공급에 따른 전반적 공공보건의료 제공 기반 취약 및 필수의료 부족 등으로 공공성 저하

---

39) 제2차 공공보건의료 기본계획(2021. 6), 보건복지부, https://bit.ly/3AYBCWn

< 국가별 공공의료 비중 비교 (OECD Statistics) >

('18년, %)	한국*	OECD 평균	일본	미국('17)	프랑스	폴란드	캐나다
기관 수	5.7	53.6	18.3	23.0	44.7	58.9	99.0
병상 수	10.0	71.6	27.2	21.5	61.5	80.1	99.3

* '19.12월 기준 : 기관 수 5.1%, 병상 수 8.9%

○ 대도시와 수도권에 의료기관, 의료인 등 자원이 집중되어 지역 간 의료 공급·이용 불균형 문제 지속

  * 천 명당 활동 의사('19) : 서울 3.1명 vs 경북 1.4명, 11개 시·도는 평균(2.0명) 미만

  * 응급의료기관 없는 시군구 32개, 이 중 12개 지역에는 응급의료시설도 없음 ('21)

 - 특히 응급, 심뇌혈관질환, 고위험 분만 등 생명과 직결되는 필수 의료 분야의 지역 내 자체 충족이 어려운 상황

  * 지역 내 의료 이용률(급성기 입원) : 서울 83.2% vs 충남 65.0% ('18)

○ 의료 자원 불균형에 따라 지역별 건강 수준의 격차도 커짐

  * 치료가능사망률 5분위 지역 격차비 : 1.41배('11~'14) → 1.44배('15~'18)

공공보건의료 기본계획 중 일부다. OECD 평균 대비 상대적으로 낮은 의료비 지출로 높은 건강 수준을 유지하고 있으나, ① 공공의료기관 양적 부족(기관 수, 병상 수), ② 지역 간 의료 공급 격차(대도시와 수도권 집중), ③ 지역별 건강 수준 격차를 문제점으로 정의하고 있다.

민간↔공공의료기관, 수도권↔지역 간 불균형은 격차를 초래하고 이로 인해 다양한 문제점이 드러났다. 불균형이 무조건 문제점이라고 말하는 것이 아니다. 불균형으로 인해 격차가 심화되거나 불공정, 불평등이 발생하는 게 문제점이다.

✏️ 다음 예시를 보세요[40] **불균형 3**

③ [지역불균형] 비수도권 경쟁력 상실, 수도권 과밀혼잡 초래

○ 비수도권은 수도권으로의 인력유출로 경쟁력이 약해지고 이로 인해 다시 인구가 유출되는 악순환 경험

   • 지역 내 인구감소는 경제성장 둔화로 인한 일자리 감소와 의료·교육·문화·교통 등 전반적인 생활여건 악화 초래

○ 수도권은 인구집중에 따른 주거비·교육비 부담 증가, 청년층 결혼·출산 기피 등 사회적 혼잡비용 증가

< 수도권-비수도권 지역내총생산 비중 >

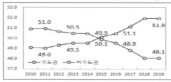

* 자료 : 통계청 국민대차대조표

< 응급의료시설 10km 밖 거주 취약인구 비율 >

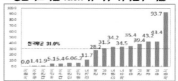

* 자료 : 2019 국토모니터링 보고서

✏️ 다음 예시를 보세요[41] **불균형 4**

❸ (양극화) 내수경기의 부문별 불균등 회복 및 취약계층 고용 부진 등이 시장소득 격차해소를 제약할 가능성

   * 시장소득 5분위배율 : ('19.1/4) 13.97   (2/4) 11.25   (3/4) 11.24   (4/4) 10.56
                  ('20.1/4) 14.77   (2/4) 14.38   (3/4) 13.08   (4/4) 11.85 **('21.1/4) 16.20**

   • 소득 뿐 아니라 주거·교육·돌봄·자산 등 전반적 격차확대 우려

   * 순자산 지니계수(매년 3월 기준, 가금복) : ('17) 0.584 ('18) 0.588 ('19) 0.597 ('20) 0.602

---

40) 인구구조 변화 영향과 대응 방향(2021. 7), 관계부처 합동, https://bit.ly/3AVTCjV

41) 2021년 하반기 경제정책 방향(2021. 6), 관계부처 합동, https://bit.ly/3hyvfBe

앞의 두 예시를 보면 수도권 과밀, 양극화 등 시대적 · 사회적 현상이 만들어낸 다양한 불균형으로 인한 문제점을 확인할 수 있다.

✏️ **다음 예시를 보세요**[42)] **불균형 5**

> ### □ 취업 취약계층인 고졸 청년의 고용 위기 우려
>
> ○ '18년 '학습중심 현장실습' 도입 이후 여건이 우수한 기업 중심으로 실습과 취업을 지원하고 있으나 직업계고 졸업자 취업률은 정체 상태
>
> ※ '20년 직업계고 졸업자 취업률 : 50.7%(마이스터고 71.2%, 특성화고 49.2%)
>
> ○ 청년층 중에서도 고졸자(15세~24세)의 고용률 하락 폭이 상대적으로 크고, 경제활동참가율도 낮아지고 있어 노동시장에서의 장기 이탈 우려
>
> | | 고용률 | | | | 경제활동참가율 | | | |
> |---|---|---|---|---|---|---|---|---|
> | | 15~64 | 15~19 | 20~24 | 25~29 | 15~64 | 15~19 | 20~24 | 25~29 |
> | 2016년(%) | 66.1 | 8.0 | 46.1 | 69.6 | 68.7 | 8.8 | 51.6 | 76.6 |
> | 2020년(%) | 65.9 | 6.6 | 41.1 | 67.6 | 68.6 | 7.2 | 46.0 | 73.5 |
> | 격차(%p) | △0.2 | △1.4 | △5.0 | △2.0 | △0.1 | △1.6 | △5.6 | △3.1 |
>
> ○ 코로나19 상황이 지속됨에 따라 청년들의 불황 체감도가 높은 상황에서 고대면 서비스 일자리 비율이 높은 고졸 청년에 더 큰 타격 예상
>
> ※ 청년(~29세) 구직 실태조사 결과 코로나19 이후 구직이 어려워졌다는 답변이 91.75%, 향후 전망에 대해서도 부정적 응답이 73.9%('21, 청년유니온)
>
> ※ 전체 고졸 취업자 중 가장 많은 비율을 차지하는 업종이 도소매·음식·숙박('20, 35.6%)

직업계 고등학교 취업 지원 정책 관련 보고서 중 일부다. 사회 전반적으로 청년층 취업이 어려운 상황이다. 청년층 중에서도 고졸자 고용률 하락 폭이 상대적으로 크고, 직업계 고등학교 졸업자 취업률은 정체 상태다. '취업 취약계층'이라는 사각지대가 존재하지 않도록 개선이 요구된다는 것을 확인할 수 있다.

---

42) 직업계고 취업 지원 정책 점검 및 보완 방향(2021. 7), 관계부처 합동, https://bit.ly/3e7BAlg

□ **(기술 수준)** 기체구조물, 항공전자/전기 등은 선진국 기술 대비 80% 수준이나 유인 고정익기 체계기술 등은 미약한 수준

ㅇ 군수부문 항공기 국산화 개발은 성공하였으나, 민간 인증/설계/소재 부문의 기술경쟁력*은 선진국 대비 낮음

  * 미국 100%, 유럽 97%, 일본 82%, 중국 76%, **한국 70%**

ㅇ 중대형무인기 체계기술은 군수부문의 체계개발 경험으로 '00년대 초에 독자개발 무인기를 실전 배치*한 세계 10번째 국가

  * 중고도무인기, 사단급무인기, 대대급무인기, 차기군단급무인기, 무인전투기 등

ㅇ 항전, 엔진 등 핵심기술과 부품의 자립도가 낮아 해외의존 지속

[선진국 대비 항공산업 핵심부품 기술수준 분석 요약]

분야	한국	미국	유럽	일본	중국
기체구조물	76.7	100	98.4	91.1	78.7
추진기관	62.5	100	97.6	88.4	70.7
항공전자/전기	81	100	97.2	86.4	81.4
항법/제어	66.5	100	94.9	76.5	75.7
로터	61.2	100	96.3	71.2	68.5
기계보기	75.5	100	100	86.4	75.2
유인 고정익기 체계	49.4	100	98.7	79.5	74.4
유인 회전익기 체계	67.7	100	94.1	75.9	77.5
중대형무인기	86.2	100	96	85.1	84.7
전체 기술수준	**69.63**	**100**	**97.02**	**82.28**	**76.31**

* 산업부 항공우주핵심기술로드맵, 2018

항공산업발전 기본계획 중 일부다. 한국의 항공산업 핵심 부품 기술력은 선진국(미국 및 유럽) 대비 60~80% 수준이다. 특히 '유인 고정익기 체계'는 선진국 대비 50% 수준으로 격차가 매우 크다는 것을 알 수 있다. 선도 혹은 경쟁 대상과의 격차를 알면 문제점에 대한 실마리를 찾을 수 있다.

---

43) 제3차 항공산업발전 기본계획('21~'30)(2021. 2), 관계부처 합동, https://bit.ly/36EJUVf

문제점 3 : 관계와 구조를 살핀다

인간은 사회적 동물이다. 자의든 타의든 끊임없이 관계를 맺고 살아가며, 관계 속에서 새로운 연결과 단절을 경험한다. 이 과정에서 문제가 발생하곤 한다. 관계와 구조는 사업이나 업무를 추진하는 과정에서 수평적 또는 수직적 연결, 흐름, 이동 사이에 발생하는 문제점을 말한다.

이슈	자주 등장하는 문제점 키워드
연결과 흐름 이슈	일방향, 일방적, 비효율, 단절, 차단, 프로세스…
구조와 구성 이슈	폐쇄, 위계, 획일화, 유사, 중복, 변화…

▲ 관계와 구조에 따른 문제점 발생 양상

연결과 흐름 이슈는 단방향 흐름(A→B→C)이 매끄럽지 않고 단절, 차단되거나 비효율이 발생하는 문제점이 대표적이다. 구조와 구성 이슈는 상호 연계 및 관계(A↔B, B↔C, A↔C)에서 단절, 차단되거나 비효율이 발생하는 문제점이 대표적이다.

다양한 예시를 통해 관계와 구조 관련 문제점을 살펴보자.

✏️ **다음 예시를 보세요**[44) **관계와 구조 1**

---

❶ **(단편·분절적)** 총체적인 점검, 소통 없이 부처별로 부문별 정책이나 사업계획이 발표*되어 연계·조정과 정책변화 체감도 미흡 〔붙임5〕

 * BIG3+AI 분야 발표 주요정책 : 28개월 동안 7개 부처 38개 계획 발표('18.12~'21.3)

> ⊗ **조율기구 부재**로 인재양성사업이 각 부처에서 산발적으로 추진되어 지원내용이 중복되고, 사업간 통일된 기준 부재로 현장에 혼란이 있습니다.
> (C대 산학협력단장, '21.2.17)

> ⊗ 제도개선에도 불구, 유관부처·전담기관·양성기관 현장은 규제 잔존으로 인식하는 등 **소통미흡**이 정책변화 체감도 저하를 초래합니다.
> 例) R&D 예산사업으로 구분된 인력양성사업에 **연구노트 제출**을 제외·완화토록 관련 **규정 정비**('21.1.1 시행)되었으나 현장에서는 여전히 제출해야 한다고 생각합니다.
> (사업주관기관 한국전자기술연구원 관계자, '21.1.14)

---

❸ **(유사·중복)** 인재양성을 총괄하는 사업 틀 부재로 부처별로 유사 신규사업을 추진하거나, 현장에서 **사업간 부정합** 문제 발생

> ⊗ BIG3+AI 인재양성사업을 교육부가 총괄할 수 있는 **통합 관리체계** 구축이 필요합니다.
> (C대 산학협력단장, '21.2.19)

> ⊗ 유사중복 사업을 조정하는 것도 중요하지만 재정지원 사업간 연계를 통해 **시너지** 효과를 낼 수 있는지에 대한 검토도 필요합니다.
> ('21년 1차 사람투자·인재양성 민-관 전문가협의회, '21.3.22)

    BIG3+인공지능 인재양성 방안 보고서 중 일부다. 인공지능 관련 다양한 정책을 부처별로 발표하고 있으나, 서로 연계되거나 조율이 미흡해 통합 조정 및 조율이 필요하다는 내용이다. 또한 유사 사업을 추진하다 보면 비효율성 및 사업 간 부정합 문제도 발생한다. 전형적인 '관계와 구조'의 문제점이다.

---

44) 「제6차 사회관계장관회의 겸 제2차 사람투자인재양성협의회」 BIG3+인공지능 인재양성 방안(2021. 4), 관계부처 합동, https://bit.ly/3icKMFZ

✏️ **다음 예시를 보세요**[45) **관계와 구조 2**

---

❶ **(획일화된 교수평가)** 분야별 특성을 고려하지 않은 **획일화된 논문 위주**
교원업적평가로 대학 교육과정 변화, 산학협력 활성화 등에 한계 존재

> ☹ 여전히 **SCI 논문** 게재 **위주**로 교수평가가 이루어져, 시스템 반도체의 경우 분야
> 특성 상 논문 게재가 어려워 다수 인력이 아날로그 소재 분야로 전환하고 있습니다.
>
> (D대 산학협력단장, '21.2.17)
>
> ☹ 산학협력 업적도 교원평가에 반영되나 SCI논문 게재 없이는 여전히 승진이 누락
> 되는 문제가 있습니다.
>
> (H대 인공지능학과장, '21.3.2)

> ☹ 교수평가에서 강의가 주요소가 아니다보니 대학의 교육과정 변화나, 비학위과정
> 활성화 등을 기대하기 어렵습니다.
>
> (D대 산학협력단장, '21.2.17)
>
> ☹ 인재양성사업 참여 시 교원평가 인센티브를 부여하고, 인재양성 관련 대학 내
> 직위의 위상을 높여주는 것이 필요합니다.
>
> (C대 산학협력단장, '21.2.17)

'관계와 구조 1'의 예시와 같은 BIG3+인공지능 인재양성 방안 보고서 중 일부다.
교수 평가에서 획일화된 기준을 적용하다 보니 분야별 특성을 제대로 반영하지 못한
다는 평가 기준의 구조적 한계를 문제점으로 정의하고 있다.

---

45) 「제6차 사회관계장관회의 겸 제2차 사람투자인재양성협의회」 BIG3+인공지능 인재양성 방안(2021. 4), 관계부처
합동, https://bit.ly/3icKMFZ

1. 문제점을 명확하게 설정해야 해결 방법도 명확해진다.

▸ 하나의 사안에도 문제점이 매우 다양할 수 있다는 사실을 명심해야 한다.

▸ 문제점은 세 가지 요인으로 나눌 수 있다. 첫째는 속도와 위상의 차이, 둘째는 균형과 공백 상황, 셋째는 구조와 관계다.

▸ 속도와 수준은 성장, 쇠퇴 정체 등 상대적인 속도(기업 수준, 역량 등)의 차이에서 발생하는 문제점이다. 이때 적시성에 관한 해결책을 중점적으로 탐구한다.

▸ 균형과 격차는 자원 배분, 역량, 규모, 경쟁력, 사각지대 등 상대적인 자원과 가용 능력에 따른 문제점이다. 이때 적절성에 관한 해결책을 중점적으로 탐구한다.

▸ 구조와 관계는 일방적, 폐쇄적, 단절 등 비합리적이고 비효율적인 구조/절차 등으로 인해 발생한 문제점이다. 이때는 적확성에 관한 해결책을 중점적으로 탐구한다.

2. 속도와 위상을 살펴 문제점을 해결한다.

▸ 대표적으로 상승 이슈와 하락 이슈로 나눌 수 있다.

▸ 상승 이슈는 대부분 급증, 급속, 확산, 확대, 최대, 최고 등의 키워드로 표현되고, 하락 이슈는 급감, 둔화, 하락, 감소, 축소, 약화, 최저, 최소 등의 키워드로 표현한다.

▸ 이런 문제는 시계열 데이터를 토대로 증명/분석하며, 과거 데이터를 토대로 문제점을 정의해 해결 방법을 탐색하는 것이 대표적인 문제 해결 방법이다.

3. 균형과 격차를 살펴 문제점을 해결한다.

▶ 대표적으로 수요와 공급 격차 이슈, 현재 수준과 기대 수준 격차 이슈로 나눌 수 있다.

▶ 수요와 공급의 격차는 부족, 불평등, 독점, 불일치, 과도, 과다, 편중 등의 키워드로 표현되고, 현재 수준과 기대 수준의 격차는 한계, 요구, 수준, 격차, 차이, 필요, 편차 등의 키워드로 표현한다.

▶ 경쟁/비교 대상과 비교를 통해 상대적 우위나 열위를 판단해 약점을 극복하는 방안을 탐색하는 것이 대표적인 문제 해결 방법이다.

4. 관계와 구조를 살펴 문제점을 해결한다.

▶ 대표적인 연결과 흐름 이슈, 구조와 구성 이슈로 나눌 수 있다.

▶ 연결과 흐름은 한방향으로 이어지는 연결이 매끄럽지 않고 단절, 차단되거나 비효율이 발생하는 문제점이 대표적이다.

▶ 구조와 구성은 상호 연계 및 관계에 있어서 단절, 차단되거나 비효율이 발생하는 문제점이 대표적이다.

▶ 사업이나 업무 프로세스 분석 등을 통해 비효율이나 비합리적인 포인트를 탐색하는 것이 대표적인 문제 해결 방법이다.

해결 방법을 탐색한다

문제와 문제점을 정의했다면 다음은 해결할 대안과 방법을 탐색할 차례다. 이때 가장 먼저 할 일은 가용 자원 확인이다. 개인이 해결할 수준이 아닌데 해결해보겠다고 하다가 일을 더욱 크게 만들거나, 한 달 안에 해결하겠다고 큰소리쳐놓고 수습하지 못하는 경우를 많이 봤다.

가용 자원은 여러 가지인데 먼저 시간과 역량을 확인해야 한다. 특히 시간은 물리적으로 통제할 수 없기에 문제 해결에 시간이 얼마나 소요될지, 가용 시간이 얼마나 되는지를 파악하고 판단하는 게 중요하다.

문제 해결에 걸리는 시간을 단기-중기-장기로 나눠보자. 단기~장기 기간이 어느 정도인지는 조직의 규모, 가용자원 및 역량에 따라 달라진다. 이 책에서 단기는 1~2년 이내, 중기는 3~4년, 장기는 5년 이상으로 정의한다. 기간에 따라서 기획의 목적, 목표가 달라진다.

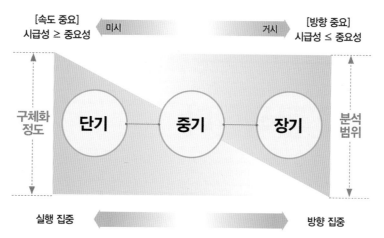

▲ 현상 파악의 범위와 수준

　장기 기획은 통상 5년 이상을 내다보며 문제점을 개선하고 바람직한 방향으로 바꾸는 것을 목적으로 한다. 장기 기획의 핵심은 방향의 명확성이다. 멀리 내다보기에 실행 기간이 매우 길어 목표 및 방향이 명확하지 않으면 중간에 길을 잃기 쉽다. 시급성도 고려해야 하지만 현재와 미래에 큰 영향을 미치는 중요한 과제에 집중하는 게 먼저다. 문제와 문제점도 거시적으로 파악할 필요가 있다. 부분보다는 좀 더 멀리 바라보며 전체적인 최적화를 위해 문제점을 개선하려고 노력해야 한다.

　단기 기획은 통상 1~2년의 비교적 짧은 기간 내에 문제점을 개선하고 바람직한 방향으로 바꾸는 것을 목적으로 한다. 중요성도 고려해야 하지만 시급성을 우선시해 빠른 조치를 목표로 하는 경우가 많다. 그렇다 보니 세밀한 분석을 통해 환부를 직접 도려낼 수 있는 문제점에 집중한다. 단기 기획의 핵심은 실행 방법의 명확성이다. 짧게는 수개월에서 1~2년을 내다보는 기획은 실행 기간이 상대적으로 짧다. 시급성에 초점을 맞춰 해야 할 일을 정확히 제시하지 않으면 제대로 실행되지 않는다.

방향을 탐색한다

운전 초보일 때는 앞차의 꽁무니만 바라보고 따라가기 마련이다. 가까이 쫓아가다 앞차가 서면 급브레이크를 밟고, 거리를 두고 쫓아가면 옆차기 끼어들거나 뒤에서 빨리 가라는 신호를 보낸다. 하지만 운전에 익숙해지면서 점점 앞차가 보이기 시작하고, 어느 순간 사이드미러와 룸미러를 통해 주변을 확인하는 수준에 이른다.

차량의 흐름이 보이면서 급브레이크를 밟거나 교차로에서 차선을 헤매는 경우, 차선을 미리 바꿔 머쓱하게 중간에 끼어드는 일도 줄어든다. 점점 멀리 보기 시작하면서 바뀌는 변화들이다.

우리의 삶도 가까운 곳만 보고 눈앞의 일만 처리하다 보면 시급하지는 않지만 정작 중요한 일에는 소홀한 경우가 많다. 대표적으로 건강관리가 그렇다. 항상 문제가 터져야 병원에 가곤 한다.

자전거를 배울 때는 시선을 멀리 두는 것이 좋다. 먼 곳을 봐야 균형 잡기가 좋기 때문이다. KTX를 탔을 때 가까운 곳을 보면 어지럽다. 속도가 빨라서다. 멀리 볼수록 어지러움이 덜하다. 너무 빨리 지나가기에 자세히 보는 건 포기해야 한다. 잘 보이지도 않는다.

사업이나 업무를 할 때 내 위치에서 좀 더 멀리 봐야 하는 이유가 여기에 있다. 가까우면 사전 대처도, 균형 잡기도 어렵다. 너무 빨리 지나쳐 보지 못하는 것도 많아진다. 심지어 현업에 치여 어지럽기까지 하다.

문제와 문제점을 개선하기 위해 중~장기 관점에서 바라보고 기획해야 하는 경우가 있다. 이때는 사안을 멀리 봐야 한다. 그리고 멀리 보기 위해서는 북극성과 나침반처럼 방향을 알려줄 기준점이 필요하다. 기획에서는 이러한 기준점을 '비전, 목표'라고 부른다. 통상 비전과 목표는 장기 관점에서 수립한다.

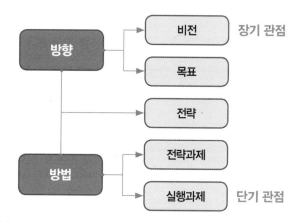

▲ 문제점 해결 방향에 따른 해결 방법

비전과 목표 달성을 위한 최적의 대안을 찾아서 정리한 것이 전략이다.

이렇게 도출한 전략 실행을 위해 구체적으로 해야 할 일을 중요도와 시급성을 고려해 정리한 것을 과제라 부른다. 과제는 위계와 세분화 정도에 따라 '전략과제', '세부과제', '실행과제' 등으로 나누어 부르기도 한다.

비전	• 조직이 앞으로 나아가야 할 바람직한 미래상 • 특정 미래 시점에 걸맞은 조직의 위상을 정해놓는 것 • 목표 수립 및 전략 개발의 가이드 역할
목표	• 조직이 달성하고자 하는 미래의 상태 • 미래상, 즉 비전의 구체적인 모습. 비전과 구분하기 위해 정량적으로 표현하기도 함
전략	• 조직이 달성하고자 하는 바람직한 미래에 도달하기 위한 최적의 방법
과제	• 비전, 목표, 전략 달성을 위한 구체적인 과업 • 조직이 해야 할 일을 우선순위를 고려해 정리한 목록

▲ 비전, 목표, 전략, 과제의 서술 방법

　중~장기 관점 기획은 비전과 목표를 설정하는 게 바람직하다. 지향점이 명확하면 지속력을 유지하고 한쪽으로 치우치지 않도록 균형감을 유지는 데 도움이 된다. 또한 조직의 규모가 클수록 한 방향으로 이끄는 역할이 필요한데 비전과 목표가 구심점 역할을 한다.

> 목표가 없는 사람은 목표가 있는 사람을 위해 평생 일해야 하는 종신형에 처해 있다.
>
> 출처 : 《목표 그 성취의 기술》(브라이언 트레이시 지음, 정범진 역, 김영사, 2003년 10월)

　비전과 목표가 구체적이고 명확하면 구성원들의 행동과 판단이 빨라진다. 도착지가 보이면 출발하지 않고 서 있기가 더 어렵기 때문이다.

　단기 관점 기획은 바람직한 상태로 만들기 위해 과업을 즉시 시행 가능한 형태로 구체화해서 제시하는 게 더욱 중요하고 필요하다.

　그렇다면 이쯤에서 이런 의문이 생길 수 있다. '중~장기 관점에서 기획은 비전과 목표가 꼭 있어야 하는가?', '단기 관점에서 기획은 비전과 목표가 없어도 되는가?' 하지만 이런 문제에 '있다' 혹은 '없다'로 접근해서는 안 된다. 필요성을 고려해 '필요한가' 혹은 '필요 없는가'로 접근하는 것이 옳다. 예를 들어 여러 조직이 참여하거나 조직이 커서 한 방향으로 이끌 구심점이 필요하다면, 단기 관점 기획에서도 비전과 목표를 만들 수 있다. 장기 관점 기획에서 필요에 따라 만든 비전과 목표가 모호하거나 의미가 불분명하다면 차라리 없는 게 낫다.

✎ 다음 예시를 보세요[46] **비전 – 목표**

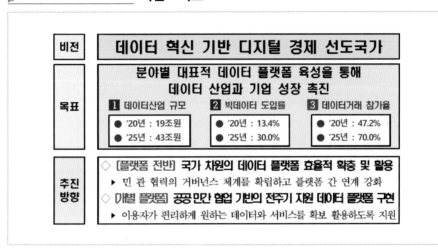

데이터 플랫폼 발전전략 보고서 중 일부다. 비전을 통해 '데이터 혁신 기반 디지털 경제 선도국가'를 만들겠다는 포부를 읽을 수 있다. 포부는 알겠지만 냉정하고 객관적으로 바라보자. '데이터 혁신'과 '디지털 경제'는 무엇이고, '선도국가'가 되려면 무엇을 얼마나 잘해야 하는 것일까? 선언적 의미가 강한 한 문장의 비전으로는 이런 궁금함을 모두 해결해줄 수 없다.

비전 아래를 보면 ① 데이터산업 규모, ② 빅데이터 도입률, ③ 데이터거래 참가율을 늘리겠다는 구체적인 계량 목표를 제시하고 있다. 즉, 3대 목표를 달성하면 비전

---

46) 데이터 플랫폼 발전전략(2021. 6), 관계부처 합동, https://bit.ly/3hTvLsH

이 달성된다는 의미다. 계량 목표의 지표와 목표치를 명확히 제시해 비전 달성 기간 (~25), 비전 달성 분야(데이터산업 규모, 빅데이터 도입, 데이터거래 참가) 및 목표치를 제시해 달성 수준을 명확히 알 수 있다.

✎ 다음 예시를 보세요[47) **정량목표 1**

Ⅲ. 쌀가공산업 육성 기본방향	
목표	◇ **쌀가공산업 성장과 쌀 소비 촉진 활성화** ○ 매출액 : ('18) 5.3조원 → ('23) 7.0(연 5.7% ↑) ○ 쌀 소비량(주정용 제외) : ('18) 568천톤 → ('23) 630 (연 2.1% ↑) ○ 수출규모 : ('18) 89백만$ → ('23) 170(연 13.8% ↑) ○ 신규 일자리 창출 : ('18) 724명 → ('23) 3,865(누적)

✎ 다음 예시를 보세요[48) **정량목표 2**

목표	▪ 30년까지 부품기업 1,000개를 미래차 기업으로 전환 ▪ 매출 1조 원 글로벌 부품기업 육성 (20년 13개 → 30년 20개) ▪ 1,000만불 수출 부품기업 250개 육성 (20년 156개 → 30년 250개)
전략	▪ 연대·협력을 통한 미래차전환 종합지원플랫폼 구축 ▪ 고성장·고부가가치·신시장 등 비즈니스 모델 혁신 지원 ▪ 미래차 전환과 과감한 투자를 촉진하는 지원수단 확충

---

47) 2021년도 쌀가공산업 육성 및 쌀 이용 촉진 시행계획(2021. 2), 농림축산식품부, https://bit.ly/3ykujWV

48) 자동차 부품기업 미래차 전환 지원 전략(2021. 6), 관계부처 합동, https://bit.ly/36q148S

앞의 두 예시에서 첫 번째 예시는 중기 관점에서 기획한 보고서로 목표 달성 기간은 2023년이다. 두 번째 예시는 장기 관점에서 기획한 보고서로 목표 달성 기간이 2030년이다. 목표 달성 기간은 보고서 작성 목적, 자원 동원 및 투입, 산업(사업)구조 변화 등을 종합적으로 고려해서 정해야 한다.

✏️ 다음 예시를 보세요[49] 단계별 목표 – 로드맵

49) 불법드론 지능형 대응기술개발사업 추진계획 및 2021년도 시행계획(안)(2020. 12), 과학기술정보통신부, https://bit.ly/3xhhufM

목표를 하달할 때 명확한 지표와 목표치를 제시하면 이해가 빠르다. 그러나 계량 수치로 명확히 제시하기 어려운 경우도 많다. 이럴 때는 언제까지 무엇을 하겠다는 것인지 분명하게 알 수 있도록 단계별 로드맵 형태로 제시하는 것도 방법이다. 예시 보고서는 불법드론 대응 시스템 개발 관련 로드맵이다. 2030년까지 1~3단계로 나눠서 단계별로 기술 개발을 추진하겠다는 목표를 알 수 있다.

전략은 체계적이어야 한다

'비전과 목표'만으론 조직을 움직일 수 없다. 지향점과 동기부여 목적으로 사용할 수는 있지만, 그 자체가 수단이 되지는 못한다. 구체적인 수단이 필요하다. 그것이 전략과 과제다.

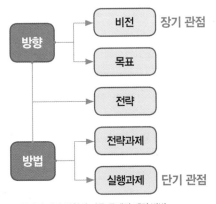

▲ 문제점 해결 방향에 따른 문제점 해결 방법

비전과 목표 달성을 위한 가장 효과적이고 효율적인 방안이 전략이고, 이를 실행하기 위해 구체적으로 해야 할 일을 정리한 것이 과제라고 앞서 설명했다. 방향은 이상, 목적, 목표에 가깝고, 방법은 현실에서 이를 구현하기 위한 구체적인 수단이다. 현실에서 이상을 구현하기 위한 전략과 과제는 체계적이고 논리적이어야

하며, 또한 구체적이어야 한다. 그래야 설득력을 얻을 수 있다. 체계적이고 논리적인 설득력을 갖춘 전략과 과제는 어떤 모습인지 예시를 통해 살펴보자.

정책 비전	**항공산업 재도약** 元年 **항공에서 시작되는 일상 회복**
목표	**고용안정 등 산업 생태계 유지 · 新산업 경쟁력 확보** ☞ **2024년 세계 7위권 글로벌 항공 네트워크 보유**

3R 정책 방향 및 주요 정책 과제	**위기대응**Response **[단기]** **코로나19 위기 상황에서 항공산업 생태계 유지**	• 항공사·지상조업·면세점 등 고용안정 지원 - 특별고용지원업종 기간 연장 등 • 공항시설사용료, 운수권·슬롯 회수 유예 • 중견·지역 기반 저비용항공사 활로 마련
	회복준비Recover **[단기]** **경제회복 · 포스트코로나 대비 K-항공네트워크 전략 추진**	• 방역 기반 점진적 운항재개 추진 - 무착륙 관광비행 상품 다양화 - 방역 안전국가와 트래블버블 협정 체결 • 대형 항공사 조기 안정화 및 국민편의 제고 - 항공사 간 전략자원 공유 지원 - 핵심노선 축소, 운임인상에는 적극 대응
	기회창출Reform **[중장기]** **혁신적인 아이디어로 미래 성장기반 확보**	• 항공산업발전조합 설립 등 항공금융 시작 • MRO 글로벌 경쟁력 강화 • 항공 전문인력 양성기관(KAA) 설립 • 비대면 스마트공항, K-공항 수출 • 지역 상생 공항주변지역 개발 추진

50) 「제31차 비상경제 중앙대책본부 회의」, 항공산업 코로나 위기 극복 및 재도약 방안(2021. 3), 관계부처 합동,
https://bit.ly/3hPuELT

항공산업 코로나 위기 극복 및 재도약 방안을 담은 보고서 중 일부다. 코로나로 인해 항공산업이 큰 위기에 봉착했다. 비전을 통해서 알 수 있듯이 항공산업이 재도약할 수 있도록 정책적 지원을 하겠다는 것이다.

항공산업의 생태계를 유지하고 新산업 경쟁력을 확보해 2024년에 세계 7위권 항공 네트워크를 보유하겠다는 목표도 세웠다. 이를 어떻게 구현할 것인지는 전략과 과제를 보면 알 수 있다. '3R 정책방향'[51]을 보면 전략의 특징을 알 수 있다. 위기대응 Response (단기)→회복준비 Recover (단기)→기회창출 Reform (중장기)로 연결되는 구조를 갖추고 있다. 국가적 위기 상황에 준하기 때문에 단기적으로 위기대응과 회복준비를 1순위로 제시했다. 그런 다음 중장기적으로 기회창출을 모색하겠다는 전략임을 알 수 있다. 단기와 중장기를 아우르는 시계열의 전략 구조를 갖추고 있다.

---

51) 이 보고서에서는 '정책방향'이라는 용어를 사용했다. 넓은 의미로 '전략'이라고 볼 수 있다.

준비된 청년들의 도전을 사회가 응원하는 청년창업 생태계 조성

목 표	① 연간 2.3만명 청년창업 멘토링 및 교육 지원
	② 준비된 신규 청년창업기업 금년 1,000개 추가 발굴·육성
	③ 청년창업기업 초기 자금부담 연간 1조원 경감

지역 청년창업 중심거점 조성 및 역할 강화

- □ 창조경제혁신센터를 통한 지역 청년 창업 거점 연계
- □ 청년 예비창업자 대상 공개 멘토링 및 정기 헬프데스크 운영
- □ 대학 창업환경 개선 및 역할 강화 (창업중심대학 지정, 창업게스트하우스 운영 등)

청년 창업 단계별 맞춤형 지원

❶ 창업도전 단계	→	❷ 창업성장 단계	→	❸ 재도전 단계
□ 온라인교육 및 창업검증 준비금 지원		□ 청년 창업 현장의 4대 핵심애로 해결		□ 따뜻한 재도전 환경 조성 (재도전 응원캠프, 채무부담 완화)
□ 생애 최초 청년창업 전용 사업화		- (인력) 스타트업 AI 개발인력 공급 및 매칭		
□ 청년 창업기업 TIPS 참여 확대		- (제조) 제조 정보·장비· 공간 거점 확보		□ 청년 재도전 전용 프로그램 운영 (청년 다시-Dream, TIPS-R)
□ 글로벌 협업을 통한 청년 스타트업 발굴·육성		- (자금) 청년창업 초기 자금부담 완화		
		- (주거) 안정적 청년창업 주거환경 마련		

---

52) 청년 창업 활성화 방안(2021. 5), 관계부처 합동, https://bit.ly/3r4Flgp

청년창업 활성화 방안을 담은 보고서 중 일부다. 비전의 핵심 내용은 '청년창업 생태계를 조성'하겠다는 것이다. 3대 계량 목표를 제시하고 이를 달성하기 위해 2대 전략을 수립했다. [전략 ①] 거점을 마련해서 [전략 ②] (거점을 중심으로) 단계별 맞춤 지원을 하겠다는 것이다. 여기서 주목할 점은 두 번째 전략의 하위 전략 과제를 보면 전략 명칭 그대로 단계별로 구성된 것을 볼 수 있다. ①단계 : 창업도전→②단계 : 창업성장→③단계 : 재도전으로 구성했다. 전략뿐만 아니라 전략 과제도 체계적이고 논리적으로 구성했음을 알 수 있다.

✏ **다음 예시를 보세요**[53)] **전략 구조 3**

비 전

중소기업 수출지원 고도화로
우리 수출의 저변 확대

목표

① **2025년까지 수출 스타트업 수 5만개 달성**
  * 수출 스타트업 수(만개) : ('20) 2.6 → ('21) 2.8 → ('22) 3.5 → ('25) 5.0

② **2025년까지 수출 소상공인 수 5만개 육성**
  * 수출 소상공인 수(만개) : ('20) 2.4 → ('21) 2.6 → ('22) 3.5 → ('25) 5.0

③ **2025년까지 온라인 및 기술수출 중소기업 5만개 구현**
  * 온라인수출 中企(만개) : ('20) 0.7 → ('21) 1.0 → ('22) 2.0 → ('25) 4.0
    기술수출 中企(만개) : ('19) 0.3 → ('21) 0.4 → ('22) 0.7 → ('25) 1.0

3대 정책방향 및 9개 핵심 추진과제

정책방향	① (스타트업) 유망 스타트업 수출지원체계 혁신	② (소상공인) 수출 소상공인 육성을 위한 지원기반 확충	③ (일반 중소기업) 온라인 · 기술수출 중소기업 맞춤형 지원
	❶ 개방형 혁신 통한 스타트업 수출 선도모델 확산	❶ 수출 유망 소상공인을 위한 제도·협업체계 마련	❶ 온라인수출 중소기업 물류 고도화 등 지원
	❷ KSC 기능 고도화 등 스타트업 해외진출 거점 혁신	❷ 소상공인 온·오프라인 수출 지원프로그램 도입	❷ 기술수출 활성화를 위해 기술교류마케팅 등 지원 강화
	❸ 유망 스타트업 수출 마케팅 지원 강화	❸ 소상공인 수출역량 강화를 위한 교육·컨설팅	❸ Brand K 분야별 특화 지원 및 성과확산 추진

---

53) 「제35차 비상경제 중앙대책본부 회의」 중소기업 수출지원 고도화 방안(2021. 5), 관계부처 합동, https://bit.ly/3ATujPA

중소기업 수출지원 방안 관련 보고서 중 일부다. 비전-목표-정책방향(전략)이 어떻게 연계(연결)되는지 유심히 살펴보자. 먼저 '중소기업 수출지원 고도화로 우리 수출의 저변을 확대'하겠다는 비전이 보인다. 비전에서 말하는 수출지원 대상 '중소기업'은 목표를 보면 알 수 있다. ① 스타트업, ② 소상공인, ③ 온라인 및 기술수출 중소기업이다. 또한 비전에서 말하는 '수출의 저변 확대' 역시 목표를 보면 3대 대상별로 얼마나 확대하겠다는 것인지 알 수 있다. 목표를 통해 비전 달성 대상과 수준을 명확히 표현하고 있다.

정책방향을 보면 목표를 어떻게 달성하겠다는 것인지 쉽게 파악할 수 있다. 목표에서 말하고 있는 3대 대상(스타트업, 소상공인, 온라인 및 기술수출 중소기업)별로 3대 정책방향을 매칭해 총 아홉 개의 핵심 추진과제를 제시하고 있다. 이렇게 비전-목표-정책방향(전략)과 과제를 체계적이고 논리적으로 설명하고 있다.

✎ **다음 예시를 보세요**[54)] **전략 구조 4**

【 비 전 】
초고성능컴퓨팅 강국 도약으로 4차 산업혁명 퀀텀점프 실현

【 목 표 】

구 분	'20년	'25년	'30년
컴퓨팅 파워	12위 ➡	8위 ➡	5위
선도기술 분야*	5개 분야 ➡	13개 분야 ➡	24개 분야
新서비스 창출	- ➡	5개 ➡	10개

* 42개 초고성능컴퓨팅 기술 분야 중 한국이 "선도(최고국가 대비 80%)" 이상인 분야

【 추진 전략 】

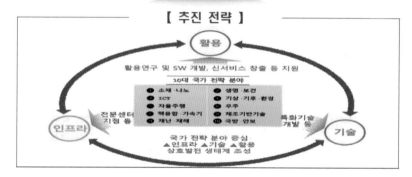

【 중점 추진 과제 】

전략적 인프라 확충	■ 세계적 인프라를 갖춘 국가센터 육성 ■ 분야별 전문센터 지정·육성 ■ 초고성능컴퓨팅자원 공동활용체계 2.0 구축
독자적 기술력 확보 및 산업화 기반 마련	■ 전략기술 포트폴리오 기반의 핵심원천기술 확보 ■ 자체 프로세서 기반 엑사급 초고성능컴퓨터 개발 및 구축 ■ 기술사업화 장벽 해소 및 지속성장기반 구축
혁신적 활용 활성화	■ 국가 전략 분야 중심의 수요맞춤형 지원 강화 ■ 전문성 기반의 개방형 활용 생태계 구축

---

54) 4차 산업혁명 퀀텀점프를 위한 국가초고성능컴퓨팅 혁신전략(2021. 5), 관계부처 합동, https://bit.ly/3i2dx8g

국가초고성능컴퓨팅 혁신전략 보고서 중 일부다. '초고성능컴퓨팅 강국 도약'이 비전 핵심 키워드다. 목표를 보면 3대 분야(컴퓨팅 파워, 선도기술, 新서비스)에서 2030년까지 도달하고자 하는 계량 목표치를 제시하고 있다. 이 목표를 달성하기 위한 3대 추진 전략을 제시하고 있는데, 추진 전략이 서로 어떻게 연계되고 어떤 내용인지를 도식으로 표현한 부분이 눈에 띈다. 좀 더 살펴보면 '10대 국가 전략 분야'의 생태계 조성을 위해서 인프라 측면, 기술 측면, 활용 측면에서 중점 추진하겠다는 전략을 확인할 수 있다. 전략 간 상호 연계성을 도식으로 잘 표현하고 있다.

 학습 정리

1. 문제를 해결하기 위해선 먼저 가용 자원을 확인한다.

▶ 동일한 문제점도 가용 자원에 따라 해결할 수 있는 기간이 달라진다.

▶ 시급성, 중요도에 따라 가용 자원에 추가 자원을 투입해야 할 수도 있다.

▶ 문제를 해결하는 데 걸리는 기간을 단기, 중기, 장기로 나누어 생각한다. 기간에 따라 기획의 목적, 목표가 달라진다.

▶ 장기 계획은 방향의 명확성에 중점을 두고 작성한다.

▶ 단기 계획은 명확한 실행 방법에 중점을 두고 작성한다.

2. 해결책을 찾는 기획은 방향이 생명이다.

▶ 중장기 계획은 방향의 일관성을 유지할 수 있도록 비전과 목표를 설정하고, 단기 계획은 빠른 시간 내에 문제를 해결할 수 있도록 과제(과업)을 즉시 시행 가능한 형태로 구체화해 제시하는 것이 중요하다.

▶ 비전과 목표는 두루뭉술한 결의나 포부보다는 정량적 기준을 제시해 설정하는 것이 좋다.

3. 전략은 논리성이 생명이다.

▶ 단순히 비전과 목표만으로는 문제를 해결할 수 없다. 이때 필요한 것이 전략이다.

▶ 전략 실행을 위해 해야 할 일을 구체화한 과업을 과제라 한다. 과제는 세분화 정도에 따라 전략과제, 세부과제 등으로 나뉜다.

▶ 비전–목표–전략–과제는 논리적 연계성이 중요하다. 그래야 설득력이 생긴다.

방법을 탐색한다

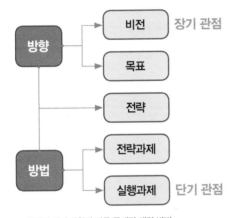

▲ 문제점 해결 방향에 따른 문제점 해결 방법

앞서 비전-목표-전략에 이르는 '방향'을 체계적이고 논리적으로 표현한 예시를 살펴봤다. 이제 방향을 실현하기 위한 구체적인 방법을 탐색해보자.

기획 보고서에서는 과제라는 용어를 사용한다. 이미 우리는 과제라는 단어에 익숙하다. 학창 시절 선생님께서 내주신 '과제'와 같이 '풀어야 할 숙제'로 이해하면 된다. 방향을 실현하기 위해 풀어야 할 숙제, 즉 '해야 할 일(과업)' 정도로 풀이하면 된다.

기획 보고서에 자주 등장하는 해야 할 일(과업)은 크게 ① 기간과 절차, ② 역할과 범위, ③ 관계와 구성으로 정리할 수 있다. 예시를 통해 각각의 방법을 구체적으로 살펴보자.

3대 방법	과업 탐색 로직	의미
① 기간과 절차	단기↔장기	• 시계열적으로 해야 할 과업 제시
	준비↔실행	• 선후 관계를 고려해서 해야 할 과업 제시 • 순서(프로세스)나 상호 관계(연결)를 고려해서 과업 제시
② 역할과 범위	지원↔주도 (조성↔촉진)	• 수행 역할 범위를 기준으로 과업 제시
	축소↔확대	• 기존에 수행한 사업이나 업무 범위를 조정해 과업 제시
③ 관계와 구성	통합↔특화 단일↔복합	• 수직/수평적 상호 관계와 구성(구조)적 특성을 고려해서 과업 제시

▲ 탐색 방법에 따른 과업 로직과 의미

기간과 절차 :
단기↔장기, 준비↔실행

해야 할 일, 즉 과업을 탐색하는 대표적인 로직은 '기간과 절차'다. 이름 그대로 기간이나 절차를 고려해서 과업을 탐색해보는 것이다. 시간 순서를 고려해 ① 단기↔(중)장기 관점으로 구분해서 과업을 탐색해본다. 단기는 시급성을 최우선으로 고려하고, 중장기는 중요성과 파급 효과를 최우선으로 고려한다.

과업 탐색 로직	자주 등장하는 과제 키워드	
① 단기↔(중)장기	단기, 긴급, 시급, 최우선, 한시, 임시	중장기, 지속, 확대, 강화, 보강, 활성화, 고도화, 연장, 로드맵
② 준비↔실행	검토, 착수, 연구, 시범, 예비, 기반, 조성, 발굴, 전망, 예측, 수집, 분석, 투입, 선제, 선도, 조기, 도입, 구축, 신설, 제정, 개발, 기반, 조성, 투자, 선점	개선, 고도화, 지속, 점검, 평가, 모니터링, 관리, 결과, 성과, 단계, 절차, 흐름, 프로세스, 주기

▲ 기간과 절차에 따른 문제 해결에서 자주 등장하는 과제 키워드

단기↔장기와 더불어 많이 등장하는 과업 탐색 로직은 ② 준비↔실행 관점이다. 새로운 과업(사업이나 업무)을 본격적으로 시작하기 전에 준비 과정과 본격적으로 실행하는 과정을 단계별로 탐색해볼 수 있다. 다양한 예시를 통해 '기간과 절차' 과업이

어떻게 제시되는지 살펴보자.

✎ **다음 예시를 보세요**[55] **단기↔중장기 1**

---

① 단기간 내 사업화 및 미래차 핵심반도체 R&D 지원 강화

□ **(단기간 내 사업화 지원)** 차량용반도체 산업역량 강화를 위해 자립화가 필요하고, 단기간에 사업화가 가능한 품목을 적극 발굴하여 지원 확대

  ○ 해당 품목에 대해서는 '21.4~5월 중 사업공고 등을 거쳐 소부장 양산성능평가지원사업('21년 400억원)을 통해 **차량용반도체 우선 지원**

  ○ 단기간 내 자립을 이룰 수 있도록 소부장 양산성능평가지원사업 관련 **'22년 예산 대폭 증액 추진**

< 단기간 내 사업화가 가능한 대상품목(안) >

차량용 메모리(Storage)	전기차 정온특성(PTC[1]) 히터용 전력반도체(IGBT[2])
화재감지용 BMS[3] 전류감지 소자	48V 전자식 릴레이 소자(E-PRA[4])
주행영상기록장치(DVRS[5]) 반도체	디지털 사이드미러(DSM) 반도체
서라운드뷰 모니터링(SVM) 반도체	라이다(LiDar) 광원용 반도체
터치 햅틱 드라이버 IC	공조(에어컨/히터) 제어기
AI 컴퓨팅모듈용 AP[6]	고속 이더넷(Ethernet)용 반도체
스마트폰 무선충전 반도체	3상모터 드라이버IC

(1) PTC : Positive Temperature Coefficient / (2) IGBT : Insulated Gate Bipolar Transistor
(3) BMS : Battery Management System / (4) PRA : Power Relay Assembly
(5) DVRS : Drive Video Record System / (6) AP : Application Processor

□ **(미래 역량 강화)** 미래차 핵심 반도체 기술개발 및 신소재 기반 차세대 전력 반도체 기술역량 강화를 위해 기존 **R&D** 예산 확대 및 신규 **R&D** 사업 추진

  ○ 차세대 지능형 반도체 기술개발 등 **차량용 반도체**에 대한 기존 **R&D** 과제('21년 757억원)는 관련 예산을 대폭 확대하여 지속 확대 추진

  ○ 전기차, 자율차 등 미래차의 전력 소비 확대에 대응하기 위해 **SiC, GaN** 기반 전력 반도체 등에 대한 신규 **R&D** 예산지원

   * (SiC) Si 대비 10배 높은 전압 내구성, 전력손실 50% 절감 ⇒ 전기차, 태양광 인버터 등에 사용
   (GaN) Si 대비 빠른 스위칭 속도, 소형화 가능 ⇒ 고속 무선 충전, RF 통신 등에 활용

---

55) BIG3 산업(미래차) 중점 추진과제(2021. 4), 관계부처 합동, https://bit.ly/3rcqiS3

BIG3 산업(미래차) 중점 추진과제에 관한 보고서 중 일부다. 보고서 제목 그대로 미래차 산업 육성과 발전을 위해 해야 할 과업을 과제로 제시한 보고서다. 과업을 보면 '단기간 내 사업화 지원'을 통해 성과 창출을 유도하고, 중장기 관점에서 '미래 역량 강화' 분야에 대한 R&D 예산을 확대하겠다는 것을 알 수 있다.

추진 과업을 단기↔장기로 구분해서 제시했다. 그래서 시급히 해야 할 과업, 시간을 두고 중장기적으로 해야 할 과업을 명확히 알 수 있다.

✎ 다음 예시를 보세요[56] **단기↔중장기 2**

☐ **글로벌 경쟁력 분석**

○ 수소전기차 연료전지 시장은 한국이 주도하고, 美·日·中 3국이 추격 중

　※ 기업별 시장점유율(승용) : ①현대차(韓, 83.4%), ②토요타(日, 14.0%), ③혼다(日, 2.6%)

○ 우리나라 수소전기차의 연료전지시스템 효율*이 세계적으로 가장 높은 수준이며, 해외 완성차社에 연료전지 공급 검토 중

　* 연료전지시스템 효율 : 韓 60%(가변압력형), 日·美·獨·中·加 55%(가압형)

☐ **R&D 추진방향 : 세계시장 선점을 위한 기술고도화 및 주도권 유지**

❶ (단기) 내연기관차 수준의 경제성·내구성 향상을 위한 기술고도화 추진

　- 차량가격 인하(승용 기준, (현)7천만원대→(목표)5천만원대, 세계최초)를 위한 연료전지시스템 부품가격 저감 및 내연기관차 수준의 내구성 확보

　※ 연료전지 가격 30% 이상 저감, 내구성 2배 이상 개선(승용 16→30만km, 상용 10→50만km)

❷ (중기) 주도권 유지를 위한 수소저장량 증대 및 여타 수송수단(선박, 철도 등) 적용 확대

　※ 수소 저장량 2배 이상 증대(30kg→60kg 이상), 연료전지 스택 에너지밀도 2배 증대(2.5→5kW/kg)

❸ (장기) 고가·희소 소재 의존도 저감 및 에너지 효율 초격차 유지

　- 연료전지 스택 백금사용량 저감(0.5→0.1g/kw 이하) 기술 및 스택 내 저항 최적화를 통한 연료전지시스템 효율 향상(60→70%) 기술 확보

---

56) BIG3 산업(미래차) 중점 추진과제(2021. 4), 관계부처 합동, https://bit.ly/3rcqiS3

앞선 예시와 같은 보고서 중 일부다. 글로벌 경쟁력을 분석해보니 한국이 주도하고 미 · 일 · 중 3국이 추격하는 구도다. '한국이 주도하고 있는데 뭘 더 하란 말인가?'라고 생각하면 안 된다. 격차를 더욱 벌리고 미래를 선점하기 위해 노력해야 할 과업이 있다. 이를 단기↔중기↔장기로 구분해서 제시했다. 이런 상황에서는 단기보다 중장기 과업이 더욱 중요하다.

✎ **다음 예시를 보세요**[57) **단기**

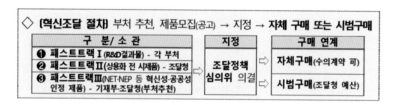

(…중략…)

❸ 혁신제품의 신속한 공공시장을 진입 위한 패스트트랙 I · II 제도 도입

* (패스트트랙 I) R&D사업 결과물 중 혁신성 인정 제품 → 수의계약·구매면책 허용
  (패스트트랙 II) 공공·민간 시제품 중 혁신성 인정 제품 → 수의계약·구매면책 허용

○ 패스트트랙 혁신제품 수의계약 근거 및 절차 규정 마련('19.7월)

  * 우수R&D 혁신제품·시제품시범구매 수의계약 근거 마련(국가계약법 시행령 개정),
    수의계약 절차 마련(정부입찰·계약집행기준 개정)

○ **패스트트랙 II**를 신속 운영해 **'19년까지 혁신시제품 66개 지정**

  * 작년에 패스트트랙 II 심사가 끝나지 않은 15개 제품은 올해 5월 추가 지정
    → 6월 현재 혁신시제품 수는 81개(연말까지 300개 이상으로 확대 계획)

---

57) 「제6차 혁신성장 BIG3 추진회의」, BIG3 산업의 혁신조달 수요창출 및 구매연계 강화방안(2021. 3), 조달청,
https://bit.ly/3AqNcsf

BIG3 산업의 혁신조달 수요창출 관련 보고서 중 일부다. 정부에서는 혁신제품에 대한 공공 조달 문턱을 낮추고, 공공부문이 첫 구매자가 되어 초기 시장을 창출하기 위해 혁신조달을 추진하겠다는 계획이다. 이를 위해 혁신제품에 대해서 신속한 공공시장 진입을 돕기 위해 일명 '패스트트랙(절차 간소화)'을 도입하겠다는 것이다. 절차를 간소화시켜 단기적으로 빠른 시장 진입 및 안착을 돕겠다는 것이다.

✏️ 다음 예시를 보세요[58] 준비(사전, 예방, 대비)

---

3 항공안전 감독체계를 사전·컨설팅 방식으로 전환

□ 수요회복 시 안전문제가 발생하지 않도록 ①항공기 상태, ②종사자 기량 회복, ③항공사 안전투자 유지 여부 등 3대 항목 집중 관리

【 항공사 안전감독 강화 】

< 기 존 >		< 변 경 후 >	
상시점검 (조종, 정비, 객실 등 76개 점검표 x년 1·2회 x 全 항공사)	⇨	상시점검 (항공사별 취약분야 해당 점검표 위주) + 코로나 3대 안전 관리항목 집중관리	+ 운항재개 대비 안전 컨설팅

o (안전 컨설팅) 운항재개 준비 全과정 동안 승무원 재훈련, 예방정비항목 선정, 안전장애 예방을 위한 취약지표 개선 등 자문 지원

  ✽ 트래블버블 추진 등으로 국제여객이 초기 회복(예: '19년比 30% 도달)되는 항공사·노선에 조종, 정비, 객실 등 전문 감독관이 분야별 컨설팅 실시

o (예방적 안전점검) 향후 수요회복 시 예상되는 안전이슈를 검토하고 회복 단계별 안전조치 방안 수립 및 예방정비 강화*

  ✽ 항공기 운휴 기간 동안 엔진 등 주요 계통 정밀점검과 잠재결함 해소 등

【 수요회복 대비 단계별 안전조치방안 예시 】

수요회복	안전이슈		회복속도별 추가이슈	안전관리방안
1단계(25%)	해외지점 재가동 휴직 승무원 기량저하	+	빠른 회복 · 예비엔진·부품 국내조달 지연	· 안전 컨설팅, 승무원 훈련 강화 · 부품공동활용 추진
2단계(50%)	승무원 훈련수요 급증		느린 회복 · 안전투자 축소 · 종사자 심리불안	· 주요장애 사전관리 · 후려슬롯 확보·조정 · 재정·종사자 모니터링 강화
3단계(75%)	안전장애 발생률 증가			

---

58) 「제31차 비상경제 중앙대책본부 회의」, 항공산업 코로나 위기 극복 및 재도약 방안(2021. 3), 관계부처 합동, https://bit.ly/3hPuELT

항공산업 코로나 위기 극복 및 재도약 방안 관련 보고서 중 일부다. 코로나로 인해 항공 수요가 줄었지만, 수요 회복 시 안전문제가 발생하지 않도록 점검 방식을 '사전·컨설팅 방식으로 전환'하겠다는 계획이다. 기간과 절차상 점검은 통상 사후조치에 해당한다. 이를 예방하는 차원에서 사전 점검을 강화하겠다는 것이다.

✎ 다음 예시를 보세요[59)] **실행(단계별, 절차별)**

참고	고용센터 방역관리 시스템 강화

□ **(거리두기 단계별 조치)** 주요 취업지원서비스의 거리두기 단계별 조치방안을 마련('20년) → 안전하고 효과적인 고용서비스 제공

[사회적 거리두기 단계별 조치방안]

	1단계 (생활방역)	1.5단계 (지역유행)	2단계 (지역유행)	2.5단계 (전국유행)	3단계 (전국유행)
구인·구직 신청	·대면·비대면 병행 ·소독, 발열체크, 가림막 설치 등 방역수칙 준수			·온라인·유선 등 비대면 권고	·비대면 원칙 (불가피한 경우만 대면 실시)
채용행사	·대면 가능(방역수칙 준수)		·비대면 권고	·비대면 원칙 (불가피한 경우만 대면 실시)	·대면 불가
취성패 (국취)	·초기상담은 대면	·초기상담은 대면 (이후 상담은 가급적 유선으로 진행)			·모든 상담 비대면 원칙
실업급여	·집합교육 참여자 개인방역	·집합교육 100인 이하 제한	·좌석 띄우기 ·강의중 음식물 섭취 금지	·좌석 두 칸 띄우기 ·집합교육 50인 이하	·집합교육 참여 10인 이하 제한

공공 고용서비스 강화 방안을 담은 보고서 중 일부다. 코로나19라는 외부 환경 변수로 인해 취업지원서비스를 제공하는 데 제한이 따른다. 그렇다고 취업지원서비스를 전면 중단하는 것도 바람직한 대안은 아니다. 거리두기 단계별로 안전을 고려한 효과적인 고용서비스를 제공하는 방안을 마련했다.

---

59) 공공 고용서비스 강화 방안(2021. 6), 관계부처 합동, https://bit.ly/3hNTgmQ

✏️ 다음 예시를 보세요[60] **실행(단계별, 절차별)**

---

② 숲 단계 자원순환성 개선

□ **(발생 단계)** 불필요한 자원 낭비 및 폐기물 발생 억제

  ○ **(플랫폼 구축)** 정부, 지자체, 기업, 시민사회, 일반 국민 등이 참여
    하는 '자원순환 플랫폼' 구축, 우수사례 공유 및 실천의지 결집

  ○ **(감축 강화)** 1회용품 관리 확대, 택배 등 유통 포장재 감축기준 법제화,
    기업간 거래(B2B) 포장 감축 시범사업(하반기)

    * 그간 관리 사각지대(종이컵, 빨대, 배달음식, 장례식장 등) 감축 방안 마련

□ **(재활용 단계)** 플라스틱 등 고부가가치 재활용 활성화

  ○ **(제조·생산)** 제품 생산단계부터 재활용이 쉬운 재질·구조로 전환

    * 유색페트병·PVC 사용금지, 재활용 어려운 제품의 표시 의무화, EPR 분담금 차등화

  ○ **(배출·선별)** 페트병 분리배출 시범사업(2~6월, 6개 도시) 등 분리배출
    체계 개선, 고급 재생원료 확보를 위한 선별품 품질등급제 도입(2월~)

  ○ **(재활용)** 공공·민간 부문의 폐자원 재생원료 및 재활용제품 사용을
    확대하여 자원의 지속적 순환체계 구축

    * (페트병) 병 재생산, 의류 생산, (폐비닐) 가로수 보호판, 유류 제조 원료 재투입 등

□ **(처리 단계)** 공공 중심의 안정적인 지역별 순환 체계 구축

  ○ **(공공관리 강화)** 민간 주도의 폐기물 처리체계를 공공 중심으로 전환*,
    발생지역 처리시설 설치 의무 강화

    * (생활폐기물) 지자체 실적관리 및 직접처리 확대, (사업장폐기물) 시·도 內 관리책임 신설

  ○ **(지자체 감독 강화)** 지자체 폐기물 처리역량 평가·환류 시스템 구축,
    지자체 의무 미이행 시 이행명령 기능 강화

  ○ **(안정적 처리시설 확보)** 환경·주민친화형 복합 폐기물처리시설의
    새로운 모델*을 마련하고 폐자원에너지 활용성 제고

    * (예시) 폐기물처리시설 고품질화, 환경관리기준 강화, 주변지역 주민 지원 확대

---

60) 2020년도 성과관리 시행계획(2020. 9), 환경부, https://bit.ly/2V0gRJ8

환경부 성과관리 시행계획 보고서 중 일부다. 저탄소 순환 경제 실현을 위해 자원 순환성을 개선하겠다는 계획이다. 이를 위해 '발생 단계→재활용 단계→처리 단계'별로 필요한 부분에서 폐기물 발생 억제 및 재활용 활성화를 추진하겠다는 것이다. 재활용을 통해 자원 낭비를 줄이기 위해 자원이 순환되는 모든 프로세스를 단계별로 나눠 개선 사항을 살펴보겠다는 의도다.

역할과 범위 :
지원↔주도, 축소↔확대

해야 할 일, 즉 과업을 탐색하는 두 번째 로직은 역할과 범위다. 수행해야 할 역할 기준으로 ① 지원↔주도 관점에서 과업을 탐색해본다. 지원 관점은 다소 소극적인 측면이 있지만, 신규 사업이나 업무 개선이 지지부진해서 극적으로 변화시키고 싶다면 직접 주도하는 역할 검토가 필요하다.

과업 탐색 로직	자주 등장하는 과제 키워드	
① 지원↔주도 (조성↔촉진)	시범, 유도, 조성, 제한, 제약, 역량 개발	컨트롤타워, 주도, 전주기, 전폭, 대폭, 조기, 창출, 촉진, 선도, 선제, 인큐베이팅
② 축소↔확대	단축, 절감, 폐지, 삭제, 철폐, 부분, 소량, 차단, 제거, 감소, 금지, 규제, 폐쇄	전체, 확산, 추가, 강화, 활성화, 확충, 종합, 추가, 공동, 다양화, 다변화, 대량, 빈도, 개방

▲ 역할과 범위에 따른 문제 해결에서 자주 등장하는 과제 키워드

사업이나 업무 범위 기준으로 ② 축소↔확대 관점에서 과업을 탐색해보는 것도 방법이다. 효율성을 극대화하기 위해 불필요한 사업이나 업무를 축소하거나, 자원이나

역량을 집중해서 확대를 검토해볼 수 있다. 역시 다양한 예시를 통해 '역할과 범위' 과업이 어떻게 제시되는지 살펴보자.

✏️ **다음 예시를 보세요**[61] **지원**

❶ 「가맹본부」 전문인력의 양성 및 경영역량 강화 지원

ㅇ '가맹본부 재직자'의 전문경영·관리를 위한 전문경영 역량 강화

→ '최고 전문가 과정', '재직자 전문능력 제고 사업' 등 전문 교육기관을 통해 경영·관리 역량을 강화하고, 분야별 전문인력 자격인증제 운용

종류	주요 내용
• 경영역량	▶ 프랜차이즈 최고 전문가 과정 : 가맹본부 CEO·임원 대상, 경영 역량 강화 ▶ 프랜차이즈 슈퍼바이저 전문가 과정 : 가맹본부 매니저 대상, 매장 관리 능력
• 직무역량	▶ 재직자 전문능력 제고 사업 : 지역점포 마케팅, 빅데이터 상권분석, 가맹점 위생 및 안전관리, 불공정거래행위 및 분쟁관리 등 15개 교육 과정 • 국가인적자원개발 컨소시엄 : 15개 과정, 32회 운영, 640명 이수 예정(노동부)
• 전문인력 자격인증	▶ FC 슈퍼바이저 자격 인증 : 점포경영·마케팅, 상담, 경영수치분석 등 ▶ FC 컨설턴트 자격증 : 시스템 관리·경영, 계약관리, 컨설팅 방법 등 ▶ 외식경영관리사 자격증 : 외식업 운영·관리업무, 종업원 지도·감독 능력 등

ㅇ 영세 가맹본부의 역량강화를 위해 경영 노하우, 판로창출, 점포 개선 및 신제품(메뉴) 개발 등 경영개선 컨설팅 지원

* 가맹사업자의 역량강화 및 경영개선을 위한 생활혁신 기술개발 지원 (중기부)

ㅇ 체인형 희망조합을 발굴하여 협동조합 프랜차이즈시스템 구축*을 지원하고 공동브랜드·신제품 개발을 지원(예 : 국수나무)

* 소상공인 협업 활성화 공동사업을 통해 정보공개서·가맹계약서·프랜차이즈 매뉴얼 마련, 프로세스 및 공정개선 개발비 등 지원(중기부)

---

61) 가맹사업 진흥 기본계획 제3차 : 2021~2025(2021. 4), 관계부처 합동, https://bit.ly/3ehFKag

❶ 가맹사업의 서비스 분야별 단체표준 및 표준매뉴얼 개발 신규

ㅇ 세부 서비스 업종별 브랜드 상품·서비스 품질관리, 교육·훈련, 불만
  ·분쟁처리, 위생환경·시설안전관리 등 사업 전반에 대한 표준화

  * 정부와 산·학·연 등으로 구성된 『서비스 분야 단체표준 자문회의』의 운영

  → 수요가 많은 대표 서비스 업종* 2개를 우선 선정하여 시범사업 추진

    * 이러닝 서비스(메가스터디, 엠베스트), 유아·고령자 돌봄 서비스(짐보리, 아리아
    케어), 부동산 중개 서비스(리맥스) 등 (산업부)

❷ 서비스 단체표준의 활성화를 위한 법·제도 기반 조성 신규

ㅇ 서비스 분야 단체표준 심사·인증 절차의 마련을 포함한 단체표준
  관련 법령* 정비 등 단체표준 보급·확산을 위한 법·제도 정비 추진

  * 산업표준화법 단체표준 인증분야에 '서비스 분야' 포함 여부 검토(산업부)

가맹사업 진흥 기본계획 관련 보고서 중 일부다. 가맹사업의 경우 가맹본부에서 가맹점에 얼마나 체계적인 지원을 하느냐에 따라 경영성과가 달라질 수 있다. 이에 따라서 인적역량(경영역량, 직무역량, 자격인증 등) 강화, 경영개선 컨설팅, 공동 브랜드 및 신제품 개발 지원, 표준 매뉴얼 개발 등 분야별로 체계적인 지원을 하겠다는 것이다.

✎ 다음 예시를 보세요[62] **주도**

참고3 **혁신수요 인큐베이팅 제도 개요**

☐ (추진배경) 혁신조달 플랫폼(혁신장터)을 통해 공공문제 해결 수요
  약 2,500건의 아이디어를 접수*하였으나 구체화되지 못하는 상황

* 수요-공급 커뮤니티, 대국민 수요제안을 통해 '20년 2,576건(국민 504, 기관 2,072)의 아이디어를 접수하고 전문가 심사를 거쳐 86건을 우수 아이디어로 선정하였으나 혁신수요로 발전하는 데는 한계

☐ **(필요성)** 공공부문 문제해결을 위해서는 문제해결 수요를 구체화하고 문제에 대응하는 방안을 모색·연결하는 과정이 필요

☐ **(추진방안)** 아이디어 차원의 혁신수요에 대해 전문가 그룹 자문을 통해 실행 가능한 수준으로 과제 구체화 지원→사업추진과도 연계

　ㅇ (수요발굴) 해결이 필요한 공공문제 아이디어(수요)를 오프라인, 온라인, 기관, 국민 등 다양한 방법·주체를 통해 수집

　ㅇ (구체화) 전문가·전문기관*을 활용하여 제기된 혁신수요 중 일부를 선발하여 구체화**하고, 문제해결이 가능한 혁신제품·서비스 연계

　　* 과기부, 산업부, 중기부 등 혁신조달 부처, 산하 전문연구기관 및 관련 전문가 풀 활용
　　** **10인 이내의 인큐베이터를 구성하여 제기된 수요의 핵심파악 → 해결 방향 도출→ 제안요청서 수준까지 구체화하는 성숙단계를 거쳐** 수요발굴위원회 상정(제품·서비스 매칭)

　ㅇ (구매연계) 구체화된 혁신수요는 수요자 제안형 과제 지정 및 자체구매 연계, 해결 방안 마련이 필요한 경우 R&D, 파일럿 프로젝트 추진

<수요제안 인큐베이팅 개념도>

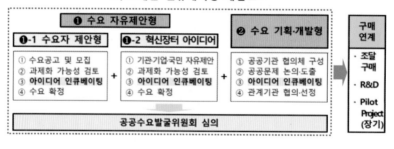

62)「제6차 혁신성장 BIG3 추진회의」, BIG3 산업의 혁신조달 수요창출 및 구매연계 강화방안(2021. 3), 조달청, https://bit.ly/3wNCFF8

BIG3 산업의 혁신조달 수요창출 관련 보고서 중 일부다. '추진배경'을 보면 혁신조달 플랫폼(혁신장터)을 통해 2,500건의 아이디어를 접수했으나 구체화하지 못하고 있다는 점을 밝히고 있다. 좋은 아이디어가 실현되지 못하고 묻힐 우려가 있다는 점은 안타까운 일이다. '추진방안'을 보면 이런 문제점을 해결하기 위해 아이디어를 구체화하는 '수요 제안 인큐베이팅' 사업을 추진한다는 계획이다. 아이디어 수요를 발굴하고 구체화해서 구매까지 연계시킨다는 것이다. 체계적으로 지원하는 역할도 중요하다. 그러나 간접 지원을 넘어 사업화를 주도해 실현 가능성을 더욱 높이겠다는 의도다.

✏️ 다음 예시를 보세요[63] 축소, 감축, 절감, 폐지

V. 조합 경영혁신 방안

◆ 조합의 **경영효율성**을 높이되 임직원들이 받는 **혜택**은 과감하게 줄여서, 그 편익을 보증수수료 인하 등의 형태로 **조합원**에 귀속

☐ (지점축소) 전공은 10개, 전공은 20개, 기공은 3개로 과감하게 축소

구분	최대치	현재	개편(안)
건설공제	40개('05)	39개	• 34개로 축소('21.12) → 7본부+3지점('22.6)
전문공제	57개('95)	32개	• 28개로 축소(~'22.2) → 24개(~'24.2) → 20개(~'25.2)
기계공제	21개('95)	6개	• 5개로 축소(~'21.6) → 3개(~'23.2)

☐ (업추비 등) '22년은 매출액의 0.3%로 한도를 설정하고, '25년까지 0.25% 이하로 축소 → '22년은 '20~'21년 평균 대비 **30%** 내외 감축

63) 건설관련 공제조합 개편방향(2021. 2), 국토교통부, https://bit.ly/2VMj2Ap

o '업추비 등 사용지침'을 마련하고, 대외활동비는 사용내용*을 기록하며 '25.1월까지 업추비 등으로 **통합·삭감**

    * (現) 사용자·일자·금액 관리 → (改) 사용자·일자·금액·**사용목적** 관리

- 업추비 등 지출내역은 감독기관 요구 시 공개하고, 기관장 지출내역은 공공기관 공개 수준에 준하여 매년 홈페이지에 공개

구분	'20년 예산	'21년 예산	'22년 개편(안)
건설공제	25.7억	15.0억원	14.2억원
전문공제	14.8억	14.8억원	10.3억원
기계공제	3.5억	4.1억원	2.7억원

☐ (성과급) ❶리스크관리, 투자수익율 등 **전제조건** 달성 시에만 지급하고, ❷지급 수준도 수익성 및 목표 초과수익률 등에 연동

    ❶ 유동성비율, 자기자본비율, 신용등급, 목표수익률 달성 여부 등
    ❷ (일반성과) 당기순이익/인건비 등, (특별성과) 여유자금 목표수익률 초과수준 등

o 건공의 경우, '20년 성과급을 변경된 기준으로 산정할 경우 총 35.8→17.4억원(▵50%)으로 감소 추정되며, 전공은 **20% 이상** 감축 전망

건설관련 공제조합 개편을 다룬 보고서 중 일부다. 공제조합은 1960년대에 건설보증금을 발주처에 현금을 예치하는 등 금융 기능이 미비한 상황에서 건설업체들의 의무 출자를 통해 설립되어 꾸준히 기능을 확장했다.

공제조합은 건설업의 압축 성장에 핵심적 역할을 수행해왔으나, 한편으론 조합 개편 필요성도 지속적으로 제기되었다. 이 예시에서는 조합 방만 경영을 대표적인 문제점으로 꼽아 이를 개선하기 위한 경영혁신 방안을 수립했다. 지점 축소, 업무추진비 감축, 성과급도 일부 감축할 계획이다. 사업이나 업무 추진 과정이 비효율적이거나 방만하게 운영될 때는 축소, 절감, 폐지, 조정 등을 통해 비정상의 정상화가 필요하다는 논지를 세 가지 분야로 나누어 설명했다.

✏️ **다음 예시를 보세요**[64] **축소, 감면, 유예**

2 사업 지원을 통한 항공산업 자구노력 유도

☐ 공항시설사용료 감면 연장 및 글로벌 기준에 맞는 세제 개편 추진

○ (사용료) '21.6월까지 사용료를 추가 감면('21.1~)하고, 위기 시 항행시설 사용료(관제서비스 관련) 감면사유·납부유예 근거* 마련('21.상)

지원사항		당초	변경	효과
착륙료	10~20%	'20.3~12월	'20.3~'21.6월	457억 추가감면
정류료	전액			
계류장사용료(조업사)	전액			

* 「공항시설법」 시행규칙 제20조제1항 관련 별표5에 사용료 감면사유 추가 등

○ (항공기 취득세·재산세) 국제운송시장 내에서 외국항공사와 공정 경쟁을 촉진하기 위해 <u>항공기 취득·보유 시 부과되는 세제 감면 검토</u>

* (현행) 취득세 60%, 재산세 50%(대한항공, 아시아나항공은 재산세 감면대상에서 제외)

※ 항공기 취득세·재산세 규정 변동 추이(지방세특례제한법 제65조 항공운송사업 과세특례)
  ○ (취득세) ('85~'16) 100% 감면 → ('17~'21) 60% 감면
  ○ (재산세) ('87~'18) 모든 항공사 50% 감면 →('19 LCC 항공기 도입 후 5년간 50% 감면
      * 자산규모 5조원 이상 대형항공사는 재산세 감면 제외

☐ 점진적 항공네트워크 회복을 위한 <u>운수권·슬롯(운항시각) 회수 유예</u>

* (운수권) 연간 20주 이상 미사용, (슬롯) 연간 80% 미사용 등에 해당 시 회수

○ 국적항공사의 국제선 전체 노선에 대하여, '21년 운수권·슬롯 미사용 시 회수유예(시즌별 허가) → 팬데믹 이후 즉각적 운항재개 지원

○ 또한, 코로나19 영향으로 미사용 중인 제주 등 <u>지방공항의 외항사 슬롯을 국적사의 국내선에 한시 배정</u>하여 국적사 영업기회 확대

항공산업 코로나 위기 극복 및 재도약 방안을 다룬 보고서 중 일부다. 코로나로 인해 항공산업이 위기에 봉착해 자구 노력을 통한 조기 정상화 유도책으로 다양한 세금 감면(축소, 유예 등) 혜택을 주겠다는 것이다.

---

64) 「제31차 비상경제 중앙대책본부 회의」, 항공산업 코로나 위기 극복 및 재도약 방안(2021. 3), 관계부처 합동, https://bit.ly/3hPuELT

✏️ **다음 예시를 보세요**[65] **다변화, 다양화**

---

① **(관광비행 다변화)** 일상 회복 전 **여행수요 충족·관련업계 지원**을 위해 **입국제한·격리조치 없는 국제관광비행 상품 다변화**

* (현행) 한국 출국 → 해외 착륙·입출국 없이 → 한국 귀국(국제선 운항·면세품 구입)
** '20.12.12~'21.3월말까지 총 75편 운항 완료·예정(현재까지 53편, 5,260명 탑승)

구 분	대한항공	아시아나	제주항공	진에어	티웨이	에어부산	에어서울
운항횟수	4편	9편	16편	18편	7편	15편	6편
운항기재	A380(407석)	A380(495석)	B737(189석)	B737(189석)	B737(189석)	A321(220석)	A321(195석)

○ 현재 운항 중인 '**아웃바운드 국제관광비행**(국내 출발)'은 지역민 편의·공항 활성화를 위하여 **지방공항으로 확대**(그간 인천발 日3편 제한)

○ 우선, 철저한 방역관리를 전제로 **1단계** 국내 입·출국 없는 외국공항發 '**인바운드**(해외→한국) **국제관광비행' 추진**(항공·여행사 공동상품개발)

○ 향후 코로나 감소세·백신보급 등을 고려, **방역당국 협의**를 거쳐 **국내 공항** **2단계**, **주변지역 한정** **3단계** 인바운드 국제관광비행 등 검토

앞서 다룬 항공산업 코로나 위기 극복 및 재도약 방안을 다룬 보고서 중 일부다. 앞선 예시는 세금 감면(축소, 유예 등)을 통해 회생을 지원하겠다는 것이며, 이번 예시는 확대(다변화)를 통해 조기 회생을 지원하겠다는 내용이다.

---

65)「제31차 비상경제 중앙대책본부 회의」, 항공산업 코로나 위기 극복 및 재도약 방안(2021. 3), 관계부처 합동, https://bit.ly/3hPuELT

✎ **다음 예시를 보세요**[66] **(단계적) 확대**

□ **전자어음 의무발행 단계적 확대**

o **(1단계)** 금년 하반기 중 전자어음 의무발행 대상을 **자산 10억원 이상 법인**(28.7만개 적용)에서 **자산 5억원 이상 법인**(40만개 적용)으로 확대('21년, 전자어음법 시행령 개정)

o **(2단계)** 모든 **법인사업자**(78.7만개 적용)로 **확대**하고, 배서횟수도 한도를 현행 최대 20회에서 5회로 축소('23년, 전자어음법 개정)

  * 전자어음 평균 배서횟수 추이(회) : ('17) 0.97 → ('18) 0.95 → ('19) 0.93 → ('20) 0.85

  ** 배서횟수별 부도율('20년, %) : (0회) 0.45, (1회) 0.86, (2회) 1.28, (3회) 1.74
  (5회) 2.17, (7회) 2.74

구 분	현 행	1단계('21.9월)	2단계('23년)
전자어음 의무발행 대상	▪ 외감법인 ▪ 자산 10억원이상 법인	▪ 외감법인 ▪ 자산 5억원이상 법인	▪ 모든 법인사업자
대상기업수 ('19 기준)	▪ 28.7만개	▪ 40.0만개 (현행대비 1.4배↑)	▪ 78.7만개 (현행대비 2.7배↑)
조치사항	-	▪ 전자어음법 시행령 개정	▪ 전자어음법 개정 · 배서횟수 한도 축소

□ 전자어음 의무발행 대상 확대로 종이어음의 **자연감소를 유도**하고, **'23년 이후 종이어음 폐지 추진**

  * 일본의 경우 '26년까지 종이어음 폐지, 60일로 어음만기 단축 등 정책목표 수립
  (경제산업성, 약속어음의 지급조건 개선을 위한 검토회 보고서 '21.3.3)

---

66) 어음제도 개편 및 혁신금융 활성화 방안(2021. 6), 관계부처 합동, https://bit.ly/2VuQ1tb

어음제도 개편 및 혁신금융 활성화 방안 관련 보고서 중 일부다. 정부는 결재 기간 장기화, 연쇄 부도 위험 등을 감안해 어음의 단계적 폐지를 추진 중이다. 대내외 경제 여건을 고려해 어음의 전면 폐지보다는 대체 수단 활성화로 어음 발행과 유통의 자연 감소를 유도하겠다는 계획이다.

그 가운데 종이 어음은 고의 부도나 어음 사기의 수단으로 악용될 위험이 더욱 커, 전자어음 의무 발행 확대를 통해 이를 단계적으로 대체하겠다는 것이다.

이를 일시에 추진하는 게 아니라 단계적으로 실시하면 전면 도입에 따르는 충격을 덜 수 있다. 그래서 시기와 확대 범위를 조절해 단계별로 확대하겠다는 것이다.

관계와 구성 : 통합↔특화

해야 할 일, 즉 과업을 탐색하는 마지막 로직은 관계와 구성이다. 사업이나 업무를 추진할 때 대상이나 절차 사이의 관계와 구성을 살펴 통합하거나 특화하는 것이 대표적이다.

사업이나 업무를 수행할 때 (수직 혹은 수평적) 관계를 최적화하기 위해 집중하고 '통합'할 수 있다. 반대로 이해관계자(고객)의 개별 수요를 충족시키기 위해 세분화하고 다양화하는 '특화'를 생각해볼 수 있다.

과업 탐색 로직	자주 등장하는 과제 키워드	
통합↔특화 (최적화↔세분화) (집중↔다양화)	원스톱, 패키지, 융합, 종합, 플랫폼, 표준화, 최적화, 일반화, 집중, 핵심, 선택	차별화, 세분화, 중점, 사각지대, 맞춤형, 유형화, 다변화, 다양화, 응용

▲ 관계와 구성에 따른 문제 해결에서 자주 등장하는 과제 키워드

다양한 예시를 통해 '관계와 구성' 과업이 어떻게 제시되는지 살펴보자.

✏️ **다음 예시를 보세요[67]** **통합**

○ (사업개편)

- 연구과제 간 정보 공유, 협력을 통한 시너지 창출 및 체계적인 사업 관리를 위해 '20년 이후 신규과제 선정이 없는 신약개발 사업 통합
  ※ 6개 세부사업 → 1개 세부사업

〈 신약분야 사업개편 세부내용 〉

'20년도 계속사업 중 통합 대상사업		바이오의료기술개발 통합(안)	
바이오의료기술개발		**바이오의료기술개발**	
	신약분야		타겟발굴·검증
혁신신약 파이프라인			신약 파이프라인
신약분야 원천기술개발		**신약분야**	기반기술
인공지능신약개발플랫폼구축			인공지능 신약플랫폼
가속기 기반 신약개발			3D생체조직칩 신약플랫폼
3D생체조직칩기반 신약개발플랫폼			

- '바이오인프라(내역사업)'의 명칭을 '바이오혁신기반조성'으로 변경
- '국가마우스표현형 분석 기반 구축사업(내역사업)'과 타 내역사업의 생명연구자원 관련 과제들을 '다부처 국가생명연구자원 선진화 사업(세부사업)'으로 이관
- '바이오융복합기술개발(내역사업)'의 '모바일 헬스케어 기술 개발 (내내역사업)'과 투자 전문 인력 양성, 기술거래 파트너링 과제를 '미래의료혁신대응기술개발(내역사업)'으로 이관

바이오·의료기술개발사업 시행계획 보고서 중 일부다. 바이오·의료기술개발 관련 다양한 사업(연구과제)이 추진되고 있으나 이를 통합해서 추진하겠다는 계획이다. 분산된 사업이나 업무를 통합함으로써 유사·중복 투자를 줄이고, 자원과 역량을 통합해 시너지 창출 및 체계적인 사업(업무) 관리가 가능한 장점이 있다.

---

67) 2021년도 바이오·의료기술개발사업 시행계획(2020. 12), 과학기술정보통신부, https://bit.ly/2UrntQM

✎ **다음 예시를 보세요**[68] **통합 – 패키지**

---

② **견고한 범부처 협업체계 구축 및 패키지 지원**

○ 산업부·과기정통부·국토부·경찰청 등 관계부처간 역할분담·협업 추진

  - 관계부처 공동 사업기획 및 미래차 분야 다부처 협의체 구성·운영

○ 그간의 분절적 지원에서 벗어나 전체 미래차 생태계 관점에서 **핵심기술개발, 인프라**(충전소, 신호체계 등) **구축, 실증 등을 패키지로 지원**

< 자율차 분야 부처별 역할분담 및 패키지 지원(안) >

	역할 분담	주요 기술	실증·서비스	제도·법령
과기정통부	통신, AI-SW 등 원천형 기술	• AI-SW 원천기술 • 클라우드 원천기술 • 통신/보안 원천기술	• 통신 및 네트워크	주파수 관리·할당
산업부	자동차, 차량부품·시스템, 각종 표준	• 자율주행차 부품시스템 • 자율주행 차량플랫폼 • 자율차 부품 표준	• 실증차량 서비스 장비 • 서비스 요소기술 개발 • 민간 서비스 공통 기술	산업 촉진 및 진흥, 기능안전 및 표준
국토부	도로인프라, 인증시험 평가기술, 교통물류, 여객운송	• 도로시설물·교통센터 • 안전성 시험평가 인프라 보안 • 정밀맵, 공공맵	• 공공 서비스 - 교통약자 이동지원 - 도로인프라 모니터링	속도제한 완화, 자율주행차 정비·검사인증
경찰청	시내도로, 신호등, 면허	• 시내교통 시설물(신호등, 표지물, 교차로) • 교통사고 분석기술	• 공공 서비스 - 사고 예방 순찰 - 긴급차량 통행지원	운전자 재정의 운전면허 운전자 이석 허용

BIG3 산업(미래차) 중점 추진과제 관련 보고서 중 일부다. 자율주행 자동차 관련 정책 및 지원 사업을 부처별로 다양하게 추진 중이다. 부처별로 추진하던 정책 사업을 좀 더 거시적인 관점에서 통합 추진해 미래차 생태계를 조성하겠다는 계획이다. 이를 위해 협업체계를 구축하고 핵심기술개발, 인프라 구축, 실증 사업을 통합한 패키지 지원체계를 구축하겠다는 것이다.

---

68) BIG3 산업(미래차) 중점 추진과제(2021. 4), 관계부처 합동, https://bit.ly/3rcqiS3

> ### ⟨1⟩ 주요 사고 사망 요인 집중 관리
>
> □ 추락·끼임 등 5대 사망사고 요인 집중 관리
>
> ○ **감독계획** 수립 시, **5대 사망유형 중 중점 감독사항**을 선정·추진
>
>   ★ 예) ('19) 건설업 추락 → ('20) 건설업 추락, 제조업 끼임 등
>
>   ★★ '19년 기준 추락 40.6%, 끼임 12.4%, 부딪힘 9.8%, 깔림·뒤집힘 7.8%, 물체에 맞음 5.7%
>
> ○ 감독대상의 **5배수를 우선 선정, 사전에 이를 안내·홍보**(업종별 협의체, 간담회 등)하여 사업장의 **자율개선을 유도**, 감독은 불시에 실시
>
> > · **(대상)** 빅데이터 분석을 통한 사망사고 다발 업종 및 위험작업 사업장
> > · **(방법)** 감독대상의 5배수를 선정 → 사업장 통보 및 집중홍보 → 사업장 자율개선 유도(약 2주) → 사업장 감독을 통한 행·사법 조치
>
> ○ 산안법 **전반에 대한 점검**(서류 점검 등)보다는 **사망사고 위험**이 큰 **위험 요인*** 중심으로 점검하는 감독방식 추진
>
>   ★ 사망원인 분석을 통해 점검항목 최소화(예) 건설업 추락: ▲ 안전난간·작업발판, 개구부 덮개 등 방지조치, ▲ 안전모·안전대 등 개인보호구 착용

    산재예방을 위한 5개년 계획을 담은 보고서 중 일부다. 다양한 산재사고가 발생하고 있는데 그중 빈도가 가장 높은 5대 사망사고 유형을 '집중 관리'하겠다는 계획이다. 사업이나 업무에 '집중'하겠다는 것은 자원(시간, 인력, 예산 등)의 한계가 있을 때 생각해볼 수 있다. 시급성과 중요도를 판단해서 우선순위를 결정해 자원과 역량을 우선적으로 '집중'하는 것이다.

---

69) 제5차 산재예방 5개년 계획(안)(2020. 5), 고용노동부, https://bit.ly/3xnkZ4h

□ **수출 주요 국가별 맞춤형 지원전략 수립**(aT)

○ **(미국)** 가정간편식 소비 증가 추세에 따라 Home Dining(HMR·면류) 품목과 연계하여 쌀가공품 온·오프라인 판촉' 및 소포장재·신제품 개발 지원

　　* 배달앱과 연계한 온라인 HMR K-Food Fair(B2C) 개최 추진

○ **(일본)** 떡볶이 수출증가세를 유지할 수 있도록 홍보마케팅을 추진하고, 수출 정체 품목인 막걸리(RCEP 수혜 품목') 수출지원 강화

　　* RCEP으로 막걸리 관세가 철폐되면서 막걸리 한 병당 가격이 약 7% 감소

○ **(중국)** 온라인 유통이 발달한 장점을 활용하여 전자상거래 유통 기업'과 전략적 제휴를 통한 온라인 입점 및 쌀가공품 판촉 추진

　　* 중국 전자상거래 유통기업 : 티몰, 징동, 허마센셩 등

○ **(신남방)** 민간 한류 행사(K-CON) 등 한류 콘텐츠를 홍보마케팅에 적극적으로 활용하여 온라인판촉'에 집중

　　* 모바일 라이브 e커머스(온라인쇼핑몰 + TV홈쇼핑) 연계 판촉 추진

　　쌀가공산업 육성 및 쌀 이용 촉진 시행계획 보고서 중 일부다. 보고서 제목 그대로 쌀 이용 촉진을 위해 쌀가공산업을 육성하고 이를 통해 생산한 제품의 수출을 지원하겠다는 것이다. 모든 제품이 그렇겠지만 소비자(고객)의 니즈에 맞지 않으면 구매로 연결되지 않는다. 해외 수출의 경우 국가별 '맞춤형' 전략이 중요하다.

---

70) 21년도 쌀가공산업 육성 및 쌀 이용 촉진 시행계획(2021. 2), 농림축산식품부, https://bit.ly/3ykujWV

✎ **다음 예시를 보세요**[71] **맞춤형–사각지대**

3. 소외계층 진로기초교육 프로그램 개발 사업

□ **사업 개요**

○ (사업 내용) 소외계층 학생 대상 진로 기초 역량 및 진로결정 능력 함양을 위한 학교 부적응 학생 대상 **진로기초교육 프로그램 수정·보완** 개발 (중·고, 2종)

　★ 학교부적응 학생 대상 진로탄력성 프로그램(2018) : 학교부적응 단계별로 차별화된 지원이 필요하다는 현장 요구 반영

<소외계층 맞춤형 진로기초교육 프로그램 개발 현황>

대상 년도	특수교육 학생	이주배경 학생	학교부적응 학생	학교밖 청소년	진로변경 (직업계 예술/체육계)	진로미결정 학생
2018	● (초저,고·중·고) 교사용매뉴얼 학생용워크북	● (초저,고·중·고) 교사용매뉴얼 학생용워크북	● (초저,고·중·고) 교사용매뉴얼 학생용워크북	● (기초,심화,도약) 지도자용 청소년용		
2019		● (중도입국 중등) 교사용매뉴얼 학생용워크북(4개언어)			● (중등) 교사용매뉴얼 학생용워크북	
2020		● (중도입국 초등) 교사용매뉴얼 학생용워크북(4개언어)				● (중등) 교사용매뉴얼 학생용워크북
2021			● 수정·보완 예정 (중·고) 교사용매뉴얼 학생용워크북			

　　학교 진로교육 추진계획 보고서 중 일부다. 모든 학생이 생각하는 진로 방향과 처한 여건이 동일하지 않다. 표준화된 진로교육은 효과성이 떨어질 수밖에 없다. 보고서에서는 소외계층 학생들을 유형화해서 '맞춤형'으로 진로교육 프로그램을 개발해 시행하겠다는 계획이다.

---

71) 2021년 학교진로교육 추진계획(2020. 12), 교육부, https://bit.ly/3wdsIAF

✎ **다음 예시를 보세요**[72) **세분화, 맞춤형 1**

□ 헌혈경험을 고려한 헌혈 기부문화 조성

○ (예비헌혈자) 헌혈교육 시범운영* 후 초·중·고등학생 정규 교육과정 반영 추진, 혈액원 견학 확대 및 헌혈 체험관(한국잡월드) 지속 운영

* 원주시 초등학생 대상 헌혈교육 창의적 체험 과목 ('20년 9개교, 420명)

○ (생애 첫 헌혈자) 헌혈 필요성·절차 등 교육, 헌혈 시 감사 메세지 전달, 등록헌혈자 가입안내 ('21~)

○ (등록헌혈자) 헌혈참여 감사 메시지 전달, 예약헌혈제 안내 및 활용 활성화, 문화이벤트 초대 ('21~)

○ (다회헌혈자) 헌혈 횟수·종류 등을 고려한 저장철(또는 페리틴) 검사, 철분제 제공 등 추진 ('21~)

※ (소요예산) 연간 4회 이상 헌혈자(연간 5만명) 대상 진찰료, 검사료 및 처방약 등 고려 시 연간 약 10억 소요 예상

혈액관리 기본계획 보고서 중 일부다. 헌혈 기부문화를 조성하기 위한 계획이다. 대표적으로 헌혈 경험을 기준으로 세분화해서 유형별로 다양한 기부문화 조성 프로그램을 운영한다는 계획이다. 예를 들어 예비헌혈자를 대상으로 견학을 확대하고, 체험관을 지속 운영해 헌혈에 대한 두려움 및 거부감을 줄여 헌혈을 유도하겠다는 계획이다. 유형을 구분해 맞춤형으로 사업이나 업무를 추진하는 것은 고려해야 할 사항도 많고 세밀한 준비가 필요하다. 그러나 그만큼 긍정적인 성과를 낼 확률도 높아진다.

---

72) 제1차 혈액관리 기본계획(2020. 12), 보건복지부, https://bit.ly/3AsGm6k

□ **구인기업 프로파일링을 통한 맞춤형 서비스 제공**('21.7월~)

○ 구인 일자리 성격, 근로조건 및 채용여건 등을 고려하여 유형 분류
　⇒ ①온라인알림·②인재지원·③대규모채용·④인지도확산·⑤고용여건개선형

○ 유형별 구인·구직 서비스 개입 필요성에 따라, 선택과 집중을 통한
　맞춤형 채용지원서비스 제공

　* 쉬운 매칭이 가능한 '온라인알림형'(돌봄, 경비·청소)은 자동알림을 우선 제공 → 지원이
　　필요한 '대규모채용형'(대기업 수시채용), '인지도확산형'(강소기업) 위주로 집중 채용지원

< 구인기업 유형별 맞춤형 채용지원서비스(안) >

개입 정도	유형	구인 일자리 특성	채용지원서비스	
			1단계(채용공고)	2단계(구인애로)
弱	온라인 알림형	▲일자리에 상관없이 근로조건 동일·유사 ⇨ 요양보호기관(돌봄서비스직 등), 경비·청소용역업체 등	자율매칭 [자동알림서비스] * 알림톡, 푸쉬알림	채용지원 [구직자 알선]
	인 재 지원형	▲임금中 ▲복지中 ▲인지도中 ⇨ 연구기관, IT업체(전문·기술직 등)	자율매칭 [AI 일자리 추천] * 직무능력 중심	적극개입 [구직자 발굴] [눈높이 조절]
	대규모 채용형	▲임금上 ▲복지上 ▲인지도上 ⇨ 대기업협력업체 수시채용(생산기능직 등)	집중 채용지원 [채용대행·행사]	
	인지도 확산형	▲임금中 ▲복지中 ▲인지도中下 ⇨ 강소기업, 혁신형 중소기업 등	집중 채용지원 [구직자 알선] [채용대행·행사]	적극개입 [눈높이 조절] [근로조건 조정·협상]
强	고용여건 개선형	▲임금下 ▲복지下 ▲인지도下 ⇨ 30인 미만 소규모 영세기업 등	고용여건향상 종합 지원 [기업채용지원패키지 제공]	

　공공 고용서비스 강화 방안 보고서 중 일부다. 유형별 구인·구직 서비스 개입 필
요싱에 따라 맞춤형 채용지원서비스를 제공하겠다는 계획이다. 구체적으로 구인 기
업을 유형별로 나누고 구인 일자리 특성을 분석해서 단계별로 채용지원서비스를 제
공하겠다는 계획이다.

---

73) 공공 고용서비스 강화 방안(2021. 6), 관계부처 합동, https://bit.ly/3hNTgmQ

1. 문제점 해결을 위한 구체적인 '과업(과제)'을 탐색한다.

▶ 문제 해결을 위해 '해야 할 일'을 '과업(과제)'라고 한다.

▶ 과업을 탐색하는 로직은 크게 기간과 절차, 역할과 범위, 관계와 구성으로 분류할 수 있다.

▶ 기간과 절차는 단기/장기인지, 준비/실행인지 구분해야 한다.

▶ 역할과 범위는 지원/주도할 것인지, 축소/확대할 것인지 구분해야 한다.

▶ 관계와 구성은 통합/특화할 것인지, 혹은 단일/복합화할 것인지 구분해야한다.

2. 과업의 기간과 절차를 탐색한다.

▶ 과업을 탐색하는 가장 대표적인 로직이 '기간과 절차'다. 과업을 기간이나 절차를 고려해 탐색해보는 것이다.

▶ 대표적으로 단기↔장기, 준비↔실행 관점으로 구분해서 과업을 탐색한다.

3. 과업의 역할과 범위를 탐색한다.

▶ 과업을 탐색하는 두 번째 로직이 '역할과 범위'다. 과업을 수행하는 역할범위나 개입도를 고려해 탐색해보는 것이다.

▶ 대표적으로 지원↔주도, 축소↔확대 관점으로 구분해서 과업을 탐색한다.

4. 과업의 관계와 구성을 탐색한다.

▶ 과업을 탐색하는 세 번째 로직이 '관계와 구성'이다. 과업을 추진하는 대상이

나 절차 사이의 관계와 구성을 탐색해보는 것이다.

▶ 대표적으로 통합(최적화, 집중)↔특화(세분화, 다양화) 관점으로 구분해서 과업을 탐색한다.

PART
05

보고서
논리 강화의 기술

도입부에 자주 등장하는 패턴

영국의 심리학자 콜린 체리(Colin Cherry)는 사람에겐 주위가 시끄러워도 자신이 흥미를 느끼는 대화는 귀에 쏙쏙 들어오는 선택적 청취 능력이 있음을 처음으로 알렸다. 이를 칵테일 파티 효과(Cocktail Patry Effect)라고 부른다. 주위의 잡음(지식과 정보)이 점점 커지므로 자신과 관계된 정보에는 동물적 감각이 작동하는 것이다.

다양한 지식과 정보가 넘쳐나는 시대에 사는 현대인들은 항상 칵테일 파티에 참석하는 것이나 다름없다. 따라서 보고서의 도입부에는 무엇을 보고하려는 것인지 핵심을 간결하고 명확하게 드러내야 한다. 그래야 잡음에 지친 독자를 보고서로 유인할 수 있다.

도입부의 핵심이란 먼저 "왜 이 보고서를 작성하는가?"에 대한 질문에 명확히 답할 수 있어야 한다. 예를 들어, 어떤 문제점에 대한 개선사항을 보고서로 작성한다면 도입부에서 "핵심=무엇이 문제인가?"가 명확히 드러나야 한다.[1]

---

1) 심지어 보고서를 통해 말하고자 하는 결론을 요약해서 도입부에 제시하는 경우도 있다.

2. 그간 문화 콘텐츠 지원에 대한 평가

□ 문화 콘텐츠 산업에 대한 자금지원을 강화할 필요

    ○ 콘텐츠 산업의 특성상 불확실성이 높아 민간을 통한 충분한 자금조달이 어려운 상황

        * 콘텐츠 산업의 조달자금과 실제 필요자금의 갭은 약 2.1조로 추정('15년, 콘진원)

    ○ 콘텐츠 기업 및 프로젝트에 대한 심사 역량이 부족하여 영화, 게임 등 일부 분야에만 자금 공급의 쏠림 현상 발생

        * '15년까지 약 1.5조 원을 투자한 모태펀드의 경우 영화 56.37%, 공연 11.45%, 게임 9.67% 순으로 편중된 투자

□ 문화 콘텐츠에 특화된 다양한 금융지원 필요

    ○ 미디어를 통해 전달되고 무형자산을 기반으로 하는 등 문화 콘텐츠의 고유한 특성을 활용할 수 있는 자금조달 수단 부족

        ■ 특히 투자자로부터 자금조달과 콘텐츠 홍보를 동시에 할 수 있는 크라우드펀딩 등 새로운 기법을 문화 콘텐츠에 적용할 필요

        * 문화 콘텐츠 분야는 온라인을 통해 영상.그래픽을 전달하는 특성상 투자자의 관심을 불러일으키기 용이하며, 온라인 플랫폼을 통한 크라우드펀딩에 적합

□ 문화 콘텐츠 금융지원을 위한 인프라 확충 필요

    ○ 일반 제조업과는 차별화된 콘텐츠 기업*에 대한 금융 노하우를 축적하고 특화된 금융지원을 실행할 수 있는 전담창구 부족

        * 기업 재무정보 등 일반 기업정보가 아닌 콘텐츠의 완성 및 성공 가능성을 평가할 필요

    ○ 문화 콘텐츠 유관기관과 금융기관 간의 네트워크를 강화하여 정보 공유 및 유기적인 지원 체계를 구축할 필요

예시 보고서의 제목은 문화 콘텐츠 산업 금융지원 확대 방안이다. 금융지원의 확대 이유는 그동안 다양한 방법으로 문화 콘텐츠 지원사업을 추진했음에도 불구하고 자금지원, 금융지원, 인프라 확충이 여전히 필요한 상황이라는 것이다. 이것이 보고서를 작성한 이유다. 이처럼 기존 사업이나 업무에 대한 성과분석은 흔히 볼 수 있는 보고서 도입 패턴이다.

---

2) 문화 콘텐츠 산업 금융지원 확대 방안(2016.2), 금융위원회, https://bit.ly/2UN4QGb

---

Ⅱ. 기존 지역계획의 한계

□ '콘텐츠 경쟁력' 및 실행력 부족

  ○ 지역 특성을 반영한 차별화된 콘텐츠가 부족하고, 체계적인 운영 프로그램이 미흡한 물리적 시설 위주의 계획 수립

    ▪ 지자체는 독창적 콘텐츠 발굴을 위한 전문성 등 제반여건 미흡

  ○ 계획에 포함된 사업들은 백화점식으로 나열되어 있고, 사업 간 유기적 연계 및 장·단기 실천 전략이 미흡하여 실행력 확보도 어려움

□ 지역의 '발전거점' 조성에 한계

  ○ 기존의 행정구역 단위 계획은 계획의 효율성이 저하

    ▪ 市·郡 단위 지역계획은 인근 지역 자원을 공유·활용하지 못하고, 道 단위 지역계획은 계획 범위가 넓어 거점 조성에 부적합

    * 특히 지역 관광자원을 연계·개발하기 위해서는 시·군을 넘어선 광역적 관광권역 형성이 필요하나, 기존 시·군 단위 계획으로는 이를 반영하지 못하는 한계

□ 중앙부처·지자체·분야별 전문가 간 '연계·협력' 부족

  ○ 문화, 산업, 관광, 교통, 환경 등 다양한 분야가 계획에 포함되나,

    ▪ 분야별 전문가·부처 간 협업이 미흡하고, 개별사업 간 추진시기도 상이하여 지역계획이 목표하는 사업성과 도출에 한계

  ○ 지자체 간 연계·협력도 부족하여 유사사업 유치를 위한 과열경쟁 및 사업 중복으로 인한 비효율(규모의 불경제) 초래 (중략)

그동안 지역의 발전을 위한 계획을 수립해서 시행했지만 분명 문제점도 있었다. 이를 개선하기 위해 새로운 지역계획 수립과 시행이 필요하다는 점이 이 보고서를 작성하는 이유이고, 기존 사업 추진 결과에 대한 종합적인 평가로 보고서를 시작하고 있다.

---

3) 해안권 발전거점 조성을 위한 지역계획 시범사업 추진 방안(2016.7), 관계부처 합동, https://bit.ly/2Vh10V9

Ⅱ. 중소·중견기업 R&D 투자 문제점

□ **(사업구성)** 그간 기업수요 등 이슈·상황에 따라 R&D 사업이 신설·조정되어 전체
사업체계의 일관성 및 세부사업 기획의 전략성 부족

  ○ 타 정책수단과 단절된 R&D 투자 등으로 성과 창출에 한계

□ **(운영방식)** 운영체계 차별화 및 전략적 투자분야 선별 미흡

  ○ 기업 역량과 무관한 개별지원으로 예산의 효율적 활용에 한계
    (→ 역량·인프라 부족 기업은 외부 전문기관을 통한 협력 R&D 활성화 필요)

  ○ 기업이 개발 분야·목표를 설정하는 자유응모방식('15, 85%)으로
    편중되어, 정부 정책과 연계성 부족 (→ 지정·자유응모 균형적 안배 필요)

□ **(평가체계)** 획일화된 접수·평가체계, 평가위원의 전문성 부족 등
으로 인한 기업들의 평가 신뢰 저하

  ○ 관리 편의, 조기 집행 등을 위해 연초에 과제 접수가 집중되어(연 1~2회),
    R&D 성과물의 적기 시장진출 곤란 (→ 기업이 필요할 때 자금 공급 필요)

  ○ 전문성보다 공정성이 강조된 평가위원회 구성 및 일부 평가위원 역량 부족으로 우수과제
    선별에 한계 (→ 비전문가가 전문성 있는 기업과제를 평가하는 문제점 보완 필요)

□ **(사후관리)** 최종목표 달성도 중심의 기계적 평가, 실패 부담에 따른
온정적 평가로 인해 실질적 R&D 성과 검증에 한계

  ○ 성과 미응답, 사업화 실패 시 제재에도 불구, 일부 기업은 사업화 실패에 대한 책임감 결여

  ○ 단순 매출 발생 여부만으로 사업화 여부를 판단하는 등 R&D 질적 성과 관리 미흡 (→
    사업화 질적 성과 별도 관리 필요)

중소·중견기업의 R&D 투자 문제점을 제시하고 있다. □ 수준의 제목을 보면 (사
업구성) → (운영방식) → (평가체계) → (사후관리)로 이어지는 사업추진 과정별로 문
제점을 분석했다. 사업이나 업무추진 단계별 문제점을 구체적으로 제시하고 있다.[5]

---

4) 중소·중견기업 R&D 정책 개편 방안(2016.3), 중소기업청, https://bit.ly/2ILlS0g

5) 추진 단계별로 문제점을 제시했으니 본론에서는 단계별 해결 대안을 제시하는 것이 논리적 연계성이 높은 보고서
다. 실제 원문을 보면 그렇게 제시하고 있다.

✏️ **다음 예시를 보세요**[6] **성과 분석 4**

Ⅰ. 지난 4년간의 대외 부문 성과 평가

◇ **[성과] 세계경제 저성장·불확실성 하에 우리 기업들의 해외진출 확대를 지원하고 우리 경제의 대외신인도를 제고**

☐ (해외진출 기회확대) 중국과의 FTA 발효('15.12월) 등 FTA를 통해 우리 진출시장을 세계 GDP의 77%로 확대(세계 3위)

　　*FTA 체결국 GDP 규모(%) : ('12)55.2→('15)77.0(52개국)

　ㅇ 세계 10대 교역국 중 유일하게 미국·EU·중국과 FTA를 체결하고, 경제외교를 통해 주요 국과의 협력과 우리 기업 진출기반을 확대 (중략)

☐ (대외신인도 제고) 세계적인 국가신용등급 하락 추세에도 불구하고, 역대 최고 수준의 국가신용등급 획득 (중략)

◇ **[보완 사항] 대외 리스크 관리, 수출·수주 새로운 돌파구 마련**

☐ (대외 리스크) 미국 신정부 출범, 보호무역주의 강화 움직임 등 세계경제·금융시장 리스크에 대한 관리 강화 필요

☐ (수출 및 해외 수주) '14년 이후 마이너스 성장인 수출 및 해외건설 수주를 증가로 전환해 침체된 경제의 활로를 찾을 필요

　　*수출증가율(%) : ('13)2.1→('15)△8.0→('16)△5.9(총 4,955억 불)

　　*해외건설 수주액(억 불) : ('12)649→('14)660→('15)461→('16)282

　　분석을 통해 문제점이나 개선방안을 제시할 때는 분석 기간과 범위를 생각해야 한다. 이번 예시는 정부 차원의 대외경제정책을 수립하기 위해 지난 4년간의 성과 평가(분석)를 통해 시사점을 도출하고 있다. 국가 차원의 거시정책을 수립하면서 단기 분석을 하거나 분석 대상을 국내 상황으로만 한정하는 것은 적절하지 않다.

---

6) 2017년 대외경제정책방향(2017.1), 제190차 대외경제장관회의(기획재정부), https://bit.ly/2Zhgrf8

✏️ **다음 예시를 보세요[7]** **비교(벤치마킹) 1**

> ### 3. 우리 경제의 4차 산업혁명 대응 역량
>
> □ (산업·기술) 유연한 산업구조로의 전환이 미흡하고, 기술 수준 및 지식 창출 기반
> 등도 상대적으로 부족
>
> ○ 4차 산업혁명 핵심 기술 수준이 선진국 대비 낮고(70~80%), 제조의 서비스화, 플랫폼
> 생태계* 등 산업구조 변화 대비 미흡
>
> * 모바일 OS 점유율('17.1월, %): (안드로이드) 37.15, (iOS) 13.16, (타이젠) 0.11
> 국내 앱 마켓 점유율('15, %) : (구글) 51.4, (애플) 33.4, (국내이통사) 12.8
>
> 선진국 대비 상대적 기술 수준(KISTEP, IITP)
>
> | 구분 | 미국 | EU | 일본 | 중국 | 한국 |
> |------|------|------|------|------|------|
> | IoT | 100 | 85.6 | 82.9 | 70.6 | 80.9 |
> | 빅데이터 | 100 | 88.9 | 87.7 | 66.4 | 77.9 |
> | AI | 100 | 86.8 | 81.9 | 66.1 | 70.5 |
>
> (중략)

현재 우리 경제의 4차 산업혁명 대응 역량을 분석한 내용으로 '선진국 대비 한국의 상대적 기술 수준'을 비교하고 있다. 기술 수준을 파악하기 위해 신뢰성 있는 기관이 조사한 객관적 데이터를 근거로 제시했다. 이처럼 비교 대상 및 기준을 제시하는 것은 현황(문제점)의 객관성을 높이는 좋은 방법 중 하나다.

✏️ **다음 예시를 보세요[8]** **비교(벤치마킹) 2**

> ### [참고] 각국의 정책 대응
>
> □ (미국) 구글, 애플, 테슬라 등 민간기업을 중심으로 전 세계 4차 산업혁명을 선도
> 하며 플랫폼 생태계 선점
>
> ○ '11년 이후 ① 제조혁신 네트워크(NNMI), ② 8대 분야 ICT 연구개발 기본계획(NITRD)
> 등 정부 차원의 노력도 추진

---

7) 4차 산업혁명 대응을 위한 중장기 정책과제(2017.3), 제3기 중장기전략위원회(기획재정부), https://bit.ly/2VcRt1r
8) 4차 산업혁명 대응을 위한 중장기 정책과제(2017.3), 제3기 중장기전략위원회(기획재정부), https://bit.ly/2VcRt1r

* ① 제조업 혁신, 상업화 촉진 등을 위한 정부-연구기관-민간 등 협의

② 사이버보안, ICT와 의료, 빅데이터와 데이터 집약형 컴퓨터, ICT와 물리세계, 프라이버시 보호, 사이버-휴먼 시스템, 고성능 컴퓨터, 기초 ICT 연구

□ (독일) 스마트공장 등 제조업 혁신을 위한 ①'인더스트리 4.0'('13) 추진→②'스마트 서비스 월드 2025'('15) 등 서비스 부문으로 확대

* ① 대기업-중소·중견기업 간 협업 생태계 구축, IoT·CPS 기반의 제조업 혁신, 제품개발 및 생산공정관리의 최적화와 플랫폼 표준화 등 추구

② 스마트 데이터를 활용해 생산과 소비자 효용을 극대화하는 서비스 실현

○ 4차 산업혁명에 따른 노동시장 변화 대응 전략도 발표(노동 4.0(arbieten 4.0), '16.12월)

* 고용형태 변화에 따른 제도개선, 고용안전망 구축 등

□ (일본) 독일.미국에 비해 출발은 늦은 대신, OECD 국가 중 최초로 국가 차원의 종합적 4차 산업혁명 대응 전략인 「4차 산업혁명을 선점하기 위한 7대 추진전략*」 수립('16.4월)

* ① 데이터 활용촉진, ② 인재육성.고용유연성 향상, ③ 기술개발 가속화, ④ 금융조달 기능 강화, ⑤ 산업.취업구조 전환 원활화, ⑥ 중소기업.지역경제 보급 확산, ⑦ 사회시스템 고도화

□ (중국) '스마트 차이나'를 표방하면서 ① 제조 2025('15), ② 인터넷 플러스('15) 등 정부 차원의 대응 노력 추진

* ① 10대 제조업 분야 중점 육성, 제조업의 IT 경쟁력 개선·R&D 투자 확대, 친환경 제조업 육성 등 하드웨어 혁신

② 클라우드 컴퓨팅, IoT, 빅데이터 등 차세대 정보기술을 제조업, 서비스업과 융합 개방형 생태계 구축

대부분의 보고서는 계량 중심의 분석 결과를 제시할 수 없는 경우가 훨씬 많다. 비교 대상을 선정해서 벤치마킹해 정성적인 비교 결과를 제시하는 것도 보고서 작성 이유(필요성)를 뒷받침하는 훌륭한 근거자료가 된다.

기대 효과 강조

Ⅰ. 추 진 배 경

□ (서비스산업의 현주소) 음식·숙박 등 생계형 분야 비중이 높아 고부가가치와 양
  질의 일자리 창출에 대한 기여 미흡

   ○ 고용의 70%를 차지함에도 불구, 부가가치는 OECD 주요국보다 크게 낮은 60% 수준→
     서비스업 1인당 생산성 정체

   ○ 설비투자, R&D 등 투자 부진→유망서비스 성장 지연

   ○ 교육, 관광 등 고부가가치 업종의 낮은 대외경쟁력→서비스수지 적자 지속 (중략)

□ **(서비스산업 육성의 필요성)** 서비스산업은 일자리·신성장동력 등 우리 경제가
  당면한 구조적 과제를 해결하기 위한 돌파구

> ※ **KDI 추정('15.4월)** : 선진국 수준으로 서비스업 투자와 생산성 제고
> 시, '30년까지 **잠재성장률 0.2~0.5%p 상승** 및 서비스 분야 **취업자
> 최대 69만 명 증가**

   ○ 서비스업은 제조업과의 전후방 연계를 통해 산업 전반의 경쟁력에 기여*

     * 한국타이어 티스테이션(타이어 제조→유지·관리 서비스) : 일자리 1,100여 개 창출
     기아차 : '07년 디자인경영 선포 이후 '12년 글로벌 100대 브랜드 진입 및 매출액 급증

   ○ 서비스업은 고용창출 효과가 제조업의 2배*이며, 의료·관광·금융 등 젊은 층이 선호하는
     일자리 분야

     * 취업유발계수(명/10억 원, '13년, 한은) : (제조업)8.6 (서비스업)17.8

> ⇒ 보건의료, 관광콘텐츠, 교육, 금융, 물류, 소프트웨어 등 우리에
> 게 경쟁력이 있고 미래성장 잠재력이 큰 분야에 집중
> ○ 중국 등 인접국가 경제성장, K팝·드라마 등 한류의 인기를 기회
> 로 활용하여 글로벌·역내 서비스 시장 선점

'서비스산업 육성의 필요성'을 강조하기 위해 기대 효과를 제시하고 있다. 즉, 서비
스산업을 육성하면 앞으로 얼마만큼의 기대 효과가 창출될 것이라는 점을 강조한 것
이다. 도입부에서 사업이나 업무 추진의 기대 효과를 먼저 제시하는 것도 하나의 방법
이다. 다만 이런 기대 효과를 제시할 때는 신뢰성 있는 데이터가 뒷받침되어야 한다.

---

9) 유망서비스산업 육성 추진계획(2015.8), 제15차 경제관계장관회의(기획재정부), https://bit.ly/2X2abq7

Ⅰ. 추진 배경

□ **'12.4월 민관합동 중장기전략위원회*를 신설**하여 미래사회 변화에 선제적으로 대응하기 위한 중장기전략 수립 추진

　　* 21개 부처 장관급 및 민간위원 20인 이내로 구성(부총리·민간 공동위원장)

　○ 그동안 2차례에 걸쳐 종합적 중장기전략 발표*

　　* '12.12월, 「대한민국 중장기 정책과제」
　　'15.12월, 「대한민국 중장기 경제발전전략」

　○ '16~'17년에는 다음 종합전략의 선행연구로서 우리나라의 미래를 좌우하는 도전 과제에 대한 연구를 추진하기로 결정

□ **'16.11월 중장기전략위원회에서** 4차 산업혁명, 인구구조, 사회자본 등 3대 과제에 대한 대응전략을 '17.3월까지 마련하기로 결정

　○ 산업·고용 구조의 근본적 변화를 초래하고 국가경쟁력을 좌우할 핵심요인인 4차 산업혁명

　○ 경제·사회적 충격이 현실화되고 있고 제도·관행·문화 모두가 바뀌어야 대응 가능한 인구구조 변화

　○ 경제·사회 활동 및 정책의 성과를 높이거나 제약할 수 있는 사회자본 형성

□ **동 보고서는 3대 도전과제에 대한 연구결과로 문제인식 제고와 해결 방안에 대한 공감대 형성 촉진을 위한 것임**

　○ 도전과제의 어려움과 파급효과에 비춰볼 때, 사회적 합의를 통한 사회 각층의 고통분담 및 단합된 노력이 필요

　사업이나 업무가 연속성을 갖고 추진할 필요가 있다면, 그동안 어떤 일들이 어떻게 추진되었는지 경과를 요약하는 방법도 있다. 추진했던 사업의 경과를 소개하고, 진행 결과에 대한 성과 평가를 통해 개선사항을 계획에 반영하는 것이다. 사업 추진 경과에 대한 정보 제공을 통해 해당 사업이 연속성을 유지하며 추진되어야 함을 강조하는 효과가 있다.

---

10) 중장기전략 주요과제(2017.3), 제3기 중장기전략위원회(기획재정부), https://bit.ly/2VcRt1r

✏️ **다음 예시를 보세요**[11] **추진 경과(실적) 2**

Ⅱ. 추진 경과
□ **(서비스산업발전기본법 제정 추진)** 서비스산업의 체계적 발전과 지원을 위해 서비스산업발전기본법의 제정을 추진
　○ 18대 국회에 법안('11.12.30일, 정부입법)이 제출되었으나 제정되지 못하고 20대 국회에 재발의(이명수 의원 대표발의, '16.5.30일) (중략)
□ **(발전전략 수립 추진)** 대통령 주재 「서비스산업 관계자 초청 간담회」('16.3.8일)에서 '서비스경제 발전전략' 추진계획 보고
　○ 분야별 TF*를 구성하여 소관분야의 제도개선 과제를 발굴하고 개선방안을 마련(3~5월) (중략)
□ **(의견수렴)** 대통령실 수석비서관 간담회(5회), 분야별 TF 간담회(68회), 기재부 간담회(15회)를 통해 전문가.기업인 의견 수렴
　○ KDI.조세硏.산업硏.과학기술정책硏에 연구용역을 발주(5월)하고 5~6월 중 연구기관 토론회*(4회)를 개최하여 발전전략 보완

'추진 경과'라는 제목만 보면 앞선 예시와 비슷한 것처럼 보인다. 그러나 이번 예시는 해당 보고서 작성 과정까지 포함한 추진 경과를 설명하고 있다. 보고서를 작성하기 전에 간담회를 통해 '서비스경제 발전전략'을 보고했고, 이후 다양한 '의견수렴'을 통해 보완한 최종보고서를 작성했다는 내용이다. 즉, 기본계획이 수립되어 있었으며, 그 계획을 토대로 다양한 현장의 목소리(의견수렴)를 반영해 보완했다는 의미로 추진 경과를 제시하고 있다.

---

11) 경제활력 제고와 일자리 창출을 위한 서비스경제 발전전략(2016.7), 제11차 경제관계장관회의(기획재정부), https://bit.ly/2Vh10V9

PART 05 ▶

보고서 논리 강화의 기술

Ⅰ. 인구구조 전망 및 영향

> ◇ **[전망] 저출산·고령화에 따라 17년부터 생산인구 감소 전망**

□ **(저출산)** 세계 최저 수준의 출산율('16년, 1.17)을 나타내면서 지난 15년 이상 초
저출산 현상(합계출산율 1.3미만)을 지속

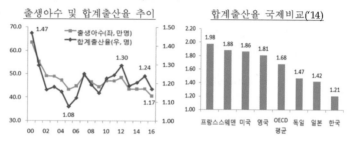

출생아수 및 합계출산율 추이 / 합계출산율 국제비교('14)

□ **(고령화)** 낮은 출산율과 함께 기대수명 증가 등으로 인구구조의 고령화가 급속히
진행 중
  ○ 생산가능인구는 '16년 3,763만 명을 정점으로 감소하며 베이비붐 세대(1955~63년생)가
  고령층에 접어드는 '20년부터 감소세 확대
  ○ 총인구는 '31년 5,296만 명을 정점으로 감소하며 '65년에는 인구증가율이 △1.03% 수준
  에 이를 전망

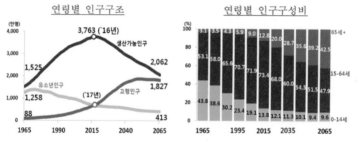

연령별 인구구조 / 연령별 인구구성비

현재까지 특별한 문제가 없더라도 향후 여러 가지 문제가 발생할 가능성이 높고
그 영향력이 심각할 것으로 예측된다면, 이에 대한 대비가 필요하다. 저출산·고령화

---

12) 인구구조 변화에 대응한 중장기 정책과제(2017.3), 제3기 중장기전략위원회(기획재정부), https://bit.ly/2VcRt1r

로 인해 보고서 작성 시점인 2017년부터 생산인구 감소가 전망된다. 또한 연령별 인구구조와 인구구성비를 토대로 고령화가 급속히 진행되고 있어 이에 대한 대응이 필요하다는 점이 보고서 작성 이유다. 이처럼 미래에 대한 예측은 보고서 도입부에 자주 등장하는 패턴이다.

✎ **다음 예시를 보세요**[13)] **전망(예측) 2**

Ⅱ. 원인 분석 및 **장래 여건 변화**
  (중략)
□ 주택·업무시설 부족 등으로 공급자(주택건설업자, 중개·감평업자 등) 위주로 시장이 형성되어 수요자의 요구 반영이 곤란
  ○ 공급자는 특성상 개별 업역에 치중하여 수요자가 요구하는 종합 서비스 제공에 한계
    * 주택건설 : 시공사가 실질적인 주체, 중개·감평 : 분리된 전문자격제도
□ **그러나** 시장 여건의 점진적 변화(저금리, 주택보급율 증가, 가격안정)로 부동산의 **효율적 활용 및 임대부동산 등에 대한 수요 증가**
  ○ 개발수요 감소, 주택이 거주 중심으로 바뀌면서 개발과정에서 임대, 유통, 관리, 리모델링 분야의 중요성 증가
          <개발사업 Value Chain의 후방분야 중요성 확대>

시장 여건이 점차 변화(저금리, 주택보급률 증가, 가격안정)함에 따라 임대, 관리, 유통, 리모델링 분야의 중요성이 커질 것이라는 예측이다. 이에 대한 대비가 필요하다는 점이 보고서 작성의 이유이며, 이를 도입부에 배치했다.

---

13) 부동산 서비스산업 발전방안(2016.2), 국토교통부, https://bit.ly/2XBhDIR

✏ 다음 예시를 보세요[14) 동향 파악(벤치마킹) 1

Ⅰ. 추진 배경

□ 기업이 이윤 추구 과정에서 각종 사회·환경문제를 야기함에 따라 기업의 사회적 책임(CSR) 경영 이슈가 **전 세계적으로 대두**

> **< 사회적책임(Corporate Social Responsibility) 경영 >**
> 기업이 주변의 경제·사회·환경적 요소(주주, 근로자, 소비자, 협력사, 지역사회, 환경)에 대해 책임을 갖고 이를 기업활동에 반영하는 것

  ○ 사회적책임 국제표준(ISO26000) 제정('10), UN의 지속가능발전목표(SDGs) 수립('15) 등 CSR에 대한 국제사회의 관심이 점차 심화

  ○ 소셜슈머, 공정무역, 사회책임투자(SRI)와 같이 다양한 경제활동에서 기업의 CSR 경영을 고려하는 시장 트렌드가 확산 (중략)

□ **국제적 이슈**화로 인해 CSR 경영은 거래의 핵심요건이 되어가고 있으며, 기업의 생존전략이자 경쟁력 제고 방안으로도 재조명

  ○ 국내외적으로 거래 시 CSR 경영에 대한 요구가 강화되는 추세

    ▪ (수출) 타국 수출기업에게 CSR 경영 정보를 요청하거나 제도적으로 권장·의무화하는 등 CSR의 무역장벽화 현상 발생

    * 수출·납품 시 CSR 요구경험 : ('13) 36%→('15) 58.1%(중소기업 CSR 실태조사)

    ** 다국적 기업의 94.2%가 협력업체 선정 · 배제 시 CSR을 중요한 요소로 고려 (KOTRA, 공급망 CSR 현황조사, '14. 9)

    (중략)

    정치 · 경제 · 사회 · 문화 동향의 변화도 보고서 작성 이유가 될 수 있다. 예를 들어, 기업의 사회적 책임이 나라 안팎으로 중요한 이슈가 된 지는 오래되었다. 이제는 필요를 넘어 필수적인 사안이 되었다. 이런 트렌드 변화에 발 빠르게 대응하고자 이 보고서를 작성한 것이다.

---

14) 사회적책임경영 중소기업 육성 기본계획(2016.10), 중소기업청, https://bit.ly/2GrXBcA

Ⅰ. 들어가며[15)]

□ **제4차 산업혁명에 대한 열풍**
- ○ 2016년 1월에 세계경제포럼이 '4차 산업혁명'을 화두로 꺼낸 후 우리 사회에서는 이에 대한 '열풍(fever)'이 불고 있음
  - ▪ 예를 들어, 4차 산업혁명을 제목이나 부제로 단 도서는 이미 수십 종에 이르고 있음
  - ▪ 이와 함께 대선 국면을 맞이하여 대부분의 대선 후보들이 4차 산업혁명에 대한 우리 사회의 대응을 강조하고 있음
- ○ 이에 대해 4차 산업혁명이 개념적으로 타당한가에 대한 의문도 제기되고 있음
  - ▪ 특히 4차 산업혁명이 3차 산업혁명(정보혁명)과 연속된 것인지, 단절된 것인지에 대한 판단은 쉽지 않음

Ⅰ. 디지털시대 오픈사이언스의 부상[16)]

□ **과학계 오픈사이언스 동향의 확산**
- ○ 디지털기술의 확산과 더불어 과학계는 2000년대 이후 연구 성과를 확산하고 연구를 추진해나가는 과정에서 새로운 개방화를 경험하고 있음(EC, 2016; OECD, 2016b)
  - ▪ 독자가 추가 비용 지불 없이 논문을 열람할 수 있는 오픈 액세스 저널이 증가하고, 온라인에서 출판 전 논문(pre-print)을 공개하는 셀프아카이빙 플랫폼도 증가함(OECD, 2015b; 신은정, 2015에서 재인용)
  - ▪ 연구가 완료되기 이전에도 활용한 연구데이터나 연구소재를 공개·공유하거나, 연구 수행 중 온라인 플랫폼이나 소셜 미디어를 이용하여 실시간 토론·협력하는 일도 잦아짐(EC, 2016) (중략)

앞선 예시와 마찬가지로 동향의 변화가 보고서를 작성한 이유다. 한 가지 주의할 점은 이러한 '동향'만으로는 보고서를 작성한 이유가 되기에 부족할 수 있다는 것이다. 실질적인 현황분석도 뒷받침되어야 설득력을 높일 수 있다.

---

15) 역사에서 배우는 산업혁명론: 제4차 산업혁명과 관련하여(2017.2), 과학기술정책연구원, https://www.stepi.re.kr

16) 오픈사이언스정책의 확산과 시사점(2017. Vol.216), 과학기술정책연구원, https://bit.ly/2XwExke

✎ **다음 예시를 보세요**[17)] **근거 및 의의**

---

1. 계획수립 근거

□ 우주기술 산업화 전략 연도별 시행계획은 우주개발진흥법과 「우주기술 산업화전
　략」에서 제시한 목표·정책추진 방향에 따라 수립·시행

　　※ 「우주개발진흥법」 제5조에 근거

○ 「우주기술 산업화 전략」 수립 ('13.11, 국가우주위원회)

　　※ 우주개발진흥법에 따라 관계부처 및 민간위원으로 구성된
　　우주 분야 最古심의기구(위원장 : 미래창조과학부 장관)

　법 혹은 관련 규정에 따라 보고서를 작성해야 한다면 공식적인 사항이므로 보고서
작성의 중요한 이유가 된다. '우주기술 산업화 전략'은 '우주개발진흥법 제5조'를 근거
로 수립했다는 것으로 보고서를 시작하고 있다.

---

17) 「우주기술 산업화 전략」 2016년도 시행계획(2016,2), 미래창조과학부, https://bit.ly/3hqWyNS

중요한 사안은 결정 근거를 제시하자

중요한 의사결정 사안을 다루거나 결정된 내용을 보고서로 작성해야 한다면, 결정 과정을 자세히 밝히는 게 좋다. 결정 과정의 절차적 공정성과 타당성을 제시함으로써 보고서의 신뢰도를 높일 수 있다. 의사결정 절차, 판단 근거 및 기준, 결정 대상 및 방법을 구체적으로 투명하게 제시하자.

✎ **다음 예시를 보세요**[18] **기준 제시 1**

> 2. `16~`20년 중장기 재무 전망
>
>> [전망의 기본 전제]
>> ☐ 환율 등 거시지표는 '17년 예산안, '16~'20년 국가재정운용계획과 일치시키되 일부 지표(유가 등)는 기관 전망치 활용

---

18) 2016~2020년 공공기관 중장기 재무관리계획 주요 내용(2016.9), 기획재정부, https://bit.ly/2K1dCJZ

□ 에너지(가스·전기 등) 매출액 전망은 장기수급계획 활용
□ 교통량 등 전망은 해당 분야 전문연구기관 연구결과 활용
□ 공공요금은 최근 변동분('15.12월 고속도로 통행료 인상 등)을 반영하되, 향후 공공요금 변동은 없는 것으로 가정

중장기 재무 계획을 수립할 때 재무 예측의 정확성을 높이기 위해서는 전망치의 산출근거가 무엇보다 중요하다. 어떤 기준으로 산출하느냐에 따라 예측치가 큰 차이를 보이기 때문이다. 그래서 구체적인 전망치를 설명하기에 앞서 전망의 기본 전제를 명확히 제시하고 있다.

✎ 다음 예시를 보세요[19) 기준 제시 2

Ⅱ. `17년 주요 일자리 과제 선정 및 점검·지원

□ (선정경과) 교육부, 미래부 등 15개 부처에서 총 37개의 '17년 주요 일자리 과제 후보군을 선정(부처별 1~3개)하여 고용부에 제출(1.26~2.6)

　○ 제출된 과제 후보군 중에서 관계부처 협의를 통해 아래 기준에 적합한 20개 과제 선정
　　<선정기준>
　　① 일자리 창출효과가 큰 과제
　　② 일자리 체감도가 높은 과제
　　③ 정책적 개입을 통한 성과 향상이 큰 과제
　○ 일자리책임관 회의(2.8) 및 비상경제대응TF(2.10)에서 선정된 20개 과제에 대해 주요 일자리 과제로서 적합성 여부 등 논의 (중략)

□ (일자리 과제 선정안) 15개 부처 20개 과제를 '17년 주요 일자리 과제로 선정

　○ 향후에도 산업별 인자위, 지역인자위, 산업별 단체 등 산업현장 의견 수렴을 통해 추가 과제를 발굴하는 등 일자리 과제 지속 발굴·보완 (중략)

□ (점검·지원) 선정 과제를 대국민 공개하고, 분기별 ①추진계획 준수 여부 및 ②일자리 창출효과를 일자리책임관회의를 통해 점검 (중략)

---

19) 주요 일자리 과제 추진방향(2017.2), 제3차 경제관계장관회의(기획재정부), https://bit.ly/30Ca2fg

의사결정의 신뢰성과 타당성은 결정기준 및 방법에 의해 좌우된다. 결정기준과 방법의 공정성 및 투명성에 따라 수용도가 달라지기 때문에 자세히 밝히는 게 좋다.

예시 보고서는 '20개 일자리 과제' 선정 방법을 소개하고 있다. 과제 선정을 위해서 선정기준을 마련하고 그에 따라 과제 후보군을 선정한 뒤, 평가를 거쳐 최종 선정하는 과정을 기술하고 있다.

✎ 다음 예시를 보세요[20] 기준 제시 3

Ⅲ. MOU 추진 대상국가 선정

선정 기준
○ 교역량, 비관세·통관애로 및 검증 수요 발생 건수 등 종합적으로 고려
○ 旣 체결 MOU의 경우, 우선적으로 개정 작업 추진

<주> · **교역량**: 2015년 수출액 상위 10개국(O) 및 20위 내(△) 해당 국가
· **비관세·통관애로**: 비관세장벽 포털에 신고된 국가 및 FTA 통관애로 빈번 국가
· **검증 수요**: 수출입 물품 상호 검증 요청 빈번 국가(각 상위 10개국)
· **기체결**: MOU 기체결(O) 및 과거 추진경험(△) 국가
· ★: '16년도 추진 대상 국가　　☆: '17년도 추진 대상 국가

□ (유럽지역)

구분		교역량	비관세·통관애로	검증수요	기체결	'16~'17년 우선추진 여부
EFTA (4)	스위스			O	△	☆
	노르웨이				△	
EU (28)	독일		O	O		☆
	영국	△		O		
	이탈리아			O		
	슬로바키아			O		☆
	프랑스			O		
터키		△	O	O		★

→교역량 및 검증 수요가 많은 **터키·독일·슬로바키아**와 과거 추진 경험이 있는 EFTA 중 **스위스와 우선 추진**

---

20) 세관당국 간 FTA 이행협력 MOU 추진 기본계획(2016.7), 제182차 대외경제장관회의(기획재정부), https://bit.ly/2K7bPDt

여러 국가와 FTA를 체결했으나 원활한 이행을 위해서는 세관당국 간 FTA 이행 협력이 중요한 문제로 대두되었다. 이를 해결하려면 FTA 주요 국가들의 세관당국 간 FTA 이행협력을 위한 MOU 체결이 필요하다. 이를 위해 정부는 FTA 교역규모, 활용률, 통관애로 등 비관세장벽 수준을 종합적으로 고려해서 선정기준을 마련하고 평가해 협력수요가 높은 국가와 우선적으로 MOU 체결을 추진하겠다는 계획이다.

혼자 하기 어렵다면 협력을 추진하자

사업이나 업무를 추진하려면 많은 인적·물적 자원이 필요하다. 그런데 독자적으로 추진하기에는 동원 가능한 자원에 한계가 있거나 역량이 부족한 경우가 있다. 이런 제약요건을 극복하는 방법 중 하나는 여럿이서 함께 하거나, 일을 나눠서 하는 것이다. 예를 들어, 추진하려는 사업(업무)과 관련 있는 대상을 모색해 협업을 추진하는 것이다. 물론 이런 경우에는 상호 이해관계가 맞아야 협업 추진이 가능하므로 충분한 사전 준비가 필요하다.

협업을 통해 안정적으로 사업이나 업무를 추진하기 위해서는 협업 대상과 협업 내용을 명확히 기술해야 한다. 특히 협업을 주도하는 컨트롤 타워가 누구인지, 협업 생태계에 동참하는 대상과 주체별 역할(업무분장)을 명확히 기술하는 게 좋다.

✎ **다음 예시를 보세요**[21] **협업(네트워크)체계 구축 1**

1. 수산물 수출 거버넌스 구축
□ **(협업체계)** 정부, 지자체, 수출지원기관, 연구기관, 품목별 업·단체 등으로 구성된 민·관·연 합동 '수산물 수출촉진 협의체' 운영
　○ 정책 방향 설정, 생산 및 수출 동향 분석, 수출현장 의견수렴 등 수산물 수출 종합 지원을 위한 유관기관 간 협업체계 강화
□ **(국내)** 현장 밀착형 수산물 수출지원 서비스를 위한 기능을 강화하고 지원체계 확충(학계, 연구기관 전문가 자문단 구성·운영)
　○ 생산 및 수출 현장에 방문하여 수출업계를 대상으로 수출정보 제공 및 현장애로 해소 등 '찾아가는 컨설팅' 실시
□ **(해외)** '수산물 수출지원센터'를 중심으로 재외공관, 수출지원기관 해외지사, KOTRA, 해외진출기업 등과 협업 체계 구축
　○ 수산업체 수출활동 지원을 위한 현재 수출교두보 확보를 위해 주요 수산물 수출국가에 수산물 수출지원센터 설치 (중략)

수산물의 수출 경쟁력을 높이기 위해 정부−지자체−수출지원기관−연구기관−업체/단체가 거버넌스(협의체)를 구성해 긴밀한 협조체계를 구축하겠다는 내용이다.

✎ **다음 예시를 보세요** **협업(네트워크)체계 구축 2**

3. **지자체 간 협력적 거버넌스 구축**[22]
□ (협의체 구성·촉진) 지자체의 계획역량 제고 및 지자체 간의 연계·협력을 강화하고, 중앙정부는 행정적 지원 등 촉진자 역할 수행
　○ 지자체 간 상호 신뢰를 바탕으로 공동 비전과 목표를 설정하고 공유자원 활용, 소통채널 확보 등 'Win-Win 협력체계' 구축
　　＊ 권역 내 연계·협력사업 추진을 위한 협의체를 구성·운영
　○ 정부는 교육·컨설팅, 협의체 구성 및 운영에 필요한 법적근거 마련 등 지자체 간 연계·협력을 적극 지원

---

21) 수산물 수출 경쟁력 강화방안(2017.2), 제3차 경제관계장관회의(기획재정부), https://bit.ly/2VN1bnc

22) 해안권 발전거점(관광형) 조성을 위한 지역계획 시범사업 추진방안(2016.7), 제11차 경제관계장관회의(기획재정부), https://bit.ly/2HvwnUr

2. LNG 벙커링 활성화를 위한 국제 네트워크 구축[23)]

□ 싱가포르항, 로테르담항 등 세계 주요 허브항만과 LNG 벙커링 Ready Port 네트워크 구축을 위한 공동 협력 추진

   ○ 울산항을 포함한 세계 주요 9개* 항만 간 협력 MOU 체결('16.10)

       *울산(UPA), 싱가포르, 로테르담, 앤트워프, 지브리게, 잭슨빌, 상해, 일본, 노르웨이

       → 정례미팅, 공동 프로젝트 수행 등을 통해 '20년을 목표로 LNG 벙커링 활성화 로드맵 마련, 벙커링 시범사업 등 시행

   ○ 전 세계 항만컨테이너 화물의 약 40%를 차지하는 동북아 지역 내 LNG 벙커링 활성화를 위해 한·중·일 삼국 간 협력 추진

     ■ 한·중·일 항만당국 간 협력채널인 동북아 항만국장회의 공동연구 과제로 LNG 벙커링 포함 및 정보교류, 기준 공동마련 등 추진

국내/해외 유관기관들과 협조(협업) 체계를 구축해 사업을 추진하는 방안을 모색하고 있다는 내용이다.

23) LNG 추진선박 연관산업 육성방안(2016.11), 제18차 경제관계장관회의(기획재정부), https://bit.ly/2JXnynP

불확실한 상황이라면
다양한 정보를 제시하자

의사결정을 위한 보고서를 작성하는 일은 단순 보고용 보고서 작성보다 더욱 힘들다. 향후 사업의 방향성을 결정해야 한다면 한 번의 보고로 의사결정을 하지 못하는 경우도 많다.

중요한 안건일수록 보고서만으로 의사결정을 끌어내기는 쉽지 않다. 의사결정이 어려운 이유는 매우 다양하다. 투입자원이 부족한 경우, 아직 때가 이르다고 판단한 경우, 정보(자료)가 불충분해 확신을 못하는 경우, 환경변화가 극심해 불확실성이 높은 경우, 의사결정에 따른 리스크가 커서 파장효과를 걱정하는 경우 등 헤아릴 수 없이 많다. 이런 상황에서는 의사결정권자들이 선택 범위를 좁힐 수 있도록 다양하고 정확한 정보를 제공해야 한다. 이런 상황에서는 어떻게 보고하는 것이 좋을까?

✏️ 다음 예시를 보세요 **시나리오 플랜**

3. 국내외 철강 제품 수급 전망[24)]
□ 글로벌 수급 : 현 7.5억 톤 수준 이상의 공급 과잉 지속 전망
  ○ (조강수요) 중국 등 성장둔화로 현 16.3억 톤 수준에서 연 1% 성장 예상**
     *주요국 수요성장 전망(CAGR, %) : 한국(△1.4), 중국(0.4), 일본(△0.2), 인도(3.8)
     **연평균 수요성장률(CAGR, %) : ('00~'15) 4.7→('15~'20ᵉ) 1.0
  ○ (조강능력) ('15) 23.8→('20) 23~28억 톤 전망
     ▪ 각국의 旣 계획 설비 모두 투입 時, 최대 28억 톤으로 증가
     ▪ 중국 설비 감축(1.5억 톤)과 가능성 높은 계획 반영 時, 23억 톤으로 감소

< 세계 조강 생산능력/생산량 전망 (단위: 억톤) >

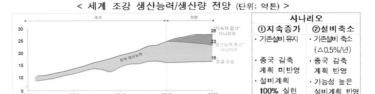

○ (공급과잉) ('15) 7.5→('20) 7~20억 톤으로 지속될 전망

철강산업의 경쟁력을 높일 대책을 마련하기 위해 수급 전망을 분석했다. 그런데 국내외 철강 제품 수급 전망이 너무도 불확실해 대책 마련이 쉽지 않은 상황이다. 이럴 때는 상황이 어떻게 전개될지를 가정해서 상황별 대안(대책)을 수립하는 방안을 생각할 수 있다. 이를 시나리오 플랜이라고 한다. 보통 세 가지 시나리오를 가정한다. ① 긍정적 시나리오 ② 일반적 시나리오 ③ 부정적 시나리오다. 본 예시에서는 수급이 지속적으로 증가하는 긍정적 시나리오와 설비가 축소되는 부정적 시나리오를 설정해서 시나리오별 수급 여건을 예측했다.

다음은 불확실한 상황에 대한 시나리오를 만들어 예측한 예시들이다.

24) 철강산업 경쟁력 강화방안(안)(2016.9), 제5차 산업경쟁력 강화 관계장관회의(기획재정부), https://bit.ly/2wltJtH

□ 시나리오별 경제성장 예측[25]
  ○ (시나리오 ①) 구조개혁 노력 등의 정책효과 발생 시 중속성장 지속
    ▪ 정부의 구조개혁 노력, 효과적인 금융리스크 관리 등에 따른 정책 효과 발생 시, 6%대의 중속성장을 지속해 나갈 것으로 예상됨
    ▪ 영국 Economist는 중국 경제가 단기적으로는 성장률 둔화를 피할 수 없으나, 강력한 정부정책 의지 등에 힘입어 중장기적으로 경착륙 가능성은 낮은 것으로 전망함 (중략)
  ○ (시나리오 ②) 정책효과 지연·실패 시 역 'N'자형 성장 불가피
    ▪ 정부의 정책효과 지연·실패와 함께 금융리스크가 현실화될 경우, 성장률이 5% 미만으로 급락할 수 있음
    ▪ 중국 경제의 경착륙은 자원수출국과 중국 의존도가 높은 동아시아 국가 경제에 큰 타격을 줄 것으로 전망됨

3. 러시아의 경제상황 변화 및 예상 시나리오[26]

□ 러시아의 경제적 영향평가 (경제위기 발생 가능성)
  ○ [경제위기] 서방의 경제제재 이후 국제유가(브렌트산 기준) 40% 하락(수출·재정수입 타격), 루블화 40% 하락(금융·외환시장 혼란가중) (중략)
□ 경제제재의 지속가능 시나리오 (당분간 현 수준 지속 예상)
  ○ **[해제/완화] 서방의 대러 제재 긴급철회 또는 제재 완화 가능성**
    ▪ 러시아-EU(미국에 비해 소극적 입장)의 경제적 타격 등을 우려해 EU 등이 주도하는 극적인 합의에 의한 제재 해제 또는 완화 (러시아도 희망)
  ○ **[추가/강화] 서방의 대러 제재 추가 또는 강화 가능성** (최악의 경우 러시아 채무불이행 발생)
    ▪ 미국은 러시아의 팽창정책에 제동을 걸기 위해서라도 대러 제재에 적극적인 입장이므로 미국 주도의 추가 제재(EU와 공조)를 강화할 경우에는 러시아뿐만 아니라 우리나라에도 막대한 피해 예상
  ○ **[지속/유지] 현 수준의 제재수준 지속 가능성** (대체적 견해)
    ▪ 러시아가 우크라이나 동부지역 반군에 대한 군수물자·인력을 지원하는 한 당분간 제재 지속 예상 (2015년 3월, 제재수위 재검토 예정) (중략)

---

25) 중국의 4대 금융리스크 진단과 경착륙 가능성 전망, 한국수출입은행(2016.6), https://bit.ly/2W2cn4s
26) 서방의 대러시아 제재현황과 예상 시나리오, 한국수출입은행(2014.12), https://bit.ly/2YKSjAq

3. 미래 재정건전성 악화 요인[27]

□ 시나리오 1 : 경상성장률 시나리오

  ○ 세출구조조정이 없을 경우 지출이 수입을 초과하는 구조가 지속되어 재정수지 적자 및 국가채무 누적

    ▪ 전망기간 중 재정수입은 GDP 대비 20~21% 수준, 재정지출은 22~23%를 유지하여 전 기간에 걸쳐 재정지출이 재정수입을 초과

  ○ 지출항목으로는 고령화 지출, 지방이전 등의 증가율이 높고, 국채발행 누적에 따라 이자지출이 누증

일반재정 수입·지출 증가율(2016~2060)

재정수입	고령화 관련 지출	지방이전재원	이자지출	재량지출
3.9%	4.4%	4.1%	4.9%	3.4%

    ▪ (고령화 지출) 고령인구가 증가함에 따라 고령화 지출은 GDP 대비 '16년 2.2%에서 '60년 2.7%로 증가 (중략)

상황 예측이 어렵다면 문제 해결을 위한 대안을 탐색하기 전에 다양한 상황을 가정한 시나리오를 만들고, 시나리오별 대안(대책)을 생각해보자.

✎ 다음 예시를 보세요[28] **대안 탐색**

2. 旣 선적화물 조치

  (중략)

□ (조치방안) 선적화물의 하역이 가능토록 다양한 방안 모색

  ○ (1안) Stay Order가 발효된 주요 거점(Hub) 항만으로 선박을 이동하여 일단 선적 화물을 하역한 후 최종 목적지까지 수송

    *화물 정보를 화주들에게 알려주는 시스템 마련

---

27) 2060년 장기재정전망(2015.12), 기획재정부, https://bit.ly/2X0JguF

28) 한진해운 회생절차 신청에 따른 해운물류 정상화 방안(2016.9), 제4차 산업경쟁력 강화 관계장관회의(기획재정부), https://bit.ly/2WkPad1

○ (2안) 각 억류지 항만별 전담팀을 구성하여, 현지 협상을 통해 하역조치 실시 후 각 기항지에서 대체 선박 섭외

→ 1안을 원칙으로 추진하되, 2안을 보완적으로 추진
다만, 항만별 상황, 화주 피해 최소화 등을 고려, 합리적으로 조정

→ 자금 확보와 해당항만과의 하역비 협상이 가능할 경우,
이르면 금주 중 美 롱비치항에서 하역 작업을 재개할 수 있도록 추진

글로벌 해운 업황의 부진이 지속되면서 국내 해운산업도 어려움을 겪고 있다. 국내 해운회사 중 한 곳이 채무 미지급으로 각 항만에서 하역 작업이 거부되었다. 선박에 대한 가압류 등이 발생하면서 선적된 화물 하역을 못 해 방치되는 상황이 지속되어 정부 차원에서 대책을 강구한 보고서다. 근본적인 문제해결이 쉽지 않고 문제해결의 불확실성이 높아 어떻게 대응하고 처리해야 할지 의사결정이 쉽지 않다. 이런 상황을 해결하기 위해서는 ① 다양한 대안을 찾아보고 ② 대안별 장단점을 면밀히 검토하고 분석해 ③ 최적의 대안을 찾는 노력이 필요하다.

시사점을
명확히 제시하자

보고서는 발산과 수렴 과정을 거치면서 완성된다. 발산이란 주제를 풀어내는 것이고, 수렴이란 내용을 묶어내는 것이다.

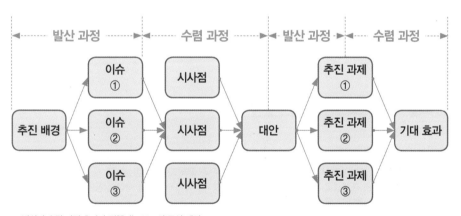

▲ 발산과 수렴 과정에 따라 진행되는 보고서 구성 예시

어떤 이슈(문제점)를 개선(해결)하는 보고서를 작성한다고 가정해보자. 추진 배경을 통해 이 보고서를 왜 작성해야 하는지를 설명할 것이다. 그런 다음 사실에 기초한

이슈를 제시하게 된다. 이슈를 풀어내는 것은 '발산'에 해당한다. 각 이슈를 토대로 시사점을 도출하고 이를 개선하기 위한 대안을 모색하게 된다. 여기까지는 내용을 묶어내는 과정이므로 '수렴'에 해당한다. 대안이 도출되면 개선할 일을 추진 과제로 제시하고 과제별 세부 내용을 풀어내는 발산 과정을 다시 거친다. 보고서 마지막에는 추진과제를 완료하면 어떤 효과가 나타나는지를 설명하는 수렴 과정을 다시 거친다. 이처럼 발산으로 인해 내용이 펼쳐지면 이것을 묶어주는 수렴 과정이 있어야 한다.

수렴은 의미 있는 내용으로 묶어내는 과정이기 때문에 이것이 불분명한 보고서는 읽는 사람을 혼란스럽게 만든다. '도대체 무엇을 말하는 것인가?', '그래서 하고 싶은 말이 무엇인가?'라는 생각이 드는 순간 보고서는 휴지통으로 들어간다. 보고서를 읽었는데 내용이 제대로 파악되지 않는다고 말하는 많은 이유 중 하나가 바로 수렴 부분이 제대로 작성되지 않아서다.

보고서를 작성하다 보면 여러 내용을 수렴하는 과정을 거쳐야 한다. 객관적 자료를 바탕으로 펼친 내용을 수렴하는 대표적인 방법이 바로 시사점으로 묶어 제시하는 것이다. 설득력 있는 결론을 도출하는 데 있어서 핵심을 관통하는 시사점은 중요한 다리 역할을 한다.

✏️ **다음 예시를 보세요[29] 수렴과 발산 1**

> Ⅰ. 추진 배경
> ☐ 4차 산업혁명과 시민사회 성숙 등 유아교육 패러다임 변화 요구
> ○ 유아의 개별성을 고려하지 않은 획일적인 교육은 4차 산업혁명 시대의 창의적 인재양성 한계→유아가 중심이 되는 교육혁명 필요
> *4차 산업혁명시대 인재역량 : 창의성, 문제해결능력, 협업능력, 도전정신, 호기심, 자발성, 사회문화 감수성 등 (2015 세계경제포럼)

---

[29] 공공성 강화를 통한 유아교육 혁신방안(2017.12), 교육부, https://bit.ly/2YMgpL4

○ 사회가 다양화·전문화되고 이해관계 복잡화 → 변화하는 유아교육 환경에 따른 현장의 자율역량 활용, 사회 갈등관리 필요성 증가

○ 학부모는 상시적으로 유아에 대한 정보 습득 요구→학부모가 믿고 맡길 수 있는 유아교육 환경 조성 및 참여기제 강화 필요

> ☞ 유아와 현장 중심으로 교육의 패러다임을 혁신하고, 학부모·지역사회
> 와의 연대 및 협력을 통한 유아교육 공동체 조성 필요

□ 영유아기의 경험은 이후 생애의 인지적·감성적·사회적 발달에 지속적 영향을 미치며 성공적 학업·직업세계로의 이행을 위한 근본을 형성

○ 아울러 저출산에 따른 국가 성장기반의 약화를 방지하기 위해서도 국가인적자원의 역량을 최대로 발현할 수 있는 교육서비스 제공 긴요 (중략)

□ 한편 생애 출발점 단계에서의 교육격차 해소를 통한 사회 이동성 강화 등 유아교육에 대한 기대 및 요구 증가

○ 저소득, 다문화, 특수아동 등 다양한 요구와 특성을 가진 모든 아동의 교육과 성장의 권리를 보장하는 맞춤형 지원전략 필요 (중략)

> ☞ 모든 유아들이 함께 성장할 수 있는 기회와 희망을 제공하고,
> 자녀양육 부담을 경감하는 유아교육 환경 마련 절실

본 예시는 보고서 도입부인 추진 배경이다. 여기에는 이 보고서를 작성한 이유 (why)가 담겨 있어야 한다. 추진 배경 사이에 기호(☞)를 활용해서 시사점을 두 가지로 요약해 제시하고 있다. 보고서를 읽는 사람 입장에서는 내용을 요약해주니 읽기가 한결 편하다.

Ⅲ. 지능정보기술로 인한 변화 전망

1. 산업 구조의 변화

□ (경쟁 원천) 데이터·지식이 산업의 새로운 경쟁원천으로 부각

　○ 지능정보기술은 대규모 데이터에 대한 자가 학습을 통해 지속적으로 알고리즘 성능을 강화하므로 데이터와 지식이 산업의 주요 경쟁 원천

　　▪ 스스로 데이터를 확보할 수 있는 생태계를 구축하고 이를 활용할 수 있는 알고리즘을 보유한 기업이 시장을 주도하고 많은 이윤 창출 (중략)

□ (경쟁 방식) 플랫폼 및 생태계 경쟁 중심으로 산업의 경쟁방식 변화

　○ 지능정보기술 활용 산업은 보다 많은 사용자가 플랫폼 기반 생태계에 참여하여 데이터를 지속적으로 생성·활용하는 구조가 핵심

　　▪ 지능정보 플랫폼을 통해 관련 제품과 서비스들이 연결되어 통합서비스로 작동함으로써 단품 형태의 제품·서비스를 압도 (중략)

□ (경쟁 구도) 승자독식 플랫폼 경쟁과 새로운 성장의 기회

　○ 지능정보기술은 학습을 통해 성능이 지속적으로 발전·정교화되므로 먼저 시장에 진출하여 생태계를 구축한 기업이 시장 독과점 가능

　　▪ 대규모 플랫폼 기업은 많은 사용자로부터 데이터를 수집·축적하여 양질의 서비스를 저렴하게 제공, 이를 토대로 사용자를 더욱 확보함으로써 가입자·데이터에 기반한 규모의 경제효과 발생 (중략)

> <시사점>
> ○ 지능정보기술은 산업 전반에 구조적 대변혁을 촉발할 것으로 전망됨에 따라 지능정보기술의 선제적인 도입·확산을 통해 국가경쟁력 확보 필요
> ○ 선발-후발기업 간 기술격차 확대 및 플랫폼 선점 기업의 승자독식이 발생하므로 Fast Follower 전략은 한계가 크며 'First Mover' 전략 채택이 바람직
> ○ 지능정보기술이 다량의 데이터 분석에 기반하므로 특정 업체의 데이터 독점 방지, 개인정보 규제 개선 등을 통해 양적·질적으로 향상된 데이터 시장 활성화가 중요

　　지능정보기술로 인한 변화 전망을 보니 다양한 변화가 예상된다. 이를 그대로 전달하면 보고서의 논점이 흐려질 수 있으므로 필요한 정책을 요약한 시사점으로 명확

---

30) 제4차 산업혁명에 대응한 지능정보사회 중장기 종합대책(2016.12), 미래창조과학부, https://bit.ly/2M5lrBf

히 제시하고 있다.

✎ **다음 예시를 보세요**[31] **수렴과 발산 3**

Ⅱ. 그간 추진성과와 미흡한 점

① 미세먼지 배출원 관리 강화

  ○ (추진성과) 「1차 수도권대책('05~'14)」의 목표를 일부 달성*

    * PM_{10}(서울) '04년 59→'14년 44μg/㎥(목표 40), NO_2(서울): '04년 37→'14년 33ppb(목표 22)

    ▪ 다량배출사업장 자발적협약('12~'17, 72개소, 총 4만 톤), 노후 경유차 저공해화 사업
      ('05~'15, 85.6만 대), 친환경차 보급('15년 총 38,686대 보급) 등

  ○ (미흡한 점) 미세먼지 배출원의 과학적 관리 미흡

    ▪ 외부변수로서 인접국의 영향 증가와 함께 2차 생성 먼지의 원인인 전구물질(질소산
      화물, 황산화물 등)에 대한 종합적 관리 부족 (중략)

② 미세먼지 저감을 위한 주변국 협력

  ○ (추진성과) '14.7월 서울 개최 「한·중 정상회의」 후속 상시채널 구축 (3국 환경장관회의 산하
  대기오염정책대화) 및 협력사업 가시화

    ▪ 산둥성 제철소 3개소에 대한 미세먼지 저감 실증사업 추진(150억 원) (중략)

  ○ (미흡한 점) 협력사업의 성과 가시화까지는 상당한 기간 소요

    ▪ 미세먼지 저감 실증사업 및 협력사업의 성과 도출(중국 대기질 측정 자료의 예보정
      확도 활용 등)에 시간 소요

③ 미세먼지 예·경보제 전국 시행

  ○ (추진성과) 미세먼지 예·경보제 전국 시행('14~)

    ▪ '13년 1분기 최악의 미세먼지 발생을 계기로, 미세먼지 시범예보 ('13.8, 수도권)를 거
      쳐 본예보제를 도입('14.2, 전국)하고 예보 정확도 제고 (중략)

  ○ (미흡한 점) 예보 정확도가 낮고 경보제의 실효성 미흡

    ▪ 고농도시 예보 정확도(약 62%)가 국민 기대에 미흡하고, 미세먼지 예·경보와 황사 특
      보가 분리 운영되어 국민 혼란 초래 (중략)

> ── < 정책적 시사점 > ──
> ① 미세먼지 발생원(직접+간접 배출)에 대한 과학적인 규명과 함께, 경유차 등
>   오염 기여도가 높은 배출원의 체계적 관리
> ② 한·중 환경협력을 더욱 강화, 가시적인 미세먼지 저감성과 및 중국 환경시장
>   진출기회 적극 활용
> ③ 미세먼지 예보 정확도 제고와 고(高)농도시 경보제의 실효성 강화로 국민 건강 보호

---

31) 미세먼지 관리 특별대책(2016.6), 국무조정실, https://bit.ly/2Qhg0gU

미흡한 점에 대한 성과 분석을 통해 어떤 정책이 필요한지 '정책적 시사점'으로 요약해서 제시하고 있다. 현황파악, 이슈 제기, 문제점 분석 등 주요 발산 과정이 끝나는 시점에 '시사점'을 적절히 넣어주면 주장하는 바를 명확히 전달할 수 있다.

공신력 있는 자료를 제시하자

주요 보직을 맡은 의사결정권자는 보고서를 읽는 데 업무 시간의 상당 부분을 쓴다. 특히 조직의 최고 의사결정권자일수록 봐야 하는 보고서가 넘쳐난다. 하나하나가 중요한 의사결정 사안이다. 짧은 시간에 고도의 집중력과 통찰력을 발휘해야 한다. 시간에 쫓겨 결재해서는 안 된다. 그러므로 보고서는 의사결정권자의 고민을 덜어줄 수 있도록 작성해야 한다.

의사결정을 받아야 하는 보고서의 기본은 정확한 결정을 할 수 있도록 충분한 정보를 제공하는 것이다. 이때 유사 사례는 의사결정에 큰 도움이 된다. 다만 국내외 유사 사례를 제시할 경우 사례의 대표성과 신뢰성이 중요하므로 이를 충분히 검토해야 한다. 선진사례, 공신력 있는 기관의 발표자료 등을 제시하면 그 효과가 배가된다.

✏️ 다음 예시를 보세요[32] **선진 사례 벤치마킹 1**

(1) 금전제재 부과대상 확대

□ (현황) 현행 금융법상 금전제재는 개인(신분제재) 또는 기관(영업재)에 대한 제재에 비해 한정적으로 도입

① 과태료는 대부분 도입(41개 법률 중 33개)되어 있으나, 과징금(9개)과 이행강제금(5개)은 일부 법률에만 도입

< 주요국 사례 >

o 영국, 미국, 독일: 단일한 금전제재 체계→위반행위가 금융시장.소비자에 미친 피해규모 등을 사후에 평가하여 제재금 결정
o 일본: 사전에 법률에서 과태료와 과징금을 구분하여 규정

② 금전제재는 법률에 부과사유·부과한도 등이 구체적으로 규정되어 있는 경우에만 부과 가능

※은행법과 금융지주법에는 포괄적 과태료 부과 규정이 있으나 작용사례는 없음. 그 밖에 이 법 또는 이 법에 따른 규정·명령 또는 지시를 위반한 경우 1,000만 원 이하의 과태료 부과

-반면, 개인(신분제재) 또는 기관(영업제재)에 대한 제재는 법 또는 법에 의한 명령을 위반한 일체의 행위에 대한 부과 기능

< 주요국 사례 >

o 영국, 미국: "법령·감독청의 명령을 위반하는 경우" 등 포괄적으로 규정
o 독일, 일본: 우리나라와 같이 부과사유, 부과한도 등을 명확히 규정

각종 규제의 확대나 해제는 양면의 칼과 같아서 현 상황과 파급효과 등을 고려해서 신중하게 결정해야 한다. 이런 상황에서 선진 사례는 의사 결정자의 결정을 돕는 데 중요한 역할을 한다. '금전제재 부과대상'을 확대하겠다는 내용으로 영국, 미국, 독일, 일본 등 주요국 사례를 벤치마킹 자료로 제시하고 있다.

---

[32] 금융분야 제재개혁 추진방안(2015.8), 금융위원회, https://bit.ly/2WYuCUS

✏️ 다음 예시를 보세요[33) 선진 사례 벤치마킹 2

참고 | 주요국의 조세 동향

□ (법인세) 국제적인 조세 경쟁 구도하에서 대다수 국가들이 조세 경쟁력을 유지하기 위해 세율을 인하하는 추세
　* OECD 회원국 평균 법인세율 : '00년 30.2%→'08년 23.9%→'15년 22.9%

□ (소득세) '00년 이후 근로의욕 고취 등을 위하여 세율인하 추세이나, '08년 금융위기 이후 주로 재정위기를 겪고 있는 국가가 재정건전성 제고를 위해 세율을 인상
　* OECD 회원국 평균 소득세율 : '00년 40.3%→'08년 35.2%→'15년 35.9%

□ (부가가치세) '08년 금융위기 이후 상당수의 OECD 국가가 재정건전성 제고를 위해 세율을 인상하는 추세
　* OECD 회원국 평균 부가가치세율 : '00년 17.8%→'08년 17.7%→'15년 19.2%

< '00년 이후 OECD 회원국의 세율 변동 현황 >

구 분		소득세율(최고세율)			법인세율(최고세율)			부가가치세율		
		인하	인상	유지	인하	인상	유지	인하	인상	유지
'00~'08	국가수	25 (74%)	2 (6%)	7 (21%)	27 (79%)	1 (3%)	6 (18%)	6 (18%)	9 (27%)	18 (55%)
	세율	△5.1%p ('00, 40.3%→'08, 35.2%)			△6.3%p ('00, 30.2%→'08, 23.9%)			△0.1%p ('00, 17.8%→'08, 17.7%)		
'08~'15	국가수	8 (24%)	15 (44%)	11 (32%)	17 (50%)	6 (18%)	11 (32%)	1 (3%)	21 (64%)	11 (33%)
	세율	+0.7%p ('08, 35.2%→'15, 35.9%)			△1.0%p ('08, 23.9%→'15, 22.9%)			+1.5%p ('08, 17.7%→'15, 19.2%)		

세금을 인상할지, 인하할지 결정하는 것은 굉장히 중요하고 민감한 문제다. 중장기 조세 정책을 수립하면서 OECD 회원국들의 조세 동향을 파악하는 것은 조세 정책을 수립하는 데 매우 중요한 판단 근거가 된다.

---

33) 중장기 조세정책 운용계획(2016.9), 기획재정부, https://bit.ly/2HSEOYB

✏️ **다음 예시를 보세요**[34) **공신력 있는 의견**

> ┌─┐
> │Ⅱ│ **가계부채 평가**
> └─┘
> ───
>
> □ 최근 가계부채는 15년에 이어 빠른 증가세 유지
>
>   * 가계신용 증가율(%, 전년 동기 대비) : (13) 5.7 (14) 6.5 (15.상) 9.2 (15)10.9 (16.상)11.1
>
>   ㅇ 분양시장 호조와 저금리 등에 따른 집단대출과 비은행권 대출이 빠르게 증가한 데 주로
> 기인
>
> □ 다만 분할상환·고정금리 중심의 대출관행이 정착되어 가면서 가계부채의 질적
> 구조는 빠르게 개선되고 있음
>
>   * 은행 분할상환/고정금리 비중 추이(%) : (10) 6.4/0.5→(16.6말) 41.0/38.8
>
> □ 금융기관의 손실흡수 능력이 충분하고 차주의 상환능력도 양호하여 시스템 리스
> 크 가능성도 제한적
>
>   1) 연체율(16.6말 0.31%), BIS비율(16.3말 14.0%) 등 부채 및 기관 건전성 지표 양호2)
> 상환능력이 충분한 소득 4~5분위 가구가 부채의 70%를 갖고 있으며, 금융자산이
> 부채대비 2배 이상 크고 빠르게 증가 중
>
> ⇒ **가계부채의 질적 구조개선을 일관되게 추진하면서,**
>   **빠른 증가세에 대한 경각심을 갖고, 속도 완화 노력 강화 필요**
>
> ─── **< 해외 주요기관의 최근 한국 가계부채 평가 >** ───
>
> √ (무디스, 15.3월·12월) "가계부채 위험 경감을 위한 대출 대환계획은 신용도
>   에 긍정적... 국가신용등급 상향(Aa3→Aa2)..."
>
> √ (IMF, 16.4월) "한국 가계의 재정 상태는 안정적이며, 가계부채는 여전히
>   관리가능... 당국은 잠재 리스크에 대응 중"
>
> √ (OECD, 16.5월) "금융 부문의 시스템 위험은 제한적... 고정금리 비중
>   확대가 위험 완화에 도움"
>
> √ (S&P, 16.8월) "변동금리부 대출의 고정금리 대출 전환 등의
>   노력이 가계부채 위험을 완화하는 데 기여"

가계부채가 빠르게 증가하고 있어 정부의 이에 대한 대책 마련이 시급한 상황이
다. 주요 해외기관(무디스, IMF, OECD, S&P)들의 평가의견을 함께 넣어 보고서의
설득력을 높이고 있다.

---

34) 가계부채 관리방안(2016.8), 금융위원회, https://bit.ly/30HSvCj

분석 프레임을 제시하자

프레임(Frame)은 말 그대로 '틀'이다. 창틀의 크기와 형태에 따라 세상을 바라보는 범위와 형태가 달라진다.

외부환경을 분석할 때, 내부역량을 분석할 때, 선진사례를 분석할 때, 다양한 의견을 수집하고 분석할 때 어떤 틀로 바라볼 것인지는 매우 중요한 기준이 된다. 먼저 어떤 프레임으로 현상을 바라볼 것인지를 제시하고, 프레임에 기초하여 자료를 수집하고 정리하자. 그러면 보고서 작성자는 논리를 전개하기가 쉽고, 보고서를 읽는 사람은 빠르게 이해할 수 있다.

논리적 사고를 돕는 프레임은 무수히 많다. 여기에서는 다양한 정책보고서에 자주 등장하는 외부환경을 바라보는 PEST 프레임, 전략 대안을 찾아보는 SWOT 프레임을 소개한다. [35]

---

35) 다양한 프레임을 소개한 서적이 시중에 많다. 자신이 하는 일과 관련된 프레임을 많이 알고 있으면 논리적인 보고서 전개에 큰 도움이 된다.

✎ **다음 예시를 보세요**[36] **거시환경을 바라보는 프레임 PEST**

나. 서비스업 환경변화

□ **정책·법규 환경(Political)**
  ○ 서비스 무역장벽 해소를 위한 지속적인 노력이 진행 중
    ▪ '95년 GATs에서 복수국 간 서비스협정까지 무역장벽 해소를 위한 노력 지속
  ○ 그럼에도 불구, 보호무역주의의 재등장 조짐 및 불확실성 고조
    ▪ 브렉시트 결정, 미국 대선결과 등 자국 산업 및 노동력 보호 명목으로 보호무역주의 재등장 (중략)

□ **경제 환경(Economic)**
  ○ 서비스산업 세계 경제성장을 이끄는 중심의 이동
    ▪ 서비스·ICT 융합을 통해서 새로운 업종과 사업모델 등장
    ▪ 세계무역에서 서비스의 비중 확대
    ▪ 선진국을 중심으로 서비스산업의 경제성장 기여율 고조 (중략)

□ **사회·문화 환경(Social)**
  ○ 인구고령화 현상 심화
    ▪ 총 인구의 20% 이상이 65세 이상인 초고령 국가는 '14년 3개국에서 '20년 13개국, '30년 34개 국가로 증가 예상 (중략)

□ **기술·정보 환경(Technical)**
  ○ ICT 혁신과 인터넷의 역할 증대
    ▪ ICT 산업의 혁신과 인터넷 활용증대가 전경제적 생산성 향상에 기여
    ▪ ICBM이 주류 기술로 발전하여 세계 경제의 흐름을 주도 (중략)

□ **거시환경 변화 요인 요약 (PEST 분석)**

정책·법규 환경	경제적 환경
· 서비스 무역장벽해소를 위한 지속적인 노력: GATS, TISA 등 · 보호무역주의 / 신고립주의 대두 · 각국의 정권 변화 (중략)	· 세계 경제의 저성장 기조 지속 · 서비스산업·무역 활성화 · 신흥국 경기 침체 · 중국 주도의 세계 경제 변화 (중략)
사회·문화 환경	기술·정보 환경
· 인구 고령화 · 도시화: 도시 인구의 폭발적 증대 · 글로벌 커넥션 강화 · 한류 확산 (중략)	· ICT 기술 확산 · 에너지·환경 기술 변화 · 유전자·바이오 기술 변화 · 기계·로봇 공학 발전

권역별, 분야별 서비스 해외진출 전략과 관련한 보고서 중 일부다. 전략 수립을 위해서는 가장 먼저 외부환경을 분석하는데, 외부환경이 우리에게 미치는 기회요인과

---

36) 권역별 · 분야별 서비스 해외진출 전략 로드맵 (2017.6), KOTRA, https://bit.ly/2JAhrXf

위협요인은 무엇인지를 찾아보는 것에서 시작한다. 그러나 우리를 둘러싼 외부환경은 매우 넓다. 이때 외부환경을 바라보는 대표적인 프레임이 PEST다. 정치(Political), 경제(Economic), 사회·문화(Social), 기술(Technical)의 앞 글자를 딴 프레임이다. 즉, 외부환경을 분석할 때 PEST 요인들이 우리에게 미치는 기회요인과 위협요인을 살펴보는 것에서 시작하면 된다. 이번 예시를 보면 서비스업 환경변화를 분석하기 위해서 PEST 프레임을 사용했다. PEST 요인별로 분석한 뒤(발산) 마지막에 '거시환경 변화요인 요약'을 통해 시사점(수렴)을 묶어낸 것을 볼 수 있다.

✎ 다음 예시를 보세요[37)] **전략을 바라보는 프레임 SWOT**

□ 러시아 IT시장 SWOT 분석(BMI Research 자료 기반)
  ○ 강점(Strengths)
    ▪ 인구 1억 4,500만 명의 대규모 소비 시장과 현대화가 필요한 기업 및 정부로부터 IT 수요가 지속적으로 증가
    ▪ IT 서비스 및 소프트웨어 개발 인력으로 채용 가능한 연간 2만 명의 IT 전문가 배출 (중략)
  ○ 약점(Weaknesses)
    ▪ 최근의 경제위기로 인한 IT 분야, 특히 하드웨어 부문의 소비 위축
    ▪ 상대적으로 소득 수준이 높은 모스크바·상트페테르부르크 중심의 서부 지방 이외에는 시장 발전 제한 (중략)
  ○ 기회(Opportunities)
    ▪ 수입대체화 정책을 통해 재정 및 수출 지원을 포함한 IT 분야 발전을 위한 러시아 정부의 산업육성 의지
    ▪ 2014년 취해진 서방의 제재로 철수한 서방의 벤더 대신에 새로운 벤더로 진입 가능 (중략)
  ○ 위협(Threats)
    ▪ 중국 벤더들의 서버 판매 증가는 미국 및 유럽 데이터베이스 소프트웨어 벤더들에게는 중기적으로 위협
    ▪ 유가 하락 및 루블 평가절하의 장기화로 정부 및 기업의 IT 예산 삭감 (중략)

37) 4차 산업혁명시대의 러시아 IT시장 : 현황분석 및 한국의 협력방안(2016.12), KOTRA, https://bit.ly/2QlhOFN

[참고] 우리나라 경제·금융 여건 SWOT 분석[38]

□ 대내외 여건 측면에서 강점(Strength) 및 약점(Weakness) 요인

   ○ (강점) 경상수지 흑자, 충분한 외환보유고 등 경제 기초체력이 튼튼한 가운데, 은행권 건전성·유동성이 안정적 수준을 지속 유지

   ○ (약점) 저출산·고령화 등으로 잠재성장률이 하락할 가능성이 있는 가운데, 가계·기업 부문 부채구조 개선 지연 우려

□ 대내외 여건 측면에서 기회(Opportunity) 및 위협(Threat) 요인

   ○ (기회) 글로벌 경기의 완만한 회복 기대, 유가하락, 달러 대비 원화 약세 등으로 대외 여건 개선 기대 (중략)

   ○ (위협) 美 금리 인상, EU·日 경기 둔화 우려, 급격한 유가 변화 등 대외 위험요인이 국내 금융시장으로 파급·전이될 우려 (중략)

두 예시 모두 SWOT 프레임을 이용해서 현황을 분석하고 있다. SWOT 프레임은 내부의 강점(Strengths)과 약점(Weaknesses) 요인, 외부의 기회(Opportunities)와 위협(Threats) 요인을 살펴보는 프레임이다. 이를 활용해서 다양한 전략적 대안(과제)을 탐색하는 데 자주 활용한다. 강점과 기회 요인은 적극 활용해야 하고, 약점과 위협 요인은 보완하거나 회피하는 전략적 대안을 찾아보는 대표적인 프레임이다.

---

38) 2015년도 금융위원회 국정감사 업무보고, 금융위원회(2015.9), https://bit.ly/2W11Pm0

마무리에 자주 등장하는 패턴

모든 일이 그렇지만 시작과 끝이 중요하다. 보고서의 마무리도 마찬가지다. 대표적인 마무리 패턴을 소개한다.

첫째는 기대 효과 제시다. 보고서에서 제안하는 사항들을 실행하면 결국 "이러이러한 효과가 있을 것이다."를 제시하는 것이다. 가능하다면 구체적인 데이터를 제시하자. 보고서의 신뢰성이 높아진다.

둘째는 향후 계획 제시다. 계획을 세웠다면 남은 것은 실행하는 일이다. 그러므로 어떻게 실행할 것인지 향후 일정이나 방법 등을 명확히 제시할수록 실행력을 담보할 수 있는 근거가 된다.

✎ 다음 예시를 보세요[39) **기대효과 제시 1**

Ⅳ. 기대효과

□ (해운경쟁력 강화) 국내 해운기업의 능동적 국제 규제 대응 지원

  ○ 국적선사의 LNG 추진선 발주 지원, 국내 항만에서 LNG 벙커링 서비스 제공 등을 통해
  IMO 규제 관련 우리 해운의 글로벌 경쟁력 확보

    * 선박크기, 유가, 운항속도, 운영지역 등에 따라 차이가 있으나 LNG 추진선 도입 시 저유
    황유 대비 연료비 절감 등으로 10년 내 LNG 추진선 투자비 회수 가능(KMI, '15)

□ (조선산업 고부가가치화) LNG 추진선 기술경쟁력 강화와 건조시장 선점

  ○ 국내 LNG 추진선 건조 수요 확보와 R&D 지원을 통해 관련 분야 기술경쟁력을 확보하여,
  LNG 추진선 건조 및 기자재 시장 선점

    * '13~'25년 LNG 연료추진선 관련 신조개조시장 약 150조 원 예상(DNV 전망, '13 등)

□ (새로운 항만서비스 제공) LNG 벙커링 제공을 통한 항만경쟁력 강화

  ○ 국내 항만 입항 선박에 대한 LNG 벙커링 서비스 제공을 통해 연간 약 4.5억 달러의 새
  로운 항만서비스 시장 창출 기대

    * LNG 가격 376$/톤('16.5 국내 면세), 연간 최대 119만 톤 벙커링 기준(DNV 전망, '13)

□ (대기환경 개선) 황산화물, 질소산화물, CO_2 등을 줄여 환경개선

  ○ LNG의 경우 기존 선박연료 대비 황산화물 약 100%, 질소산화물 약 90%, 미세먼지 약
  90%, 온실가스 약 20% 저감 가능

　　선박 배출가스에 대한 국제 규제가 강화됨에 따라 기존 선박 연료를 친환경 연료
인 LNG로 전환해야 한다는 보고서다. LNG로 연료를 전환했을 때 기대되는 효과를
보고서의 마지막에 제시하고 있다.

---

39) LNG 추진선박 연관산업 육성방안(2016.11), 제18차 경제관계장관회의(기획재정부), https://bit.ly/2WkdBHL

✎ **다음 예시를 보세요**[40] **기대효과 제시 2**

Ⅴ. **기대효과**

□ 잠재 경제성장률 2%p 이상 견인 가능

  ○ 서비스업 고도화로 서비스업의 全산업 중간투입률(한국 15.7%)이 제조업 강국인 독일.일본 수준(평균 23.4%)으로 향상될 경우,

    ▪ 연간 약 2.1%p 수준의 추가 경제성장도 가능 (현대경제연구원 분석, '15.4)

		전 산업					
		농림 수산업	광업	제조업	전기가스 수도업	건설업	서비스업
연간 추가 경제 성장 여력(%p)	2.1	0.0	0.0	0.4	0.1	0.1	1.5

  주 : 우리나라 산업구조가 10년에 걸쳐 독일.일본 평균 수준(23.4%)으로 고도화(서비스
+제조업 융합)됨을 가정 시, 연평균성장률(CAGR)을 적용하여 추가로 창출 가능한 부가
가치 규모 추정

□ 서비스 무역수지 균형 달성 예상

  ○ 7대 유망 新서비스 산업의 글로벌 시장 진출로 서비스 수출액이 '20년까지 연평균 약 9% 증가('15년 978→'20년 1,500억 달러)하는 경우,

    ▪ 서비스 무역수지가 '15년 157억 달러 적자에서 '20년 균형 전환 가능

서비스 R&D[41]를 적극 추진하겠다는 보고서 중 일부다. 서비스 R&D는 경제성장률을 높이고 서비스 무역수지의 균형 달성에 큰 도움이 된다는 '기대효과'를 마지막에 제시하고 있다. 이처럼 '기대효과'는 이 보고서 작성의 이유(목적)이자, 이를 통해 어떤 효과를 얻을 수 있는지를 제시해 보고서의 설득력을 높이는 구성 소스가 된다.

---

40) 서비스 R&D 중장기 추진전략 및 투자계획(안)(2016.2), 제2차 경제관계장관회의, https://bit.ly/2X1lJtP

41) 서비스 R&D란 새 서비스 창출, 전달체계 개선, 제조업–서비스 융합 등을 촉진하기 위한 연구개발 활동을 의미한다.

기대효과 제시 3

---

5   **경제효과**

□ 소비지출 및 투자비 규모 산정

  ○ 2020년 크루즈 관광객 300만 명 유치, 국내 모항을 이용하는 크루즈 관광객 20만 명 확대로 인한 총 소비지출은 3조 6,722억 원 추정

    * 기항지관광객 소비지출 : 3조 4,194억 원<303만 명 × 1인 평균 소비액 1,128천 원(15년 조사 평균지출 919$ × 환율 1,228원, 16.2.23 기준)>

    * 모항관광객 소비지출 ① 2,122억 원<내국인 18만 명 × 1인 1,173천 원(운임 1,000천 원+지출액 173천 원(14년 국민여행실태조사 1인 평균)>

    * 모항관광객 소비지출 ② 406억 원<외국인 2만 명 × 1인 2,033천 원(운임 1,000천 원+ 1인 지출액 1,033천 원(14년 조사 842$*환율 1,228원, 16.2.23 기준)>

  ○ 크루즈 전용부두, 여객터미널, 복합관광단지 등 크루즈산업 기반시설 투자비는 2020년까지 1조 6,170억 원 투자 계획

    * 전용부두 : 2,703억 원(인천남항 1, 제주외항1, 속초항 1, 부산동삼동 확장)

    * 여객터미널 등 : 997억 원(인천남항, 강정항, 속초항, 강정항 운영시설)

    * 복합관광단지 : 1조 2,470억 원(부산북항재개발, 인천 골든하버, 제주탐라문화광장 등)

□ **경제 파급효과**

  ○ (관광 부문) 2020년 크루즈 관광객을 통해 생산 6조 1,780억 원, 소득 1조 2,437억 원, 부가가치 2조 9,861억 원, 고용 4만 4,309명

    * 승수적용 : 2009년 전국산업연관표 관광승수에서 숙박업과 운동경기업을 제외하고 운수 및 보관업을 포함하여 기본 승수도출(KMI, 한국관광문화연구원)

  ○ (시설투자) 2016~2020년까지 크루즈 기반시설 투자를 통해 생산 3조 4,502억 원, 소득 6,271억 원, 부가가치 1조 2,182억 원, 고용 2만 213명

    * 승수적용 : 2009년 전국산업연관표 건설업 승수적용

    크루즈산업 육성을 제안하는 보고서 중 일부다. 보고서 마지막에 크루즈산업을 육성하면 관광 부문, 시설 부문, 모항운영 부문에서 경제적 파급효과가 크다는 점을 강조하고 있다. 물론 이런 데이터는 공신력 있는 연구기관에서 발표한 것을 제시해야 신뢰성을 확보할 수 있다.

---

42) 제1차 크루즈산업 육성 기본계획(2016.3), 해양수산부, https://bit.ly/2W14CM0

✎ **다음 예시를 보세요**[43] **향후 추진계획 1**

Ⅳ. 향후 추진방향

◇ 재원확보 및 수요발굴+홍보강화 및 주기적 점검·보완
→ 청년·여성 일자리 대책의 이행력 확보

□ **[공공부문 신규채용→재원확보]** 추경예산(교육교부금+1.9조 원)을 활용하여 재원을 확보하고, 교원 시간선택제 전환 요건을 현실화
  ○ (교원 명예퇴직) 하반기 신청자는 전원 수용되도록 지방교육 재정교부금(1.9조 원)을 명예퇴직에 우선 사용 적극 권고 (중략)
  ○ (방과후학교 위탁강사) 추경 증액 교부금을 활용하여 당초 목표 2,000명 달성 추진 (중략)
□ **[민관협업과제→수요발굴]** 청년·여성 및 기업의 참여를 활성화하고, 사업목적 범위 내에서 참여요건 보완·발전
  ○ (상생고용지원) 임금피크제 중점지원 사업장 1,150개소를 대상으로 컨설팅을 강화하고, 참여요건을 현실화 (중략)
  ○ (강소·중견기업 청년인턴) 청년 자산형성 지원 모델(청년내일채움 공제)을 신설(7월~)하여 강소·중견기업의 참여도 제고 (중략)
□ **[민간취업연계→홍보 강화 및 점검·보완]** 시행 초기 적극적 홍보를 통해 인지도 제고를 함으로써 사업을 본 궤도에 진입시키는 데 주력하고,
  ○ 집행상황을 주기적으로 점검해 필요시 참여요건 완화, 인센티브 제공 등 보완방안 검토
  ○ (청년내일채움공제) 설명회 개최 등 적극적 홍보를 통해 참여 기업·청년 발굴에 주력하고, 대상범위 확대 및 기업의 자율성 강화 (중략)

계획을 수립했으면 이제 실행하는 일이 남았다. 그래서 앞으로 어떻게 추진할 것이라는 내용으로 보고서를 마무리하는 경우가 많다. 본 예시의 경우 청년·여성 일자리 대책을 추진하기 위해 ① 재원확보, ② 일자리 수요확보, ③ 홍보를 강화해서 관련 사업을 적극 실행하겠다는 '향후 추진방향'을 제시하며 마무리하고 있다.

---

43) 청년·여성 일자리 대책 추진 현황 및 향후 계획(2016.7), 제12차 경제관계장관회의(기획재정부), https://bit.
ly/2VWQJ1w

✐ 다음 예시를 보세요[44) **향후 추진계획 2**

VI. 향후계획

□ 발전전략에 포함된 세부 과제들을 차질 없이 추진
  ○ 주관기관·협조기관 간 긴밀한 협업체계를 구축·운영하여 소관부처별로 후속조치 시행
    (☞별첨 1)
  ○ 7월 이후 각 부처가 유망서비스 육성을 위한 세부 추진방안(일자리 창출 포함)을 구체
    화하여 발표(☞별첨 2, 3)
□ 제도개선 및 법령 개정 사항들은 신속하게 후속절차 추진(☞별첨 4)
  ○ 행정법령·非법령사항 등 행정부 내부절차 조기 마무리
  ○ 법률 제·개정 사항은 법안을 차질없이 마련하여 국회에 제출
□ 단계별 대책이 성과로 연결되도록 추진상황을 점검·평가
  ○ 경제관계장관회의를 통하여 추진성과를 점검
    ▪ 법령 제·개정, 부처별 세부 추진계획 등 추진상황은 분기별로 점검하고, 우수사례를
      전 부처로 확산
  ○ 성과 평가 후, 업종별·분야별 보완대책을 추가로 마련

서비스경제 발전을 위해 과제별로 ① 누가, 언제, 어떻게 실행할 것인지 업무를 분
장하고, ② 제도개선과 관련한 법률을 정비하고, ③ 단계별로 실행상황을 점검하고 평
가하겠다는 것으로 보고서를 마무리하고 있다.

44) 경제활력 제고와 일자리 창출을 위한 서비스경제 발전전략(2016.7), 제11차 경제관계장관회의(기획재정부),
   https://bit.ly/2HvwnUr

VI. 추진일정

정책과제		주요 추진일정 '16	'17	'18	'19	'20	소관부처
1. 창업활성화를 통한 글로벌 경쟁력 강화							
① 글로벌 스타트업 창업 활성화	o 클러스터 등 창업기반 조성						미래창조과학부
	o 유망 아이디어 및 스타트업 발굴						
	o 글로벌 보육·성장 지원						
② 차세대 핵심기술 개발 및 산업형 보안인재 확보	o 지능형·융합형 보안기술 개발						미래창조과학부 국방부, 경찰청
	o 보안인재 성장체계 확립						고용노동부 행정자치부
2. 정보보호 신시장 창출 및 투자 확대							
③ 투자수요 확대 및 산업 체질 개선	o 공공 투자 확대						미래창조과학부
	o 민간 투자 촉진						기획재정부
	o 제값주는 문화확산 및 산업체질 개선						조달청
④ 융합보안 내재화를 위한 지원체계 구축 및 시장 확대	o 보안 내재화						미래창조과학부
	o 국제 표준화						산업통상자원부
	o 오픈소스 SW 검증						국토교통부
⑤ 4대 물리보안 분야 중점 육성 및 차세대 전자인증 산업 육성	o 물리보안 산업 경쟁력 확보						미래창조과학부
	o 차세대 전자인증산업 활성화						산업통상자원부 행정자치부
3. 내수 위주에서 글로벌 진출로 시장 확대							
⑥ 정보보호 산업의 글로벌 스탠다드化	o 인증체계의 글로벌 표준화						미래창조과학부
	o 글로벌 기업 교류·협력 확대						산업통상자원부
	o 글로벌 시장정보 제공						행정자치부
⑦ K-ICT Security 브랜드化	o K-ICT 시큐리티 포트폴리오 구성						미래창조과학부
	o 글로벌 레퍼런스 확보						산업통상자원부
⑧ 해외 정보보호 4대 거점 중심 시장 공략	o 권역별 맞춤형 지원						미래창조과학부 행정자치부
	o 범부처 해외진출 지원사업 활용						외교부
	o 글로벌 협력 네트워크 구축						국방부

향후 추진계획에는 해야 할 일(과제)에 대한 구체적인 일정계획과 담당자를 지정해서 제시하는 패턴도 보고서 마무리에 자주 등장한다.

---

45) 제1차 정보보호산업 진흥계획(2016.6), 제8차 경제관계장관회의(기획재정부), https://bit.ly/2M7KxiJ

▶▶▶ 찾아보기